21世纪经济管理新形态教材·统计学系列

统计学
方法、应用与社会经济分析

王聚杰 巩在武 魏 娟 李 琰 孙菲菲 ◎ 编 著

清华大学出版社
北京

图书在版编目（CIP）数据

统计学：方法、应用与社会经济分析 / 王聚杰等编著.

北京：清华大学出版社, 2025.

(21 世纪经济管理新形态教材).

ISBN 978-7-302-68555-5

Ⅰ．C8

中国国家版本馆 CIP 数据核字第 20257HZ632 号

责任编辑：梁云慈
封面设计：汉风唐韵
责任校对：王荣静
责任印制：刘海龙

出版发行：清华大学出版社

   网   址：http://www.tup.com.cn, http://www.wqbook.com

   地   址：北京清华大学学研大厦 A 座   邮   编：100084

   社 总 机：010-83470000   邮   购：010-62786544

   投稿与读者服务：010-62776969，c-service@tup.tsinghua.edu.cn

   质 量 反 馈：010-62772015，zhiliang@tup.tsinghua.edu.cn

印 装 者：三河市春园印刷有限公司

经 销：全国新华书店

开 本：185mm×260mm   印 张：12.75   字 数：293 千字

版 次：2025 年 4 月第 1 版   印 次：2025 年 4 月第 1 次印刷

定 价：49.00 元

产品编号：090603-01

序　言

自改革开放以来，我国经济取得了巨大的进步，国内生产总值（gross domestic product，GDP）已跃居全球第二位。我国在政治领域、经济文化领域都取得了举世瞩目的成就。随着大数据时代的来临，数字经济的发展变得十分重要，它是实现经济高质量发展和构建现代化经济体系的关键。数字化转型成为必由之路，它标志着从工业经济时代向数字经济时代的转变。在这个过程中，大数据发挥着十分重要的作用。数据无处不在，且已被国家视为生产要素并参与收益分配，这是一次重大创新。这标志着数据成为单独的生产要素，在提高社会生产效益、实现智能化生产、合理配置资源、发展新业态等方面都充满潜力，其重要性越来越大。数据隐含着丰富的信息，通过提取并深入研究有用的数据，我们可以概括出有价值的信息，从而帮助人们做出正确的判断并采取适当的行动。为了完整且正确地反映客观情况的全貌，我们必须在实事求是原则的指导下，对大量丰富的统计资料和数据进行加工、分析和研究。

SPSS 是一款著名的统计分析软件，同时也是世界上最早的统计分析软件之一。其具有操作简单、编程方便、功能强大、模块灵活等特点，在数据分析、数据挖掘、分析预测和数据建模等各个方面表现优异。SPSS 被广泛应用于经济金融、生物医药、交通运输和教育科研等领域。

本书主要基于 SPSS、Excel 等软件，结合实际案例和统计学知识，系统介绍数据处理与分析的方法。

本书共分为 9 章，内容按照数据统计分析的难易程度逐步展开。包括数据的准备和搜集、数据的可视化、回归分析、指数分析、多元统计分析等。

第 1 章介绍数据搜集，包括搜集渠道和方法、间接和直接数据搜集以及案例介绍等。

第 2 章介绍数据可视化，包括统计数据种类、图像种类和方法以及案例等。

第 3 章介绍分类数据分析，包括卡方统计量的应用、条件和步骤，并对案例进行分析和介绍。

第 4 章为方差分析，主要介绍方差分析的原理和方法，并选择我国居民消费支出结构差异分析和消费者逆向物流参与意向的影响因素分析作为实验案例进行研究。

第 5 章为回归分析，主要介绍回归分析的基本步骤和方法，并通过三个案例展示回归模型主要应用领域等。

第 6 章为时间序列分析预测，主要介绍时间序列的分析模型和数据的预处理方法，并通过三个案例展示时间序列预测操作和结果分析等。

第 7 章为指数分析，主要介绍指数的分类和概念，并通过三个案例展示不同领域指数构建方法和流程等。

第 8 章为逻辑回归，主要介绍定性响应回归模型的结构和特点、调查问卷的设计和分析以及防灾减灾公众参与意愿影响因素的实例研究等。

第 9 章为多元统计分析，主要介绍多元统计分析中的因子分析和聚类分析，并选择我国数字经济发展的区域差异分析和区域智能制造发展水平聚类分析作为案例进行讲解。

本书从基础入手，介绍多种数据搜集途径、分析方法和操作，深入浅出地阐述统计分析多种方法和原理。本书通过实际案例加强对分析方法的应用，降低学习难度。分门别类的介绍方式有助于初学者快速掌握并入门。

本书由王聚杰和巩在武主持编写。南京信息工程大学的魏娟、李琰、孙菲菲、储小俊、姚天祥、郭建平、吉中会和王常凯编写了本书的部分章节。

欢迎广大读者和专家对本书予以批评指正，不胜感激！

编著者

2024 年 6 月于南京

目　　录

第 1 章
数据的搜集

确定研究问题和目标后，下一步是考虑获取研究所需要的数据。因此，数据的搜集应该根据研究问题和研究目标进行，仔细梳理分析框架，确保数据搜集有的放矢，以最低的成本获取所需要、可行且质量有保障的数据。数据的来源包括直接来源与间接来源，无论数据来源于何处，一定要注意统计口径的一致以及数据的真实性和可靠性。有些人以为一手数据更加可靠，实际上，当存在权威的二手数据且能满足研究需求时，我们可以考虑使用这些数据。这样做不仅经济可行，还能增强研究结果的可信度，使他人更容易信服。如果二手数据无法满足我们对于变量的需求，这时候才需要进行实验或者调查以获得一手数据。获得数据的每一个步骤都要小心翼翼，才能保证最终的结果真实可靠。在问卷设计方面，我们应遵循在满足既定研究目标的前提下尽可能简化的原则。这涉及搜集的成本和质量。在资金有限的情况下，问卷越复杂，意味着质量可能会越不好。大样本的偏误相对于小样本可能会更低，但抽样的方法也非常重要。保持客观的态度、采用科学的方法，有效地搜集可靠的数据，是研究者应具备的基本素质之一。

依据研究目的搜集数据是统计工作的第一步骤，因为，如果搜集的数据中有偏差、模糊不清或有其他的错误，即使使用最复杂的统计方法，也无法得出有用的信息。统计数据主要来源于两种渠道：一种是来源于别人的调查或者实验数据，称为间接数据或二手数据；另一种是来源于科学实验、观察研究或直接调查的数据，称为直接数据或一手数据。

1.1 间接数据的搜集

间接统计数据主要是公开出版或者报道的数据，可以通过年鉴、期刊、报纸、广播、电视等途径搜集获取。间接资料相对容易获取，成本较低，且能迅速到手。有些间接数据，例如，由中华人民共和国国家统计局普查结果所提供的数据，是任何调查公司都无法按原始方式去搜集的。

尽管间接数据不可能提供特定调研问题所需的全部答案，但间接数据在许多方面都很有用。二手数据具有搜集方便、数据采集快、采集成本低等优点。尽管二手数据对调研很有帮助，但调研者在使用二手数据时应当谨慎，因为二手数据有一定局限性和缺点。由于二手数据并非为当前问题而收集，因此，其对于当前问题的帮助在某些关键方面可能存在不足。例如，二手数据资料的相关性和准确性都不够。收集二手数据的目的、性质和方法不一定适合当前的情况。而且，二手数据也可能缺乏准确性，或者有些过时。在使用二手数据之前，有必要先对二手数据进行评估。

在网络广泛普及的今天，通过网络搜集间接数据已经成为一种主要手段。采用网络数据不但获取速度快，而且在一定程度上可以减少数据的输入和整理所花费的时间。国家统计局和各省市的统计部门是二手数据的主要来源。对于二手数据库的搜集主要包括对宏观数据库和微观数据库的搜集。首先介绍一下宏观数据库的搜集。如果已经收藏了二手数据的网站，可以直接访问进入，如果是第一次使用，则可以通过搜索引擎来找到这些网站。例如，在百度网站（https://www.baidu.com/）搜索框输入关键词"国家统计局"，如图 1-1 所示。

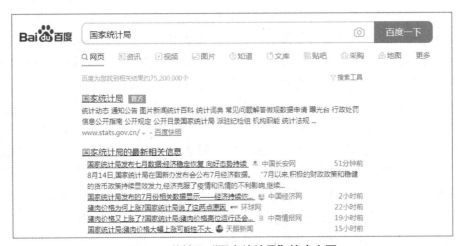

图 1-1　关键词"国家统计局"搜索主页

单击标记为"官方"的链接，进入国家统计局网站（http://www.stats.gov.cn/），如图 1-2 所示。

图 1-2　国家统计局网站的主页

在应用搜索引擎时，只需要输入关键词，而不必输入网站的全部名称。例如，检索国家外汇管理局网站，只需要输入关键词"外汇管理局"，如图 1-3 所示。

图 1-3　关键词"外汇管理局"搜索主页

单击带有"官方"标识的链接，进入国家外汇管理局门户网站(http://www.safe.gov.cn/)，如图 1-4 所示。

图 1-4　国家外汇管理局网站的主页面

应用百度搜索引擎的中文关键词检索，不但可以进入国内中文网站，还可以进入一些主要国际网站。例如，输入关键词"世界银行"，可以得到如图 1-5 所示的检索结果。

图 1-5 关键词"世界银行"搜索主页

单击带有"官方"标识的链接，进入世界银行门户网站中文页面（https://www.shihang.org/），如图 1-6 所示。如果已经通过搜索引擎获得世界银行的英文主页面，也可以直接进入世界银行英文主页（https://www.worldbank.org/）。对于经常使用的数据库网站，最好建立一个专门用于数据库查询的收藏夹，并将其加入收藏夹，便于日后使用。

图 1-6 世界银行网站的中文主页

常用的宏观数据库网站还有各省市统计部门网站、中国经济信息网（https://www.cei.gov.cn/）、中国宏观经济信息网（http://www.macrochina.com.cn/info.shtml）、华通数据中心（http://data.acmr.com.cn/）等。在进行数据查询时，具体的网址可能会有所改变，具体使用时可以通过一定的搜索引擎验证网址是否正确。在数据搜集过程中，尽可能充分利用具有一定公益性质的免费数据库。

总体而言，相对于宏观数据库，获得免费的微观数据相对困难一些。一方面，国家统计局和其他政府部门有很多经济数据，政府统计数据通常比较全面也具有代表性，但大多不对外开放，研究者很难获得。尽管国家统计局已与清华大学合作，开放了部分微观数据供研究者使用，但距满足研究者全面获取原始微观数据的需求仍有较大差距。另一方面，一些学者通过抽样调查也获得过一些数据。但是，由于抽样不够严谨、科学，以及经费不足导致的样本覆盖面小等问题，很难保证调查数据的质量。下面介绍一些在国内影响较大、应用较为广泛的微观数据库。

1.1.1　中国工业企业数据库

中国工业企业数据库（China Industry Business Performance Data, http://www.allmyinfo.com/yewu/shuju/223.html）共收录约占中国工业总产值的 90% 的中国 43 万多家企业的信息，涵盖中国工业制造业的 40 多个大类、90 多个中类以及 600 多个子行业，是全国范围内最为详尽且应用最为广泛的微观数据库之一，主要研究工业企业的相关问题，开放数据年份为 1998—2013 年。中国工业统计数据库的统计范围为中国大陆地区销售额 500 万元以上的大中型制造企业，包括国有企业、集体企业、股份合作企业、联营企业、有限责任公司、股份有限公司、私营企业、其他内资企业、港澳台商投资企业、外商投资企业。工业统计指标包括工业增加值、工业总产值、工业销售产值等主要技术经济指标，以及从业人员总额等主要财务成本指标。中国工业企业数据库如图 1-7 所示。

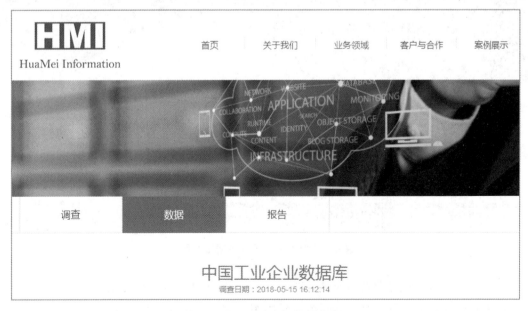

图 1-7　中国工业企业数据库主页

1.1.2 中国国家调查数据库

中国国家调查数据库（Chinese National Survey Data Archive，CNSDA）是受中国国家自然科学基金重点项目资助的、由中国人民大学中国调查与数据中心（National Survey Research Center，NSRC）负责执行的经济与社会数据共享平台，网址为 http://cnsda.ruc.edu.cn。

中国国家调查数据库以中国人民大学中国调查与数据中心和中国人民大学中国政府统计研究院为依托，以我国首个社会调查数据库——"中国社会调查开放数据库"（Chinese Social Survey Open Database，CSSOD）及中国人民大学科学研究基金"数据高地项目"资助下的各项大型追踪项目和横断面调查项目数据为基础，全面而广泛地收集在中国大陆所进行的各类抽样调查的原始数据及相关资料，对收集到的数据与资料按国际标准进行清洗、处理、档案化、标准化和国际化，通过建设一个在线数据共享平台实现科学研究数据的开放与共享，致力于向研究者提供内容广泛全面、可获性强、易用性高、质量可靠的数据，并在数据库建设过程中研发数据管理、存储、开发的新技术，发展既适应中国特点又与国际接轨的调查数据存档协议，推动我国科学界形成数据开放共享的优良传统，以提高我国科研数据的生命周期和利用率，增加我国科学项目投入的产出和效益，以应对科学研究数据骤增所带来的机遇与挑战，服务于科学研究和政府决策。中国国家调查数据库主页如图 1-8 所示。

图 1-8　中国国家调查数据库主页

该数据库下的中国家庭收入调查（Chinese Household Income Project，CHIP，http://www.ciidbnu.org/chip/index.asp）由北京师范大学组织，并且在国家统计局的协助下完成，追踪

中国收入分配的动态情况。目前，该调查已经相继在 1988 年、1995 年、2002 年、2007 年、2013 年和 2018 年进行了 6 次全国住户调查。

该数据库下的中国综合社会调查（Chinese General Social Survey，CGSS）由中国人民大学的社会学者主导，已成为研究中国社会最主要的数据来源之一。2003—2008 年是 CGSS 项目的第一期，共完成 5 次年度调查。

1.1.3 中国健康与养老追踪调查

中国健康与养老追踪调查（China Health and Retirement Longitudinal Study，CHARLS，http://charls.pku.edu.cn/）是由北京大学国家发展研究院主持的大型跨学科调查项目，收集代表中国 45 岁及以上中老年人家庭和个人微观数据，其中包含大量健康、疾病等信息。2008 年至 2018 年，CHARLS 开展了 4 次全国调查，3 项专题调查。截至 2018 年 4 月，CHARLS 数据注册用户量接近 25 000 人，海外用户超过 2 600 人。基于 CHARLS 数据发表的学术论文达 900 余篇。中国健康与养老追踪调查主页如图 1-9 所示。

图 1-9 中国健康与养老追踪调查主页

1.1.4 中国家庭金融调查

中国家庭金融调查（China Household Finance Survey，CHFS，https://chfs.swufe.edu.cn/）是西南财经大学中国家庭金融调查与研究中心在全国范围开展的抽样调查项目，该项目中房产及金融资产信息尤为详尽。CHFS 已经在 2011 年、2013 年、2015 年及 2017 年开展了 4 轮入户调查，18 轮季度电话回访。目前，已有登记用户 12 551 人，统计已发表学术论文 752 篇，其中英文论文 81 篇。中国家庭金融调查主页如图 1-10 所示。

图 1-10　中国家庭金融调查主页

1.1.5　中国家庭追踪调查

中国家庭追踪调查（China Family Panel Studies, CFPS, https://www.isss.pku.edu.cn/cfps/wdzx/jzbg/index.htm）由北京大学中国社会科学调查中心实施，关注居民的经济与非经济福利，也包括教育、家庭关系与家庭动态、人口迁移等信息。CFPS 在 2010 年完成基线调查，2011 年完成维护调查，2012 年以后每年一次跟踪调查。截至 2018 年 11 月，CFPS 数据注册用户达 24 451 人，基于 CFPS 数据发表的学术论文 1 129 篇，其中英文期刊310 篇。中国家庭追踪调查主页如图 1-11 所示。

图 1-11　中国家庭追踪调查主页

1.1.6　中国乡城人口流动调查

中国乡城人口流动调查（Rural-Urban Migration in China, RUMiC，https://sdc-iesr.jnu.edu.cn/sjzx_15997/list.htm）是由澳大利亚国立大学孟昕教授在 2008 年发起的年度调查，每年访问约 5 000 名流动人口及其家庭，已进行了 11 轮。自 2017 年起，中国乡城人口流动调查由暨南大学经济与社会研究院接手并继续进行调查。中国乡城人口流动调查主页如图 1-12 所示。

图 1-12　中国乡城人口流动调查主页

其他全国性的调查还包括：中国人民大学中国调查与数据中心（http://nsrc.ruc.edu.cn/）；中国劳动力动态调查（China Labor-force Dynamics Survey，CLDS），由中山大学社会科学调查中心执行；中国社会状况综合调查（Chinese Social Survey，CSS），由中国社会科学院社会学研究所发起；全国流动人口动态监测调查数据（中华人民共和国国家卫生健康委员会）；中国私营企业调查（中国社会科学院私营企业主群体研究中心）；农业部农村经济研究中心农村固定观察点（农业部农村经济研究中心）；世界银行中国企业调查（世界银行，https://www.enterprisesurveys.org/en/data）。

1.2　间接数据搜集的案例

1.2.1　中国的经济发展与国际比较

2019 年，我国国内生产总值达到 990 865.1 亿元，人均 GDP 达到 70 892 元。以美元计算，人均 GDP 由 1978 年的 156 美元增加到 2019 年的 10 262 美元。1978—2018 年，我国国内生产总值由3 679亿元增长到82.7万亿元，年均实际增长9.5%，远高于同期世界经济2.9%左右的年均增速。我国GDP占世界生产总值的比重由改革开放之初的1.8%上升到15.2%，多年来对世界经济增长贡献率超过30%。中国改革开放的巨大成就体现在经济数据的巨大变化，以下举例如何搜集二手宏观数据，展现我国改革开放以来在多个领域取得的巨大成就。

进入国家统计局主页，单击"统计数据"按钮，如图1-13所示。

图1-13　操作步骤1

下载数据需要先注册账号，单击"注册"按钮，如图1-14所示。

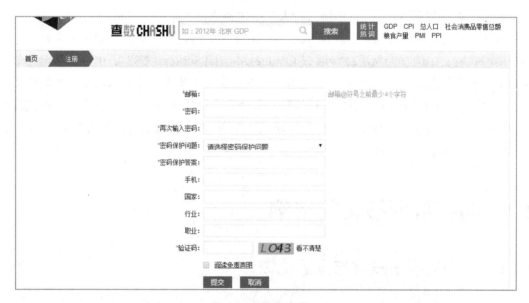

图1-14　操作步骤2

注册完账号以后可以通过邮箱登录，如图1-15所示。

图 1-15　操作步骤 3

单击"年度数据"按钮，如图 1-16 所示。

图 1-16　操作步骤 4

单击"国民经济核算"按钮，如图 1-17 所示。

图 1-17　操作步骤 5

单击"国内生产总值"按钮，如图 1-18 所示。

图 1-18　操作步骤 6

打开"时间"选项，如图 1-19 所示。

图 1-19　操作步骤 7

输入时间"1949—"，单击"确定"按钮后，如图 1-20 所示。

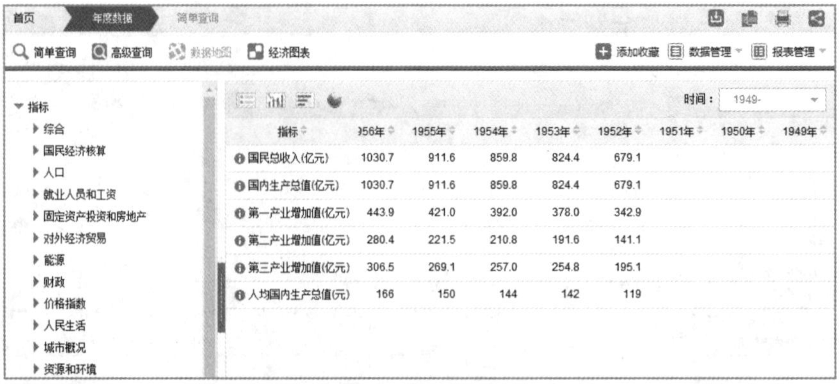

图 1-20　操作步骤 8

单击"下载"图标后，可以根据需要选择下载文件的格式，如图 1-21 所示。

图 1-21 操作步骤 9

一般选择 excel 和 csv 格式，便于后续数据处理。本例选择 excel 格式，如图 1-22 所示。

	A	B	C	D	E	F	G	H	I
1	数据库：年度数据								
2	时间：1949-								
3	指标	2019年	2018年	2017年	2016年	2015年	2014年	2013年	2012年
4	国民总收入(亿元	988528.9	914327.1	831381.2	743408.3	686255.7	644380.2	588141.2	537329
5	国内生产总值(亿	990865.1	919281.1	832035.9	746395.1	688858.2	643563.1	592963.2	538580
6	第一产业增加值	70466.7	64745.2	62099.5	60139.2	57774.6	55626.3	53028.1	49084.6
7	第二产业增加值	386165.3	364835.2	331580.5	295427.8	281338.9	277282.8	261951.6	244639.1
8	第三产业增加值	534233.1	489700.8	438355.9	390828.1	349744.7	310654	277983.5	244856.2
9	人均国内生产总	70892	66006	60014	54139	50237	47173	43684	39874
10	注：1.1980年以后国民收入与国内生产总值的差额为来自国外的初次分配收入净额。								
11	2.三次产业分类依据国家统计局2018年修订的《三次产业划分规定》。第一产业是指农、林、牧、渔业（不含农、林、牧、渔专业及辅助性活动）；第二产业是指采矿								
12	3.按照我国国内生产总值（GDP）数据修订制度和国际通行作法，在第四次全国经济普查后，对2018年及以前年度的GDP历史数据进行了系统修订。								
13	数据来源：国家统计局								

图 1-22 操作步骤 10

如果重点研究我国 GDP 每年的增长率，则可以通过依次单击"国民经济核算—国内生产总值指数—国内生产总值指数（上年 = 100）"按钮，得到我国 GDP 每年的增长率序列，如图 1-23 所示。

图 1-23 操作步骤 11

类似前面方法，下载 1949 年以来的我国 GDP 增长率数据，实际上国家统计局只提供 1953 年以来的我国 GDP 增长率数据，如图 1-24 所示。

	A	B	C	D	E	F	G
1	数据库：**年度数据**						
2	时间：**1949-**						
3	指标	2019年	2018年	2017年	2016年	2015年	2014年
4	国民总收入指数(上年=100	106.4	106.3	107.3	106.8	106.5	108.
5	国内生产总值指数(上年=1	106.1	106.7	106.9	106.8	107	107.
6	第一产业增加值指数(上年	103.1	103.5	104	103.3	103.9	104.
7	第二产业增加值指数(上年	105.7	105.5	105.9	106	105.9	107.
8	第三产业增加值指数(上年	106.9	108	108.3	108.1	108.8	108.
9	人均国内生产总值指数(上	105.7	106.3	106.4	106.3	106.5	106.
10	数据来源：**国家统计局**						

图 1-24　操作步骤 12

如果进一步研究改革开放以来人们收入与支出的巨大变化，可依次单击"人民生活—居民人均收入与支出"按钮，得到我国居民人均收入与支出的数据，如图 1-25 所示。

指标	2019年	2018年	2017年	2016年	2015年	2014年
居民人均可支配收入(元)	30733	28228	25974	23821	21966	20167
居民人均可支配工资性收入(元)	17186	15829	14620	13455	12459	11421
居民人均可支配经营净收入(元)	5247	4852	4502	4218	3956	3732
居民人均可支配财产净收入(元)	2619	2379	2107	1889	1740	1588
居民人均可支配转移净收入(元)	5680	5168	4744	4259	3812	3427
居民人均消费支出(元)	21559	19853	18322	17111	15712	14491
居民人均食品烟酒消费支出(元)	6084	5631	5374	5151	4814	4494
居民人均衣着消费支出(元)	1338	1289	1238	1203	1164	1099
居民人均居住消费支出(元)	5055	4647	4107	3746	3419	3201
居民人均生活用品及服务消费支出(元)	1281	1223	1121	1044	951	890
居民人均交通和通信消费支出(元)	2862	2675	2499	2338	2087	1869
居民人均教育、文化和娱乐消费支出(元)	2513	2226	2086	1915	1723	1536

图 1-25　操作步骤 13

类似可以下载 1978 年改革开放以来我国城镇居民人均收入与支出的数据和农村居民人均收入与支出的数据，分别如图 1-26 和图 1-27 所示。

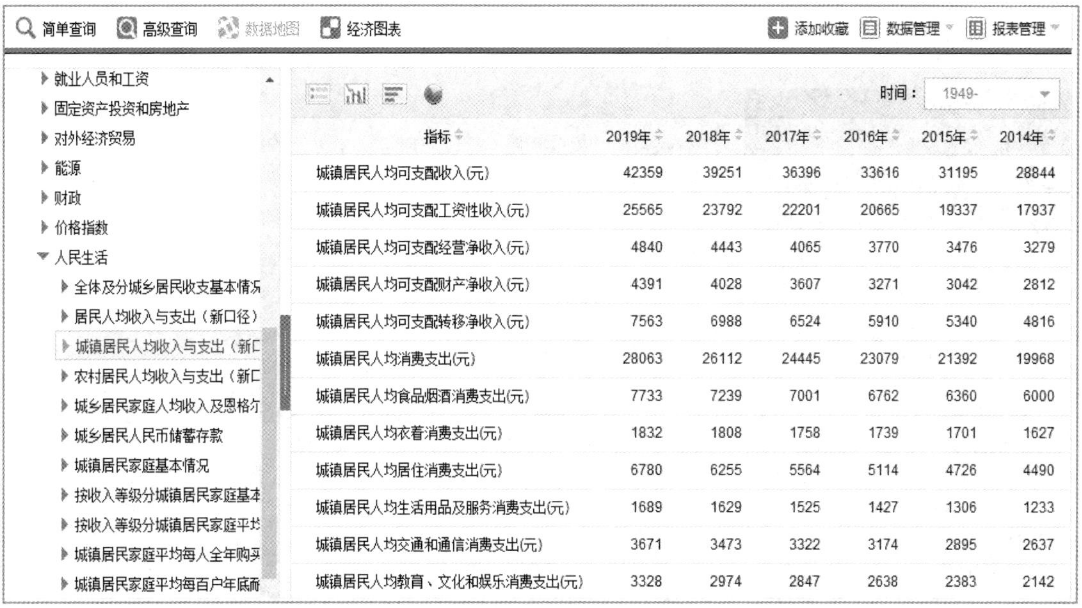

图 1-26　操作步骤 14

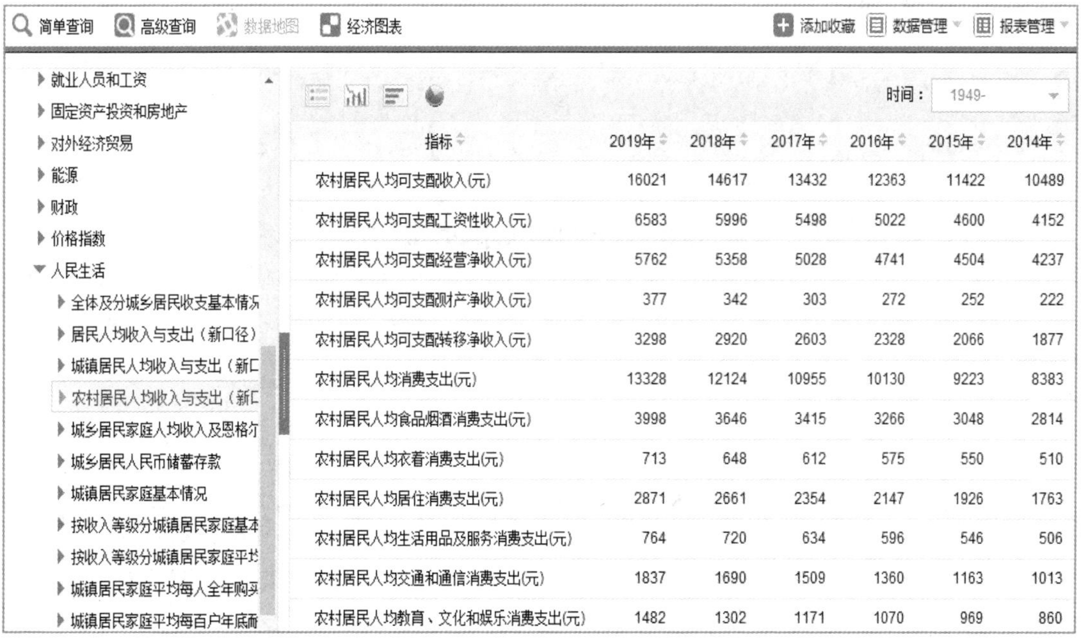

图 1-27　操作步骤 15

　　为了进行国际比较，进入世界银行英文主页（https://www.worldbank.org/），单击 WHAT
WE DO 按钮，如图 1-28 所示。

图 1-28　操作步骤 16

单击 Knowledge 下的 Data 按钮，如图 1-29 所示。

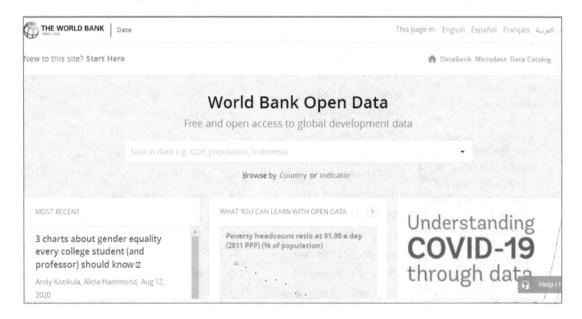

图 1-29　操作步骤 17

单击 Country 按钮，进一步可以下载某个国家的各个指标数据，单击 Indicator 按钮可以先给出统计指标，这里单击 Indicator 按钮，如图 1-30 所示。

THE WORLD BANK
IBRD · IDA
Data
This page in: English Español Français العربية
Search data e.g. GDP, population, Indonesia
DataBank Microdata Data Catalog
Indicators
Featured indicators
All indicators
Quick search
Agriculture & Rural Development
Agricultural irrigated land (% of total agricultural land)
Agricultural land (% of land area)
Agricultural machinery, tractors per 100 sq. km of arable land
Agriculture, forestry, and fishing, value added (% of GDP)
Arable land (% of land area)
Arable land (hectares per person)
Cereal yield (kg per hectare)
Crop production index (2004-2006 = 100)
Employment in agriculture, female (% of
Employment in agriculture, male (% of male
Agriculture & Rural Development
Aid Effectiveness
Climate Change
Economy & Growth
Education
Energy & Mining
Environment
Help

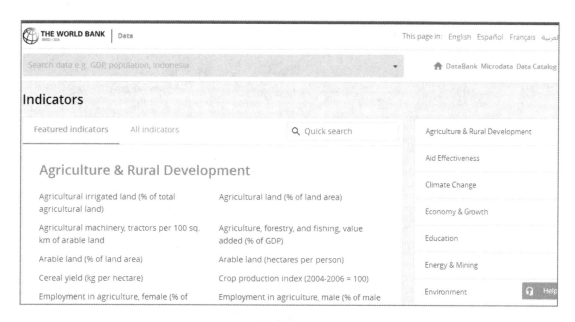

图 1-30　操作步骤 18

根据研究需要选择不同的指标，这里选择 Economy & Growth 指标，如图 1-31 所示。

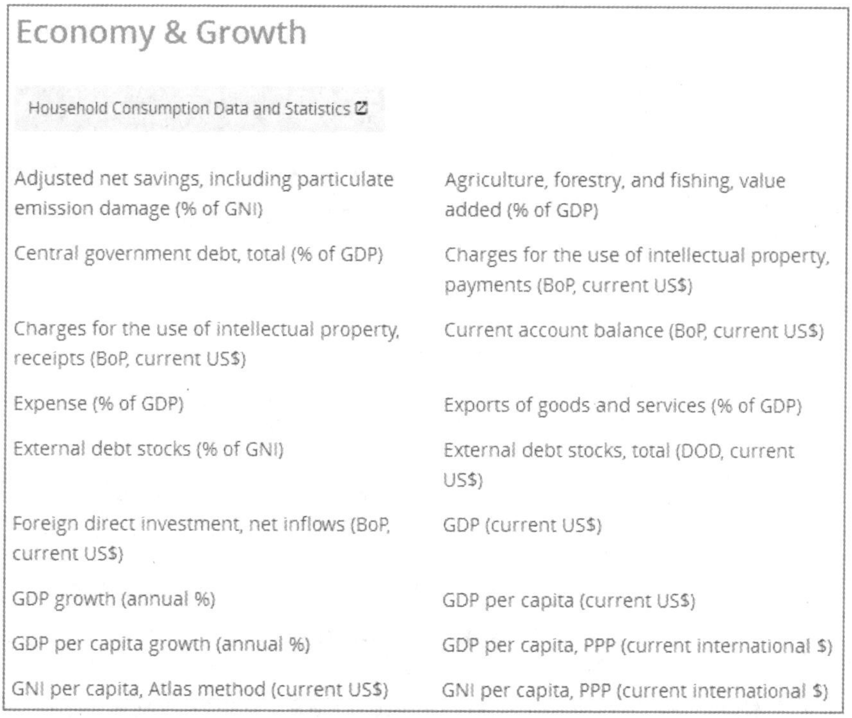

Economy & Growth
Household Consumption Data and Statistics
Adjusted net savings, including particulate emission damage (% of GNI)
Agriculture, forestry, and fishing, value added (% of GDP)
Central government debt, total (% of GDP)
Charges for the use of intellectual property, payments (BoP, current US$)
Charges for the use of intellectual property, receipts (BoP, current US$)
Current account balance (BoP, current US$)
Expense (% of GDP)
Exports of goods and services (% of GDP)
External debt stocks (% of GNI)
External debt stocks, total (DOD, current US$)
Foreign direct investment, net inflows (BoP, current US$)
GDP (current US$)
GDP growth (annual %)
GDP per capita (current US$)
GDP per capita growth (annual %)
GDP per capita, PPP (current international $)
GNI per capita, Atlas method (current US$)
GNI per capita, PPP (current international $)

图 1-31　操作步骤 19

单击 GDP（current US$）按钮，可以得到各个国家历年 GDP（current US$）的数值，进一步单击 China 按钮，可得到中国历年人均 GDP 在坐标系中的点列。如图 1-32 所示。

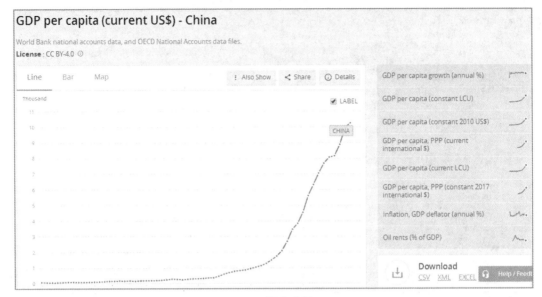

图 1-32 操作步骤 20

图 1-32 右下角 Download 下提供了 3 类文件下载格式，单击 CSV 按钮，得到世界银行统计的各个国家和地区 1962—2019 年以美元现价计价的人均 GDP，如图 1-33 所示，通过移动滑动条可以显示 1969 年以后的各国数据。

	A	B	C	D	E	F	G	H	I	J	K	L	M	N
1	Data Sour	World Development Indicators												
2														
3	Last Upda	2020/7/1												
4														
5	Country N	Country C	Indicator	Indicator	1960	1961	1962	1963	1964	1965	1966	1967	1968	1969
6	Aruba	ABW	GDP per c	NY.GDP.PCAP.CD										
7	Afghanist	AFG	GDP per c	NY.GDP.PC	59.77319	59.86087	58.45801	78.70639	82.09523	101.1083	137.5944	160.8986	129.1083	129.3297
8	Angola	AGO	GDP per c	NY.GDP.PCAP.CD										
9	Albania	ALB	GDP per c	NY.GDP.PCAP.CD										
10	Andorra	AND	GDP per c	NY.GDP.PCAP.CD										
11	Arab Worl	ARB	GDP per c	NY.GDP.PCAP.CD									224.8787	240.0362
12	United Ar	ARE	GDP per c	NY.GDP.PCAP.CD										
13	Argentina	ARG	GDP per c	NY.GDP.PCAP.CD		1155.89	850.3047	1173.238	1279.113	1272.803	1062.544		1141.08	1329.059
14	Armenia	ARM	GDP per c	NY.GDP.PCAP.CD										
15	American	ASM	GDP per c	NY.GDP.PCAP.CD										
16	Antigua a	ATG	GDP per c	NY.GDP.PCAP.CD										
17	Australia	AUS	GDP per c	NY.GDP.PC	1807.786	1874.732	1851.842	1964.15	2128.068	2277.558	2340.439	2576.285	2720.083	2986.95
18	Austria	AUT	GDP per c	NY.GDP.PC	935.4604	1031.815	1087.834	1167.001	1269.413	1374.532	1486.969	1569.667	1677.674	1825.386
19	Azerbaij	AZE	GDP per c	NY.GDP.PCAP.CD										
20	Burundi	BDI	GDP per c	NY.GDP.PC	70.05173	71.16719	73.43531	78.51433	86.16161	51.38186	52.18265	54.80639	54.90081	55.71502
21	Belgium	BEL	GDP per c	NY.GDP.PC	1273.692	1350.198	1438.523	1535.024	1701.846	1835.595	1957.626	2086.636	2222.362	2458.082
22	Benin	BEN	GDP per c	NY.GDP.PC	93.02251	95.57215	94.46453	99.85911	104.3398	110.1328	112.9408	111.9516	116.8951	116.0251
23	Burkina F	BFA	GDP per c	NY.GDP.PC	68.42475	71.55818	76.52061	78.37207	80.47277	81.72512	82.54564	84.36316	84.73305	86.52021
24	Banglades	BGD	GDP per c	NY.GDP.PC	89.03524	97.59527	100.1221	101.9014	100.2211	106.6466	112.6654	122.8706	122.8476	135.1474
25	Bulgaria	BGR	GDP per c	NY.GDP.PCAP.CD										
26	Bahrain	BHR	GDP per c	NY.GDP.PCAP.CD										

API_NY.GDP.PCAP.CD_DS2_en_csv_v

图 1-33 操作步骤 21

图 1-32 的右侧同时提供了与指标 GDP（current US$）关系较为密切的相关指标，单击需要查看的指标可以类似下载世界各国该指标 1962—2019 年的数据序列。

如果单击指标 GDP per capita growth（annual%）按钮，则可以得到 1961—2019 年世界各国的 GDP 年增长率，进一步单击 China 按钮，可以得到中国 1961—2019 年的 GDP 年增长率，如图 1-34 所示。

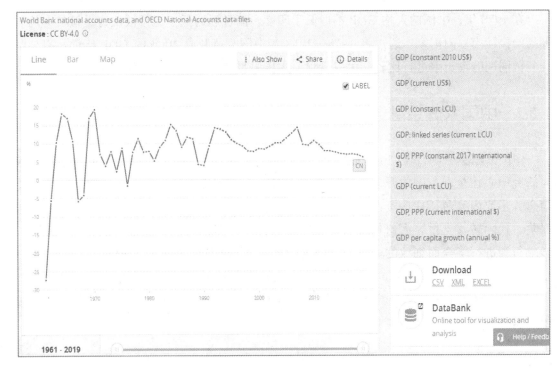

World Bank national accounts data, and OECD National Accounts data files.
License : CC BY-4.0

图 1-34　操作步骤 22

下载 CSV 文件得到 1961—2019 年世界各国的 GDP 年增长率，如图 1-35 所示。

	AV	AW	AX	AY	AZ	BA	BB	BC	BD	BE	BF	BG	BH	BI	BJ	BK	BL
Country	2003	2004	2005	2006	2007	2008	2009	2010	2011	2012	2013	2014	2015	2016	2017	2018	2019
Aruba	1.98	7.91	1.21	1.05	1.90	-0.09	-10.52	-3.69	3.45	-1.37	4.20	0.30	5.70	2.10	2.00		
Afghanistan	8.83	1.41	11.23	5.36	13.83	3.92	21.39	14.36	0.43	12.75	5.60	2.72	1.45	2.26	2.67	1.94	2.90
Angola	2.99	10.95	15.03	11.55	14.01	11.17	0.96	4.95	3.47	8.54	4.95	4.82	0.94	-2.58	-0.15	-2.00	-0.57
Albania	5.53	5.51	5.53	5.90	5.99	7.50	3.35	3.71	2.55	1.42	1.00	1.77	2.22	3.31	3.80	4.07	2.21
Andorra	3.69	8.14	5.40	4.81	1.55	-5.56	-5.30	-1.97	-0.01	-4.97	-3.55	2.50	1.43	3.71	0.35	1.59	1.85
Arab Wor	5.33	9.32	5.75	6.50	4.55	5.81	0.43	4.54	5.51	6.59	3.15	2.45	3.17	3.42	1.14	2.09	1.48
United A	8.90	9.57	4.86	9.84	3.19	3.19	-5.24	1.60	6.93	4.48	5.05	4.28	5.11	3.06	2.37	1.19	1.68
Argentin	8.94	9.03	8.85	8.05	9.01	4.06	-5.92	10.13	6.00	-1.03	2.41	-2.51	2.73	-2.08	2.67	-2.48	-2.16
Armenia	14.00	10.50	13.90	13.20	13.70	6.90	-14.10	2.20	4.70	7.20	3.30	3.60	3.20	0.20	7.50	5.20	7.60
American	0.51	0.54	-0.40	-4.17	1.96	-2.61	-4.24	0.44	0.29	-4.39	-2.75	0.94	1.40	-2.77	-5.85	2.15	
Antigua	6.06	5.74	6.41	12.73	9.26	-0.03	-12.11	-7.57	-1.96	3.37	-0.60	3.90	3.83	5.50	3.15	7.39	4.55
Australi	2.99	4.06	3.20	2.79	3.84	3.66	1.94	2.07	2.45	3.92	2.59	2.53	2.19	2.77	2.37	2.94	1.90
Austria	0.94	2.74	2.24	3.45	3.73	1.46	-3.76	1.94	2.92	0.68	0.03	0.66	1.01	2.02	2.46	2.42	1.51
Azerbaij	10.21	9.25	27.96	34.47	25.46	10.59	9.37	4.79	-1.57	2.20	5.84	2.80	1.05	-3.06	0.15	1.50	2.22
Burundi	-1.22	4.83	0.90	5.43	3.45	4.96	3.51	5.12	4.45	4.92	4.24	4.24	-3.90	-0.60	0.50	1.61	1.84
Belgium	1.04	3.57	2.32	2.55	3.68	0.45	-2.02	2.96	1.69	0.74	0.45	1.59	2.03	1.49	1.90	1.49	1.40
Benin	3.44	4.43	1.71	3.94	5.99	4.90	2.32	2.11	2.96	4.91	7.19	6.36	1.78	3.34	5.67	5.70	6.87
Burkina	7.90	4.48	8.66	6.25	4.11	5.90	2.96	8.45	6.62	6.52	6.45	5.79	4.33	3.91	5.96	6.16	5.82
Banglade	4.74	5.24	6.54	6.67	7.06	6.01	5.05	5.57	6.46	6.52	6.01	6.06	6.55	7.11	7.28	7.86	8.15
Bulgaria	5.15	6.44	7.15	6.90	6.56	6.09	-3.42	0.37	2.35	0.36	0.32	1.99	3.99	3.51	3.51	3.06	3.37
Bahrain	6.30	6.98	6.77	6.47	8.29	6.25	2.54	4.33	1.96	3.73	5.42	4.35	2.96	3.67	3.51	1.96	1.82
Bahamas	-1.26	0.88	3.40	2.52	1.45	-2.32	-4.18	1.54	0.61	3.09	-2.95	0.74	0.60	0.45	0.07	1.57	1.80
Bosnia a	4.00	6.10	5.42	5.56	5.43	-3.00	0.77	0.91	-0.70	2.35	1.15	3.09	3.15	2.12	3.12	2.58	
Belarus	7.04	11.45	9.40	10.00	8.60	10.20	0.20	7.90	5.35	1.69	1.00	1.73	-3.83	-2.53	2.53	3.15	1.22
Belize	9.33	4.79	1.94	4.82	0.51	3.49	0.22	3.00	1.92	2.42	1.30	3.64	2.85	0.09	1.87	2.09	0.31
Bermuda	3.41	2.32	1.67	5.54	2.85	1.53	-5.26	-2.09	-3.34	-4.83	-2.51						
Bolivia	2.71	4.17	4.42	4.80	4.56	6.15	3.36	4.13	5.20	5.12	6.80	5.46	4.86	4.26	4.20	4.22	2.22
Brazil	1.14	5.76	3.20	3.96	6.07	5.09	-0.13	7.53	3.97	1.92	3.00	0.50	-3.55	-3.29	1.32	1.32	1.14
Barbados	2.15	1.41	3.96	5.90	2.20	0.70	-5.05	-2.29	-0.67	-0.61	-1.41	-0.12	2.45	2.45	1.33	0.05	-0.10
Brunei D	2.90	0.50	0.39	4.40	0.15	-1.94	-1.76	2.60	3.75	0.91	-2.13	-2.51	-0.39	-2.45	1.33	0.05	3.87
Bhutan	7.52	6.01	7.29	7.00	18.36	4.90	6.75	11.95	7.95	6.05	5.12	5.73	6.64	5.13	4.65	3.03	
Botswana	4.63	2.71	4.56	5.36	8.28	6.25	-7.65	5.56	6.05	4.46	11.34	4.15	-1.70	4.30	2.90	4.48	2.97
Central A	-6.40	5.99	0.91	4.77	4.51	2.05	8.59	4.63	4.19	5.05	-36.39	0.05	4.34	4.75	4.53	3.79	2.97
Canada	3.81	3.91	5.00	4.17	6.97	1.01	-2.93	3.09	3.15	1.76	2.33	2.87	0.66	1.00	3.17	2.01	1.66
Central	4.09	5.82	4.97	6.59	6.39	3.92	-3.44	1.57	3.25	0.77	1.25	3.04	3.93	3.05	4.79	4.42	3.69
Switzerl	0.04	2.74	3.12	3.96	4.11	2.22	-2.22	3.00	1.69	1.01	1.85	2.45	1.33	1.72	1.90	2.75	0.93
Channel	-3.20	0.22	1.38	4.98	5.90												
Chile	4.09	7.21	5.74	4.56	5.36	3.53	-1.56	5.84	6.11	5.32	4.05	1.77	2.30	1.71	1.19	3.95	1.05
China	10.04	10.11	11.40	12.72	14.23	9.65	9.40	10.64	9.55	7.86	7.77	7.42	7.04	6.85	6.95	6.75	6.11
Cote d'I	-1.36	1.25	1.72	1.52	1.77	2.54	3.29	2.02	-4.39	10.71	9.29	8.79	8.84	7.15	7.36	4.06	6.95
Cameroon	4.57	6.78	2.02	3.46	4.90	3.49	2.20	3.42	4.13	4.55	5.40	5.88	5.65	4.55	3.55	4.06	4.02
Congo,	5.55	6.54	6.33	6.26	6.23	2.96	7.11	6.87	7.09	9.49	9.47	6.92	2.40	3.73	5.82	4.58	

API_NY.GDP.MKTP.KD.ZG_DS2_en_cs

图 1-35　操作步骤 23

在 1978 年，中国的人均 GDP 不但低于印度，而且远远低于通常被认为是最贫穷的非洲撒哈拉沙漠以南国家。通过将 1978—2018 年中国改革开放 40 年的 GDP 年增长率与国外各国同期的增长率进行比较，可以看出，中国是世界上经济发展最快的国家。

1.2.2　中国家庭金融数据库

中国家庭金融调查（China Household Finance Survey，CHFS）是中国家庭金融调查与研究中心在全国范围内开展的抽样调查项目，旨在收集有关家庭金融微观层次的相关信息，主要内容包括住房资产与金融财富、负债与信贷约束、收入与消费、社会保障与保险、代际转移支付、人口特征与就业以及支付习惯等相关信息。该项目对家庭经济、金融行为进行了全面细致的刻画，以便为学术研究和政府决策提供高质量的微观家庭金融数据。目前已经分别在 2011 年、2013 年、2015 年和 2017 年成功实施 4 次调查。

首先，进入中国家庭金融调查与研究中心网站，依次单击"数据中心—数据申请"按钮，如图 1-36 所示。

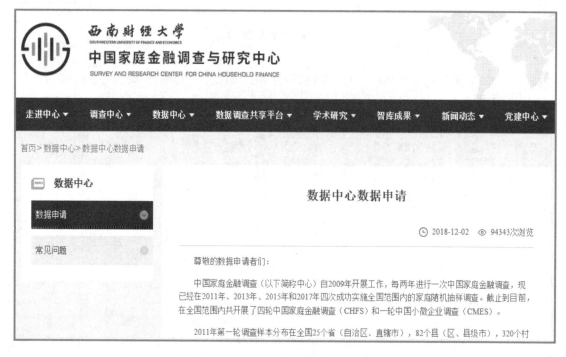

图 1-36　操作步骤 24

数据申请注册的网址：http://chfs.swufe.edu.cn/datas/，单击链接，根据要求注册账号，经过中心审核批准后，可以登录数据申请系统查看并下载对应的调查数据。如果出现所采用的浏览器无法登录现象，可采用 IE 浏览器登录。利用授权的账号和密码登录后，如图 1-37 所示。

图 1-37　操作步骤 25

依次单击"数据中心—数据共享区"按钮，如图 1-38 所示。

图 1-38　操作步骤 26

可根据需要下载 2011 年、2013 年、2015 年、2017 年的调查数据。2017 年最新文件如图 1-39 所示。

图 1-39　操作步骤 27

单击 2017 年家庭金融调查数据库"详情链接"按钮，如图 1-40 所示。

图 1-40 操作步骤 28

根据要求填写"研究目的"和"研究计划简介"，填写完成后单击"点击进入下载页面"按钮，如图 1-41 所示。

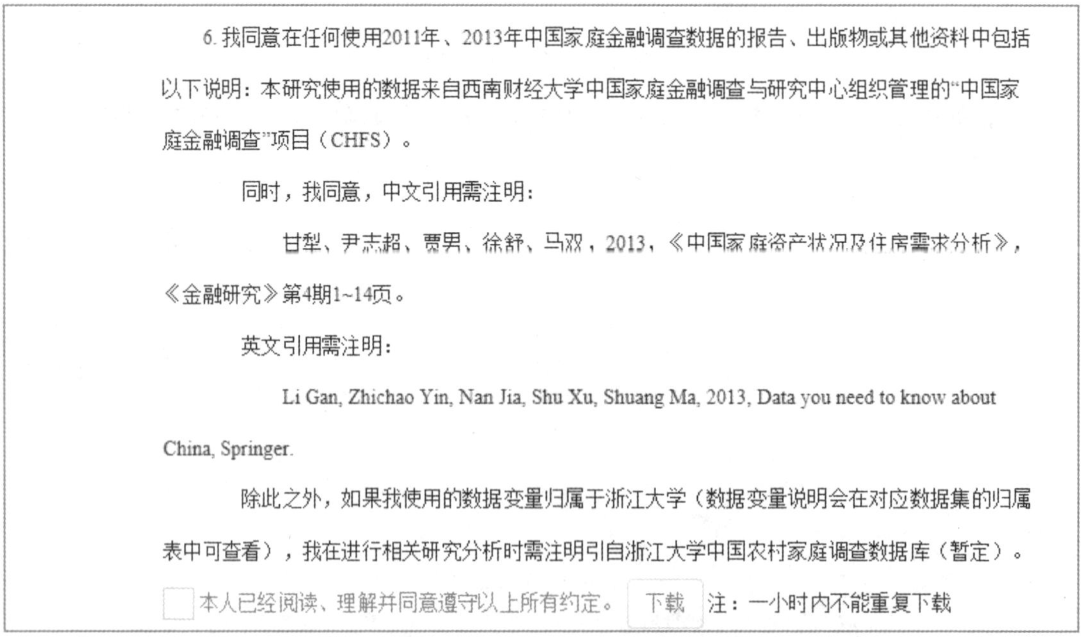

6. 我同意在任何使用2011年、2013年中国家庭金融调查数据的报告、出版物或其他资料中包括以下说明：本研究使用的数据来自西南财经大学中国家庭金融调查与研究中心组织管理的"中国家庭金融调查"项目（CHFS）。

同时，我同意，中文引用需注明：

甘犁、尹志超、贾男、徐舒、马双，2013，《中国家庭资产状况及住房需求分析》，《金融研究》第4期1~14页。

英文引用需注明：

Li Gan, Zhichao Yin, Nan Jia, Shu Xu, Shuang Ma, 2013, Data you need to know about China, Springer.

除此之外，如果我使用的数据变量归属于浙江大学（数据变量说明会在对应数据集的归属表中可查看），我在进行相关研究分析时需注明引自浙江大学中国农村家庭调查数据库（暂定）。

☐ 本人已经阅读、理解并同意遵守以上所有约定。 下载 注：一小时内不能重复下载

图 1-41 操作步骤 29

同意"下载须知"所有约定后，单击"下载"按钮，如图 1-42 所示。

图 1-42 操作步骤 30

单击"保存"后，文件下载成功。下载后的文件需要采用合适的 Stata 软件版本来打开，软件版本不合适可能会导致乱码。如图 1-43 所示。

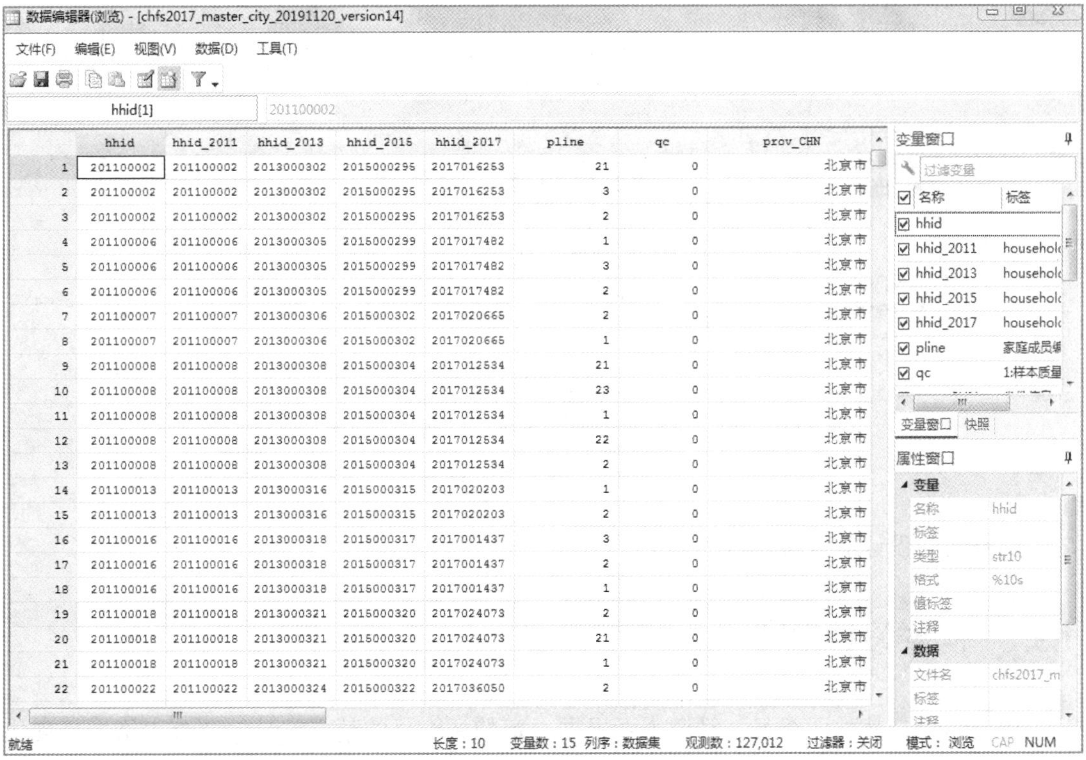

图 1-43 操作步骤 31

1.3 直接数据的搜集

直接统计数据可以通过 3 种途径获得：科学实验、观察研究和直接调查。科学实验往往要使用复杂的统计程序去设计实验以获得实验结果，本书不过多涉及这方面的知识。观察研究，往往是心理学领域或其他相关领域常用的方法，而此处主要探讨的是社会经济类数据的调查方法。直接调查是通过设计调查问卷的方式，来获取问题相对应的数据。直接调查包括普查、重点调查、抽样调查、统计报表等。本章主要介绍通过抽样调查获取直接数据的方法。

调查步骤如图 1-44 所示。

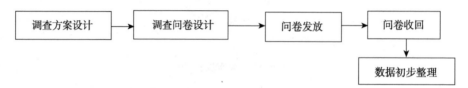

图 1-44　调查步骤

设计一份问卷包括一系列步骤，如图 1-45 所示。

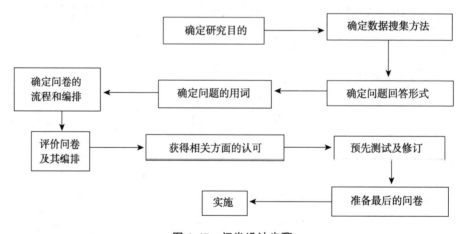

图 1-45　问卷设计步骤

调查问卷设计的方法与过程如下。

1.3.1 问卷设计概述

调查问卷，又称调查表，是调查者根据一定的调查目的精心设计的调查表格，是现代社会用于搜集资料的一种最为普遍的工具。

按照不同的分类标准，可将调查问卷分成不同的类型。

　　根据市场调查中使用问卷方法的不同，可将调查问卷分成自填式问卷和访问式问卷两大类。所谓自填式问卷，指由调查者发给（或邮寄给）被调查者，由被调查者自己填写的问卷。而访问式问卷则是由调查者按照事先设计好的问卷或问卷提纲向被调查者提问，然后根据被调查者的回答进行填写的问卷。一般而言：访问式问卷要求简便，最好设计成两项选择题；而自填式问卷由于可以借助视觉功能，在问题的制作上相对更加详尽、全面。

　　根据问卷发放方式的不同，可将调查问卷分为送发式问卷、邮寄式问卷、报刊式问卷、人员访问式问卷、电话访问式问卷和网上访问式问卷六种。其中前三种大致可以归入自填式问卷的范畴，后三种则属于访问式问卷。①送发式问卷就是由调查者将调查问卷送发给选定的被调查者，待被调查者填答完毕后再统一收回。②邮寄式问卷是通过邮局将事先设计好的问卷邮寄给选定的被调查者，并要求被调查者按规定的要求填写后回寄给调查者。邮寄式问卷的匿名性较好，缺点是问卷回收率低。③报刊式问卷是随报刊的传递发送问卷，并要求报刊读者对问题如实作答并回寄给报刊编辑部。报刊式问卷有稳定的传递渠道、匿名性好，费用省，因此有很大的适用性，缺点也是回收率不高。④人员访问式问卷是由调查者按照事先设计好的调查提纲或调查问卷对被调查者提问，然后再由调查者根据被调查者的口头回答填写问卷。人员访问式问卷的回收率高，也便于设计一些便于深入讨论的问题，但不便于提问敏感性问题。⑤电话访问式问卷就是通过电话中介来对被调查者进行访问调查的问卷类型。此种问卷要求简单明了，但是在问卷设计上要充分考虑几个因素：通话时间限制；听觉功能的局限性；记忆的规律；记录的需要。电话访问式问卷一般应用于问题相对简单明确，但需及时得到调查结果的调查项目。⑥网上访问式问卷是在互联网上制作，并通过互联网来进行调查的问卷类型。此种问卷不受时间、空间限制，便于获得大量信息，特别是对于敏感性问题，相对而言更容易获得满意的答案。

1.3.2　问卷的基本结构

1. 问卷的基本要求

　　一份完善的问卷调查表应能从形式和内容两个方面同时取胜。从形式上看，要求版面整齐、美观，便于阅读和作答，这是总体上的要求，具体的版式设计、版面风格与版面要求，这里暂不赘述。从内容上看，一份好的问卷调查表至少应该满足以下几方面的要求：问题具体、表述清楚、重点突出、整体结构好；确保问卷能完成调查任务与目的；调查问卷应该明确正确的政治方向，把握正确的舆论导向，注意对群众可能造成的影响；便于统计整理。

2. 问卷的基本结构

　　问卷的基本结构一般包括 4 个部分，即说明信、调查内容、编码和结束语。其中调查内容是问卷的核心部分，是每一份问卷都必不可少的内容，而其他部分则根据设计者需要可取可舍。

（1）说明信。说明信是调查者写给被调查者的一封简短信，主要说明调查的目的、意义、选择方法及填答说明等，一般放在问卷的开头。

（2）调查内容。问卷的调查内容主要包括各类问题，问题的回答方式及其指导语，这是调查问卷的主体，也是问卷设计的主要内容。

问卷中的问答题，从形式上看，可分为开放式、封闭式和混合型三大类。开放式问答题只提问题，不给具体答案，要求被调查者根据自己的实际情况自由作答。封闭式问答题则既提问题，又给出若干答案，被调查者只需在选中的答案中打"√"即可。混合型问答题，又称半封闭型问答题，是在采用封闭型问答题的同时，最后再附上一项开放式问题。

至于指导语，也就是填答说明，是用来指导被调查者填答问题的各种解释和说明。

（3）编码。编码一般应用于大规模的问卷调查中。因为在大规模问卷调查中，调查资料的统计、汇总工作十分繁重，借助编码技术和计算机，则可大大简化这一工作。

编码是将调查问卷中的调查项目及备选答案给予统一设计的代码。编码既可以在设计问卷的同时就设计好，也可以等调查工作完成以后再进行。前者称为预编码，后者称为后编码。在实际调查中，常采用预编码。

（4）结束语。结束语一般放在问卷的最后面，用来简短地对被调查者的合作表示感谢，也可征询被调查者对问卷设计和问卷调查本身的看法和感受。

3. 问卷调查的实施

（1）预调查。在进行正规的大规模调查之前，最好进行预调查。预调查可以发现问卷的问题并及时进行修正，也可以对一些问题进行演练，增强培训时大家对于问题的统一认识。也有助于问卷设计者增强对问卷数据的主观认识。

（2）调查员的培训。大规模的调查往往不能由一个人完成，一般要聘请一定数量的调查员完成。由于调查员不是问卷的设计者，不一定能从问卷中全部领会调查者需要重点获得的信息。因此，需要对调查员进行集中的培训。通过研究框架讲解、问卷题目讲解和角色演练等方式，让调查员充分理解问卷问题，尽量减少调查员的偏误。

（3）问卷调查质量的控制。在调查实施的过程中，应该在调查前、调查中和调查后进行问卷质量的控制。调查前，主要是通过问卷设计、预调查和调查员培训进行质量控制，并事先对调查的单位进行前期的一些联络工作。调查中，负责人应该正确地组织安排好调查，最好安排有经验的人作为组长。同时，及时发现问题，在每天的调查任务结束后最好进行问卷的自查和互查，发现问题及时修正。问卷调查结束后，在输入数据之前，需要进行全面检查，发现遗漏或空白选项，并进行核实，尽可能补充缺失的信息。

问卷调查的案例可以参考西南财经大学中国家庭金融调查与研究中心的"中国家庭金融调查"，如图 1-46 所示。

图 1-46 问卷调查参考案例

参考文献

[1] 吴先华，李琰，姚天祥. 应用统计学实验教程[M]. 北京：高等教育出版社，2014.

[2] 甘犁，冯帅章. 以微观数据库建设助推中国经济学发展：第二届微观经济数据与经济学理论创新论坛综述[J]. 经济研究，2019（4）：204-208.

[3] 贾俊平，何晓群，金勇进. 统计学[M]. 7 版. 北京：中国人民大学出版社，2018.

[4] 张宏亮，龙林，周永红. 统计学：实验与习题指导[M]. 成都：西南财经大学出版社，2011.

[5] 徐云杰. 社会调查设计与数据分析：从立题到发表[M]. 重庆：重庆大学出版社，2011.

[6] 王学川，杨克勤. 社会调查的实用方法与典型实例[M]. 北京：清华大学出版社，2011.

第 2 章
数据的可视化

➤ 如果你需要展示我国改革开放 40 多年来的所有成果，你会选择通过表格展示数据值，还是选择通过这些数据的图形表示呢？

➤ 如果要观察改革开放 40 多年来我国三大产业结构的变化，你认为应该用什么样的图形？进一步地，为反映不同地区居民消费支出情况，你会使用什么图形？

➤ 要描述城镇化率与经济增长、产业结构调整和人民生活水平的关系，你会用什么样的图形？

➤ 要反映"一带一路"倡议下我国利用各国外商直接投资净额的分布状况，你会选择使用什么图形进行描述？

➤ 要探索能源消费的快速增长对我国近年来经济飞速发展的贡献，你认为应该采用什么图形？

　　在对数据做描述性分析时，我们往往采用简单图形的方式进行直观展示。一张好的图表可以帮助我们更高效地理解数据背后的故事，远胜于冗长的文字表述。例如，可以通过绘制历年 GDP 的时间序列图来直观地展示整体经济发展的趋势；同时，利用饼图描绘第一产业、第二产业及第三产业对 GDP 的贡献率，从而清晰地反映产业结构的分布情况。所谓的数据可视化（visualization）是指将数据以图形化的方式呈现出来。合理地运用图表对统计数据进行描述与分析，则是应用统计学中不可或缺的一项基本技能。本章主要针对品质数据和数值型数据的可视化方法与应用进行介绍。

2.1　基本概念的界定

　　按照所采用的计量尺度的不同，可以将统计数据分为分类数据、顺序数据和数值型数据。其中，前两者反映了事物的品质特征，且一般用文字表述，因此又可称为品质数据或定性数据（qualitative data）。

　　分类数据（categorical data）：指那些只能被归入某一特定类别的非数值型数据，它代表了对事物进行分类的结果。这类数据以类别形式展现，通常通过文字标签来描述。例如，根据区域社会经济发展状况，我国经济区域被划分为东部、中部、西部和东北四大类；根据国际贸易标准分类（Standard International Trade Classification，简称 SITC），进出口商品被划分为初级产品和工业制品两大类别。在初级产品范畴内，涵盖了食品及主要供食用的活动物、饮料与烟草制品、非食用原料（除燃料外）、矿物燃料、润滑油及其相关原料，以及动植物油脂与蜡。而工业制品则细分为化学成品及其相关产品、按原材料分类的制成品、机械及运输设备、杂项制品，以及未归入上述类别的其他商品。为便于统计处理，一般使用数字代码对分类数据各个类别进行编码。例如：可以用 0 表示"初级产品"，1 表示"工业制品"；也可以更加细致地划分，使用 0 表示"食品及主要供食用的活动物"，1 表示"饮料及烟类"，2 表示"除燃料外的非食用原料"，3 表示"矿物燃料、润滑油及有关原料"，4 表示"动植物油脂及蜡"，5 表示"化学成品及有关产品"，6 表示"按原料分类的制成品"，7 表示"机械及运输设备"，8 表示"杂项制品"，9 表示"未分类的其他商品"。

　　顺序数据（rank data）：只能归于某一有序类别的非数字型数据。不同于分类数据，顺序数据的类别存在有序性。比如：根据收入情况可将居民分为低收入户、中间偏下户、中间收入户、中间偏上户和高收入户；人们对政府采取疫情防控措施的满意度可以分为非常满意、满意、保持中立、不满意、非常不满意；人们的受教育程度可以分为文盲、小学、初中、高中、大学及以上；等等。同样，顺序数据也可以使用数字代码来表示。比如，1——非常满意，2——满意，3——保持中立，4——不满意，5——非常不满意。

　　数值型数据（numetric data）：按数字尺度测量的观察值，反映的是现象的数量特征，通常用具体的数值来表现。又称为定量数据（quantitative data）或数量数据。现实中，一般处理的数据大多为数值型数据。

2.2 品质数据的可视化

适用于分类数据的图形主要有条形图、饼图、环形图和帕累托图；对于顺序数据，除了这四种图形，我们还可以绘制累积频数（频率）分布图进行分析。

2.2.1 条形图

条形图（bar chart）：用宽度相同的条形高度或长短来表示各类别频数的图形，以此观察不同类别频数的多少或分布情况。绘制时，各类别既可以放在横轴，也可以放在纵轴。我们一般将各类别放在横轴的条形图称为柱形图（column chart）。根据绘制变量类别的多少，条形图又有简单条形图和复式条形图之分。

1. 简单条形图

简单条形图是根据一个类别变量绘制的图形，用以描述该变量分类别的分布状况。下面我们用一个例子说明条形图的绘制及其解读。

例 2-1 为研究我国人口受教育程度的性别差异性，我们收集了《中国统计年鉴 2019》一书中 2018 年全国 6 岁及以上人口按性别、受教育程度分类的相关数据，得到结果如表 2-1 所示。由此可绘制条形图分析各类别的人数分布状况。

表 2-1　2018 年全国 6 岁及以上人口按性别、受教育程度分类数据　　单位：人

受教育程度	男	女	总计
未上过学	16 481	41 001	57 482
小学	127 947	141 004	268 951
初中	216 604	185 260	401 864
普通高中	77 363	61 388	138 751
中职	26 357	21 686	48 043
大学专科	41 065	37 416	78 481
大学本科	33 263	30 995	64 258
研究生	3 288	3 076	6 364
总计	542 368	521 826	1 064 194

资料来源：国家统计局网站，www.stats.gov.cn。本表是 2018 年全国人口变动情况抽样调查样本数据，抽样比为 0.820‰。

这里涉及 2 个类别的变量，即性别和受教育程度。我们可以分别对不同性别和不同受教育程度的人数分布绘制简单条形图，如图 2-1 和图 2-2 所示。

很明显，图 2-1 反映出 2018 年我国 6 岁及以上人口的男女性别比例严重失衡；图 2-2 反映出 2018 年我国 6 岁及以上人口的受教育程度普遍集中在初中水平，其次是小学和普

通高中。虽然我们根据例 2-1 的数据可以绘制多个简单条形图来分析某一变量的数据分布信息，但无法进行多维度的比较。比如，例题中我们无法对不同受教育程度的性别差异性给出明确判断，因此这就需要借助其他图形来进一步分析。

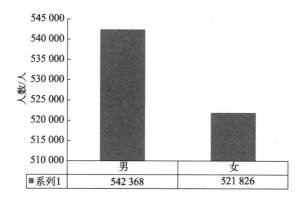

图 2-1 不同性别人数分布的简单条形图（2018 年）

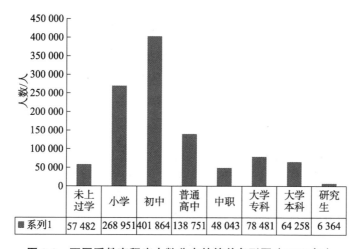

图 2-2 不同受教育程度人数分布的简单条形图（2018 年）

2. 复式条形图

复式条形图是根据两个类别变量的各类别绘制的条形图。这种形式的条形图可以将多个变量的各类别绘制在同一张图里，不仅节省了空间，而且便于比较。根据绘制方式不同，复式条形图有堆积条形图、堆砌条形图、百分比条形图等不同形式。以下分别是根据例 2-1 的数据绘制的几种不同形式的复式条形图。

图 2-3 是堆积条形图，每种受教育程度的不同条表示不同的性别，条的高度表示人数的多少。

图 2-4 是堆砌条形图，每个条的高度表示不同受教育程度的频数多少，条中所堆砌的矩形与不同性别的人数成比例。

图 2-5 是百分比条形图，每个条的高度均为 100%，条内矩形的大小取决于男女性别构成的百分比。

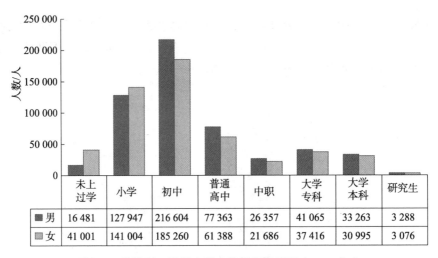

	未上过学	小学	初中	普通高中	中职	大学专科	大学本科	研究生
男	16 481	127 947	216 604	77 363	26 357	41 065	33 263	3 288
女	41 001	141 004	185 260	61 388	21 686	37 416	30 995	3 076

图 2-3　分性别、受教育程度的堆积条形图（2018 年）

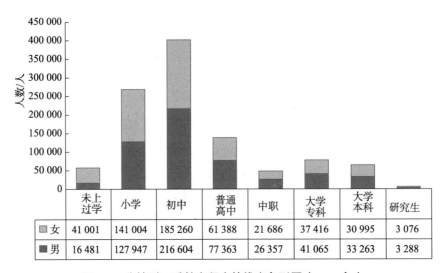

	未上过学	小学	初中	普通高中	中职	大学专科	大学本科	研究生
女	41 001	141 004	185 260	61 388	21 686	37 416	30 995	3 076
男	16 481	127 947	216 604	77 363	26 357	41 065	33 263	3 288

图 2-4　分性别、受教育程度的堆砌条形图（2018 年）

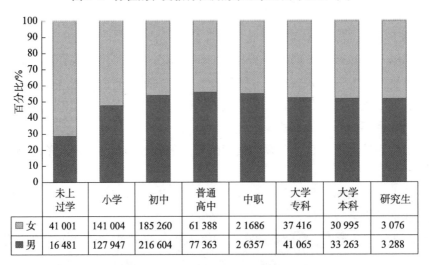

	未上过学	小学	初中	普通高中	中职	大学专科	大学本科	研究生
女	41 001	141 004	185 260	61 388	2 1686	37 416	30 995	3 076
男	16 481	127 947	216 604	77 363	2 6357	41 065	33 263	3 288

图 2-5　分性别、受教育程度的百分比条形图（2018 年）

图 2-3、图 2-4 和图 2-5 均反映出男女在受教育机会上的不平等，女性在受教育程度上普遍低于男性。具体来看：在未上过学和小学文化程度上，女性所占的比重远大于男性；在初中、普通高中及中职学历上，男性明显占优；大学专科及以上学历，男性比例略高于女性，且随着学历层次的上升，这种性别差异性在不断缩小。

作为对比，我们收集了 2015 年的相关数据[①]，并做出了类似的百分比条形图，如图 2-6 所示。总体来看，我国教育性别不平等是一个长期存在的问题。但随着国家对教育事业的高度重视，这种教育不平等的现象也得到了很大程度的缓解。女性未上过学的比例在稳步下降，同时，高中及以上学历的比重在明显上升，特别是女性在接受高等教育的机会上有了显著提升。通过以上数据的可视化对比分析，我们可以对改革开放以来我国在教育事业上取得的成就有一个直观上的认识。

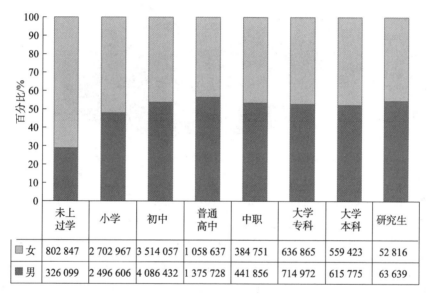

	未上过学	小学	初中	普通高中	中职	大学专科	大学本科	研究生
女	802 847	2 702 967	3 514 057	1 058 637	384 751	636 865	559 423	52 816
男	326 099	2 496 606	4 086 432	1 375 728	441 856	714 972	615 775	63 639

图 2-6 分性别、受教育程度的百分比条形图（2015 年）

2.2.2 饼图和环形图

条形图主要用于展示不同类别数据的绝对值的多少，而用于展示样本或总体各类别频数占总频数比例的图形主要有饼图和环形图。一般在针对结构性问题进行研究时，我们会使用到这两种图形。

1. 饼图

饼图（pie chart）：用圆形及圆内扇形面积来表示各组成部分数据占全部数据比重的图形，又称圆饼图、圆形图等。

[①] 考虑到统计口径的一致性，我们选取了 2015 年的数据作为分析对象。鉴于 2015 年的数据是依据 1.55% 的抽样比进行抽取的，而 2018 年数据是依据 0.82‰ 抽取的，因此在样本量上会存在差异性，但数据的分布是相同的，故仍具有统计意义上的可比较性。

例如，根据表 2-1 中的数据，我们可以绘制多个饼图，分别反映 2018 年全国 6 岁及以上人口的性别构成或受教育程度的分布情况，如图 2-7 和图 2-8 所示。

图 2-7　全国 6 岁及以上人口性别构成(2018 年)

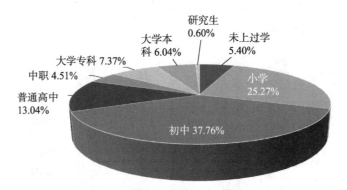

图 2-8　全国 6 岁及以上人口受教育程度构成（2018 年）

类似地，我们对 2015 年全国 6 岁及以上人口的受教育程度也绘制了饼图，如图 2-9 所示。对比图 2-8 和图 2-9，我们发现，受教育程度为未上过小学、小学、初中、普通高中、中职、大学专科、大学本科和研究生的人数构成在这 3 年中分别增加了–0.29%、–0.95%、–0.56%、0.77%、0.34%、0.55%、0.11%和0.01%。也就是说，随着我国教育事业的不断发展，学历在初中及以下的人口数量呈现显著下降的趋势，全国人力资本水平有了明显提高。

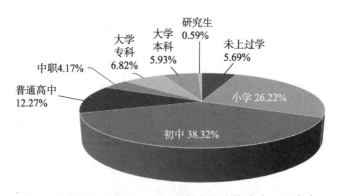

图 2-9　全国 6 岁及以上人口受教育程度构成（2015 年）

2. 环形图

与简单条形图类似，饼图只能反映一个样本或总体各类别频数占总频数的比例。比如，在例 2-1 中，我们要比较人口受教育程度的性别差异性就需要将 8 种不同受教育程度的人口分别按男女性别划分成 2 个部分，因此总共需要绘制 8 个饼图。这种做法既不经济，也不利于比较，故而我们引入另一种复合饼图来实现数据的可视化。

　　环形图（doughnut chart）：由若干个"空心圆"组成的图形，其中每一个环表示一个样本或总体，环里的一段表示样本或总体中某一类别的频数占其相应总频数的比例。环形图可以看作挖去中间部分的饼图的重叠。因此，环形图可以显示多个样本或总体之间的结构差异，有利于对结构问题进行比较研究。

　　例如，我们可以分别绘制出 2015 年和 2018 年男女在不同受教育程度上的构成情况，如图 2-10 和图 2-11 所示。显然，一个环形图比绘制两个饼图更易于比较。

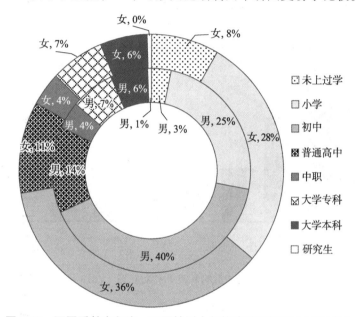

图 2-10　不同受教育程度、不同性别人数构成的环形图（2015 年）

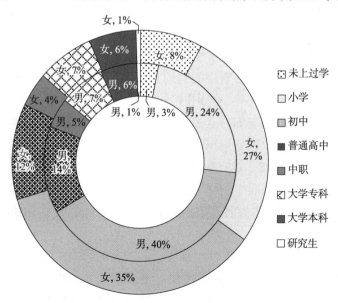

图 2-11　不同受教育程度、不同性别人数构成的环形图（2018 年）

2.2.3 帕累托图

帕累托图（Pareto chart）：通过对各类别数据的频数（或频率）进行降序排列后，在一张图中同时展现各类别观测数据出现的频数及其累计百分比。帕累托图是以意大利著名经济学家维尔弗雷多·帕累托（Vilfredo Pareto）的名字命名的图形，体现了绝大部分数据存在于较少类别中，而剩下的数据分散在大部分类别中的原则。根据例 2-1 中不同受教育程度人口数据绘制的帕累托图，如图 2-12 所示。图中左侧的纵轴（又称主坐标轴）给出了各类别的人口数，即频数，右侧的纵轴（又称次坐标轴）给出了各类别的累计百分比。

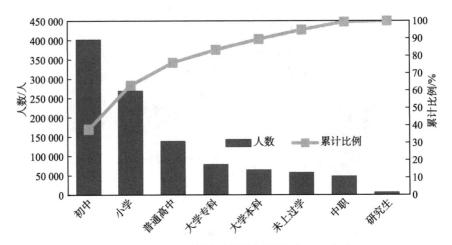

图 2-12　不同受教育程度的帕累托图（2018 年）

2.2.4 累积频数分布图

累积频数（或频率）分布图是基于累积频数或累积频率而绘制的图形。所谓累积频数（cumulative frequency），是指将各有序类别的频数逐级累加起来得到的频数。通过累积频数，我们可以非常直观地了解到某一类别以下或以上的频数之和。累积频率或累积百分比（cumulative percentages）是将各有序类别的百分比逐级累加起来得到的频率。从定义中我们可以看出，无论是累积频数还是累积频率，其累积的方法主要有两种：一种是从类别顺序的起始方向向终点方向累加（对于数值型分组数据则是由小到大排序后进行累加），称为向上累积；另一种是从类别顺序的终点方向向起始方向累加（对于数值型分组数据则是由大到小排序后进行累加），称为向下累积。下面我们用一个例子说明累积频数分布图的绘制及其解读。

例 2-2　为了解我国突发环境事件对社会公共安全的影响，我们收集了《中国统计年鉴 2019》中 2018 年突发环境事件的相关数据，根据其严重程度，事件可划分为：①特别重大；②重大；③较大；④一般。统计结果的频数分布表如表 2-2 所示。

表 2-2　2018 年突发环境事件情况

事件严重程度类别	事件发生次数/次	百分比/%	向上累积		向下累积	
			事件发生次数/次	百分比/%	事件发生次数/次	百分比/%
特别重大	0	0	0	0	286	100
重大	2	1	2	1	286	100
较大	6	2	8	3	284	99
一般	278	97	286	100	278	97
合计	286	100	—	—	—	—

资料来源：国家统计局网站，www.stats.gov.cn。

　　由此可绘制累积频数分布图，分析各类别的环境事件分布状况，如图 2-13 和图 2-14 所示。

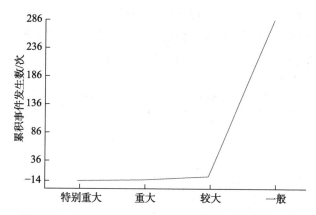

图 2-13　分程度突发环境事件次数的向上累积分布图

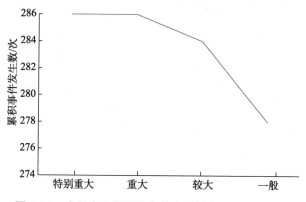

图 2-14　分程度突发环境事件次数的向下累积分布图

2.3　数值型数据的可视化

　　上节介绍的品质数据的可视化分析也都适用于数值型数据。此外，数值型数据的可视化还有一些特定操作，它们并不适用于分类数据和顺序数据。一般而言：对于只有一个样本或单一变量的数值型数据，若数据是可分组的，我们绘制直方图来展示数据分布，若数据是未分组的，我们绘制茎叶图和箱线图，以此观测数据的对称性、偏态及峰态；对于时间序列数据，我们绘制线图来反映现象随时间变化的特征；对于多变量数据，我们主要绘制散点图来展示变量间的相关关系；对于多个样本或多个变量的数据，我们绘制气泡图和雷达图对各样本数据的分布特征或相似性进行比较。

2.3.1 直方图

直方图（histogram）：用于展示分组数据分布的一种图形，其横坐标表示所关心变量的取值区间（即各组组距），纵坐标表示频数或频率，矩形的宽度和高度（即面积）表示频数的多少。由于直方图是对数值型数据进行处理分析的，因此各矩形通常连续排列。

例 2-3 为了解现阶段我国经济发展概况，我们收集了《中国统计年鉴 2019》中 2018 年各地区人均 GDP 数据（单位：万元），如表 2-3 所示。

表 2-3 各地区人均 GDP（2018 年）　　　　　　　　　　　　单位：万元

地区	人均 GDP	地区	人均 GDP	地区	人均 GDP
北京	14.02	安徽	4.77	四川	4.89
天津	12.07	福建	9.12	贵州	4.12
河北	4.78	江西	4.74	云南	3.71
山西	4.53	山东	7.63	西藏	4.34
内蒙古	6.83	河南	5.02	陕西	6.35
辽宁	5.80	湖北	6.66	甘肃	3.13
吉林	5.56	湖南	5.29	青海	4.77
黑龙江	4.33	广东	8.64	宁夏	5.41
上海	13.50	广西	4.15	新疆	4.95
江苏	11.52	海南	5.20		
浙江	9.86	重庆	6.59		

资料来源：国家统计局网站，www.stats.gov.cn。

通过对数据进行分组，我们可得到地区人均 GDP 的频数分布表，如表 2-4 所示。

表 2-4 各地区人均 GDP 频数分布表（2018 年）

按人均 GDP 分组/万元	频数/个	频率/%
4.5 及以下	6	19.35
4.5～6.0	13	41.94
6.0～7.5	4	12.9
7.5～9.0	2	6.45
9.0～10.5	2	6.45
10.5～12.0	1	3.23
12.0 以上	3	9.68
合计	31	100

相比于文字或表格，用图形对数据进行展示更为直观。为此，根据表 2-4 中的分组结果，我们绘制对应的直方图如图 2-15 所示。

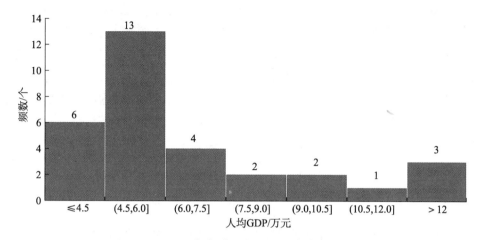

图 2-15　2018 年各地区人均 GDP 分布的直方图

从图 2-15 中可以发现，我国 2018 年各地区人均 GDP 分布有严重的偏倚，反映出区域发展不平衡的现象。具体来看，人均 GDP 在 4.5 万～6.0 万元的地区最多，占全国 31 个省市自治区的近 42%，其次是人均 GDP 在 4.5 万元以下的地区，共有 6 个。数据整体呈现高度右偏分布。

2.3.2　茎叶图

茎叶图（Stem-and-leaf display）：用于直观展示未分组原始数据分布的图形表示方法。其独特之处在于，整个图形完全由数字构成，设计得既简洁又直观。在茎叶图中，"树茎"（stem）部分用于放置数据的高位数值，这些高位数值构成了数据的主要框架；而"树叶"（leaf）部分则对应着每个高位数值之后的下一位数字，它们如同树叶般依附在相应的树茎上，从而完整地展现了数据的分布特征。透过茎叶图，我们可以很直观地看出数据的分布形状及其离散程度，判断数据是否对称分布，是否集中，是否存在离群点（outliner）等。

根据例 2-3 中的数据，我们可以绘制出 2018 年地区人均 GDP 的茎叶图，如图 2-16 所示。

地区人均GDP (万元)茎叶图

Frequency	Stem & Leaf
2.00	3.17
11.00	4.113 357 777 89
6.00	5.022 458
4.00	6.356 8
1.00	7.6
1.00	8.6
2.00	9.18
4.00 Extremnes	(≥11.5)
Stem width :	1.00
Each leaf :	1case(s)

图 2-16　2018 年地区人均 GDP 数据的茎叶图

图 2-16 中，第一列对应的是每根茎上叶子出现的频数，第二列是茎（茎与茎之间的宽度为 1），第三列是叶，每片叶代表一个数据。在原数据中：地区人均 GDP 最低的是甘肃省，为 3.13 万元，因此这里茎取值高位数值 3，叶为 1；其次是云南省，人均 GDP 为 3.71 万元，故茎取值高位数值 3，叶为 7。以此类推，对于数值大于等于 11.5 的（即 11.52，12.07，13.50，14.02），这里判断为极端值，共有 4 个。地区人均 GDP 分布主要集中在 4 万～5 万元之间，以此为中心两侧依次减少，整体呈现高度右偏分布，这与直方图的分析一致。

总的来说，茎叶图可以看成是直方图的横置，除了可以给出数据的分布形状，还能保留每一个原始数据信息，而后者是直方图所无法实现的。鉴于 2 种图形特征，当我们遇到大批量数据时往往绘制的是直方图，否则可选用茎叶图。

2.3.3 箱线图

箱线图（box plot）：由一组数据的最大值、最小值、中位数，2 个四分位数这 5 个特征值绘制的一种图形。由于状似箱子，也称为箱形图。图 2-17 给出了箱形图的一般形式。

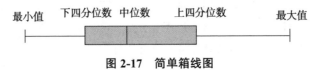

图 2-17 简单箱线图

根据箱线图可以对数据分布的对称性有个直观的认识，例如图 2-17 反映出绝大部分数据集中在较小数值上，也就是说数据呈现右偏分布的特点。为进一步了解数据分布的更多特征，如离群点等，我们通过计算出内围栏和相邻值，画出须线，完善箱线图信息。内围栏（inter fence）是与上、下四分位数（$Q_{25\%}$，$Q_{75\%}$）的距离等于 1.5 倍四分位差（IQR=$Q_{75\%}-Q_{25\%}$）的 2 个点，用以确定离群点的界限，在图中并不显示。其中，$Q_{25\%}-1.5$IQR 称为下内围栏，$Q_{75\%}+1.5$IQR 称为上内围栏。在上、下内围栏的区间范围，我们从观测值中找出最大值和最小值，称为相邻值（adjacent value）。用直线将上下相邻值分别与箱子连接，称为须线（whiskers）。这样，落在上下内围栏之外的点我们将其单独标出，并称为离群点或外部点（outside value），在图中用"○"标志。

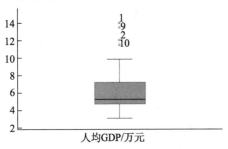

图 2-18 人均地区生产总值数据的 箱线图（2018 年）

例如，表 2-3 中的数据，最大值为 14.02，最小值为 3.13，中位数为 5.29，下四分位数为 4.74，上四分位数为 7.63[①]。首先，根据中位数和上下四分位数画出箱子，然后，计算内围栏和相邻值挑选出 4 个离群点，即北京、上海、天津和江苏，再将剩余 27 个数据中的最小值 3.13 与最大值 9.86 与箱子用直线连接，即可得如图 2-18 所示的箱线图。

---

① 四分位数的计算方法一般有 4 种，这里采用的是 SPSS 软件默认的一种较为准确的算法，即位置确定依据的公式为 Q_L 位置 $=\dfrac{n+1}{4}$，Q_U 位置 $=\dfrac{3(n+1)}{4}$。

箱线图主要用于反映原始数据的分布特征，同时也能对多组数据的分布特征进行比较。下面通过一个例子进行具体阐释。

例 2-4 为了解改革开放以来我国经济发展取得的成效，我们收集了《中国统计年鉴》中 2000 年、2008 年及 2018 年地区人均 GDP 相关数据（单位：万元），如表 2-5 所示。绘制箱线图，分析不同年份地区经济发展情况的分布特征。

表 2-5　各地区人均 GDP 数据（2018 年）　　　　单位：万元

地区	2000 年	2008 年	2018 年
北京	2.25	6.30	14.02
天津	1.80	5.55	12.07
河北	0.77	2.32	4.78
山西	0.51	2.04	4.53
内蒙古	0.59	3.22	6.83
辽宁	1.12	3.13	5.80
吉林	0.68	2.35	5.56
黑龙江	0.86	2.17	4.33
上海	3.45	7.31	13.50
江苏	1.18	3.96	11.52
浙江	1.35	4.22	9.86
安徽	0.49	1.45	4.77
福建	1.16	3.01	9.12
江西	0.49	1.48	4.74
山东	0.96	3.31	7.63
河南	0.54	1.96	5.02
湖北	0.72	1.99	6.66
湖南	0.56	1.75	5.29
广东	1.29	3.76	8.64
广西	0.43	1.50	4.15
海南	0.69	1.72	5.20
重庆	0.52	1.80	6.59
四川	0.48	1.54	4.89
贵州	0.27	0.88	4.12
云南	0.46	1.26	3.71
西藏	0.46	1.39	4.34
陕西	0.45	1.82	6.35
甘肃	0.38	1.21	3.13
青海	0.51	1.74	4.77
宁夏	0.48	1.79	5.41
新疆	0.75	1.99	4.95

资料来源：国家统计局网站，www.stats.gov.cn。

图 2-19 通过将 2000 年、2008 年和 2018 年各地区人均 GDP 分布绘制在同一张图中，

直观地反映出：①各地区人均 GDP 水平逐年提高，经济发展迅速；②从各地区人均 GDP 的离散程度来看，区域经济发展不平衡的现象在加剧；③从分布形状来看，3 组数据的中位数都位于箱子的偏下部位，也就是说，这 3 年的地区人均 GDP 分布呈现明显的右偏分布。此外，2000 年仅有北京和上海被视为当年各地区人均 GDP 数据的离群点（其中上海的人均 GDP 高于北京），2008 年又新增了天津（排序高低为上海、北京、天津），而 2018 年又在此基础上新增了江苏省（排名第四）。值得一提的是，归功于对经济结构的战略性调整，在 2018 年排名中，北京跃居第一，成为全国所有地区人均 GDP 最高的地区。

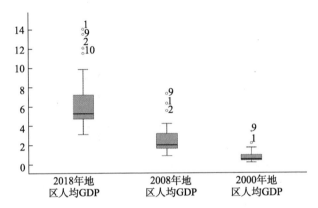

图 2-19　各年地区人均 GDP 数据的箱线图

2.3.4　线图

线图（line plot）：用于反映现象随时间变化特征的一种图形，一般针对时间序列数据绘制较多。横轴展示各时间点，观测值绘制在纵轴。图形长宽比控制在 10 : 7，即横轴长度略大于纵轴高度，这样不仅美观，而且可以避免因图形变形给人造成错觉，导致对数据理解造成偏差。一般情况下，纵轴数据从"0"开始，若最小值与"0"间距过大，我们可使用"\\"符号将纵轴折断。

　　例 2-5　为综合反映改革开放 40 年以来我国经济发展情况，我们收集了《中国统计年鉴 2019》中 1978—2018 年 GDP 数据（单位：亿元）和人均 GDP 数据（单位：元），如表 2-6 所示。绘制线图，分析我国经济发展趋势和特点。

表 2-6　国内生产总值及人均生产总值数据

年份	GDP/亿元	人均 GDP/元	年份	GDP/亿元	人均 GDP/元
1978	3 678.7	385	1984	7 278.5	702
1979	4 100.5	423	1985	9 098.9	866
1980	4 587.6	468	1986	10 376.2	973
1981	4 935.8	497	1987	12 174.6	1 123
1982	5 373.4	533	1988	15 180.4	1 378
1983	6 020.9	588	1989	17 179.7	1 536

续表

年份	GDP/亿元	人均 GDP/元	年份	GDP/亿元	人均 GDP/元
1990	18 872.9	1 663	2005	187 318.9	14 368
1991	22 005.6	1 912	2006	219 438.5	16 738
1992	27 194.5	2 334	2007	270 092.3	20 494
1993	35 673.2	3 027	2008	319 244.6	24 100
1994	48 637.5	4 081	2009	348 517.7	26 180
1995	61 339.9	5 091	2010	412 119.3	30 808
1996	71 813.6	5 898	2011	487 940.2	36 302
1997	79 715.0	6 481	2012	538 580.0	39 874
1998	85 195.5	6 860	2013	592 963.2	43 684
1999	90 564.4	7 229	2014	641 280.6	47 005
2000	100 280.1	7 942	2015	685 992.9	50 028
2001	110 863.1	8 717	2016	740 060.8	53 680
2002	121 717.4	9 506	2017	820 754.3	59 201
2003	137 422.0	10 666	2018	900 309.5	64 644
2004	161 840.2	12 487			

资料来源：国家统计局网站，www.stats.gov.cn。

　　根据上述数据绘制的线图如图 2-20 所示。我们将两组数据均绘制在同一张图中以便比较，其中左侧的纵轴给出了各年度 GDP 情况，右侧的纵轴给出了各年人均 GDP。很明显，改革开放 40 多年来，我国市场经济在国民经济运行中的主体地位得到了巩固，通过积极引进外资，实施出口导向政策，适时对产业结构进行调整，我国经济发展水平逐年提高，年均增长率高达 10%左右，迅速成为世界第二大经济体。从图中我们发现，无论是 GDP 还是人均 GDP，其走势基本一致，也就是说，我国的经济发展规模是在快速扩张的，同时，国内每个居民的平均购买力也是同步增长的。

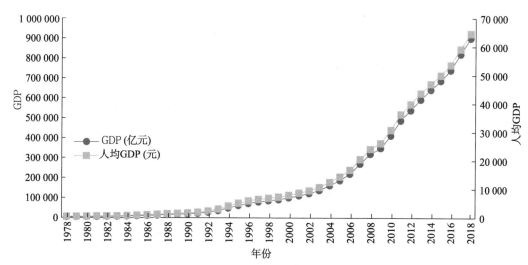

图 2-20　改革开放以来我国经济发展水平情况（1978—2018 年）

2.3.5 散点图

散点图（scatter diagram）：利用二维坐标展示两个变量相关关系的一种图形。横轴代表变量 x（或 y），纵轴代表另一个变量 y（或 x）。坐标系的每一个点对应的是某一对具体数据（x_i, y_i），如果我们将 n 组数据点都绘制在同一张坐标系中，形成的点图则被称为散点图。通过绘制散点图，我们可以直观判断出两个变量之间是否存在相关关系，这种关系是怎样的，关系强度有多大等信息。

例 2-6　表 2-7 是我国 1978—2018 年间城镇化率、GDP 和第一产业占 GDP 比重的数据。绘制散点图并分析这三者间的关系。

表 2-7　城镇化率、GDP 和第一产业占 GDP 比重数据

年份	城镇化率/%	国内生产总值/亿元	第一产业占 GDP 比重/%
1978	17.92	3 678.7	27.7
1979	18.96	4 100.5	30.7
1980	19.39	4 587.6	29.6
1981	20.16	4 935.8	31.3
1982	21.13	5 373.4	32.8
1983	21.62	6 020.9	32.6
1984	23.01	7 278.5	31.5
1985	23.71	9 098.9	27.9
1986	24.52	10 376.2	26.6
1987	25.32	12 174.6	26.3
1988	25.81	15 180.4	25.2
1989	26.21	17 179.7	24.6
1990	26.41	18 872.9	26.6
1991	26.94	22 005.6	24.0
1992	27.46	27 194.5	21.3
1993	27.99	35 673.2	19.3
1994	28.51	48 637.5	19.5
1995	29.04	61 339.9	19.6
1996	30.48	71 813.6	19.3
1997	31.91	79 715.0	17.9
1998	33.35	85 195.5	17.2
1999	34.78	90 564.4	16.1
2000	36.22	100 280.1	14.7
2001	37.66	110 863.1	14.0
2002	39.09	121 717.4	13.3
2003	40.53	137 422.0	12.3
2004	41.76	161 840.2	12.9
2005	42.99	187 318.9	11.6

续表

年份	城镇化率/%	国内生产总值/亿元	第一产业占 GDP 比重/%
2006	44.34	219 438.5	10.6
2007	45.89	270 092.3	10.2
2008	46.99	319 244.6	10.2
2009	48.34	348 517.7	9.6
2010	49.95	412 119.3	9.3
2011	51.27	487 940.2	9.2
2012	52.57	538 580.0	9.1
2013	53.73	592 963.2	8.9
2014	54.77	641 280.6	8.7
2015	56.10	685 992.9	8.4
2016	57.35	740 060.8	8.1
2017	58.52	820 754.3	7.6
2018	59.58	900 309.5	7.2

资料来源：国家统计局网站，www.stats.gov.cn。

  表 2-7 显示，改革开放 40 多年来，我国城镇化水平不断提高，从 1978 年城镇人口不到 18%增长到 2018 年的近 60%，涨幅高达 232%；GDP 也以年均 14.7%的速度在增长，至 2018 年已超 90 万亿元；而第一产业占 GDP 的比重却在不断下降，从改革开放初期的 30%降到现在的 7%左右，降幅显著。若想探究这 3 个变量间的可能关系，我们可以对变量两两绘制散点图。这里，我们只绘制"城镇化率与 GDP"和"城镇化率与第一产业占 GDP 比重"2 个散点图进行重点分析，分别如图 2-21 和图 2-22 所示。

  从图 2-21 可以看出，随着城镇化水平的不断提升，GDP 不断增加，表明两者之间存在明显的正相关关系。同样地，图 2-22 显示出城镇化率与第一产业占 GDP 比重之间也具有很强的负相关关系，且为线性相关。在城镇化水平较低时，也就是说我国大部分人口都居住在乡村，此时人们主要从事农业生产活动，因此第一产业对 GDP 贡献较大；但考虑到农产品的附加价值相对于工业品和服务品更为低廉，故而此时的 GDP 总量较低。但随

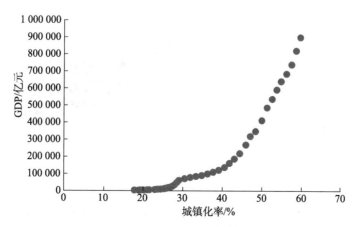

图 2-21　城镇化率与 GDP 的散点图

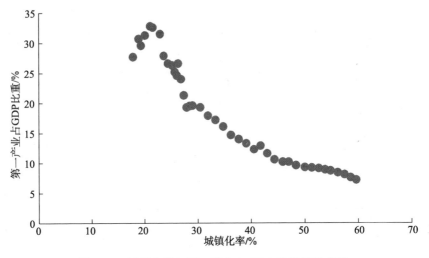

图 2-22 城镇化率与第一产业占 GDP 比重的散点图

着越来越多的农村人口去城市务工，我国城镇化水平不断提高，第二、三产业得到了快速发展，这就表现出在 GDP 不断增长的同时，第一产业所占比重不断下降的现实。也就是说，城镇化水平越高，第一产业占比越低，而 GDP 总量越高。

2.3.6 气泡图

气泡图（bubble chart）：利用二维坐标展示 3 个变量相关关系的一种图形，可视为散点图的一种拓展。绘制时将一个变量放在横轴，另一个变量放在纵轴，第三个变量则用气泡的大小来表示。根据例 2-6 的数据绘制的气泡图如图 2-23 所示。

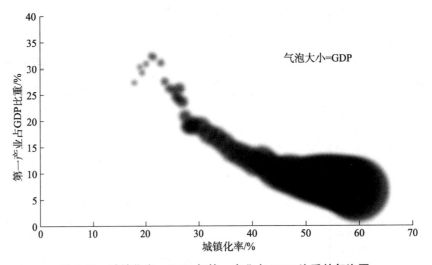

图 2-23 城镇化率、GDP 与第一产业占 GDP 比重的气泡图

图 2-23 显示，城镇化率与第一产业占 GDP 比重的各对数据点基本在一条向右下方倾斜的直线周围分布，这与图 2-22 中的走势是一致的，说明两者之间具有负的线性关系。气

泡的大小表示 GDP 总额,可以看出,随着城镇化水平的提高和第一产业对 GDP 贡献率的下降,气泡变大,表示 GDP 与城镇化率存在正的线性关系,而与第一产业贡献率存在负的线性关系。可以说,气泡图是上文中 3 个散点图的综合反馈。

2.3.7 雷达图

雷达图(radar chart):对 n 组数据的 P 个变量用多边形蛛网结构显示各变量的分布情况,也称为蜘蛛图(spider chart)。设有 n 组观测样本 S_1,S_2,$\cdots$,S_n,每个样本有 P 维变量 X_1,X_2,$\cdots$,X_P。绘制时,首先画一个圆,然后将圆 P 等分,从而得到 P 个点,这些点也就对应着 P 个变量;将这 P 个点与圆心连接得到 P 条射线(或者说是辐射半径),我们将这些射线分别作为各变量的坐标轴,每个变量值的大小由射线上的点到圆心的距离表示;当把同一样本各变量值的点都标记好后连接成线,即围成一个区域;这样,n 个样本围成 n 个 P 边形区域,就构成了雷达图。

沿用表 2-1 中的数据,我们可以绘制 2018 年全国 6 岁及以上人口分性别、受教育程度的雷达图,以分析我国人口受教育程度在性别分布上的特点及相似性,如图 2-24 所示。

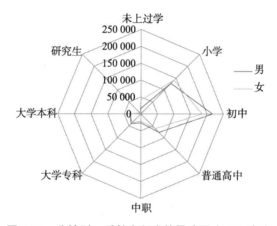

图 2-24 分性别、受教育程度的雷达图(2018 年)

从图 2-24 中,我们可以得到以下几点结论:从各受教育程度的分布来看,2018 年我国男性与女性在初中学历的人数集中度最高,研究生最少;男性在初中及以上学历的人数均高于女性,而女性在小学及以下学历的人数更多;从雷达图所围成的形状来看,我国男性与女性在受教育程度分布结构上十分相似。

2.4 小结

针对不同的数据类型我们采用不同的数据可视化方法来对数据进行展示。图 2-25 给出了图示化总结。

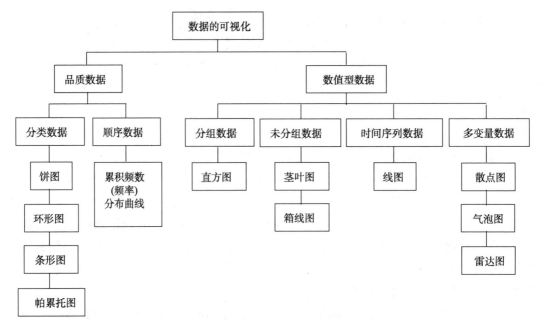

图 2-25 数据类型及其可视化实现方法

◆ **实践训练**

1. 为了解现阶段我国居民收入分布情况，我们收集了 2018 年各地区居民人均可支配收入数据，如表 2-8 所示（单位：元）。

表 2-8 2018 年各地区居民人均可支配收入数据　　　　单位：元

地区	人均可支配收入	地区	人均可支配收入	地区	人均可支配收入
北京	62 361.2	安徽	23 983.6	重庆	26 385.8
天津	39 506.1	福建	32 643.9	四川	22 460.6
河北	23 445.7	江西	24 079.7	贵州	18 430.2
山西	21 990.1	山东	29 204.6	云南	20 084.2
内蒙古	28 375.7	河南	21 963.5	西藏	17 286.1
辽宁	29 701.4	湖北	25 814.5	陕西	22 528.3
吉林	22 798.4	湖南	25 240.7	甘肃	17 488.4
黑龙江	22 725.8	广东	35 809.9	青海	20 757.3
上海	64 182.6	广西	21 485.0	宁夏	22 400.4
江苏	38 095.8	海南	24 579.0	新疆	21 500.2
浙江	45 839.8				

资料来源：国家统计局网站，www.stats.gov.cn。

请制作频数分布表，并绘制直方图，说明数据分布的特征。

2. 表 2-9 是 2018 年 4 个直辖市第一、二、三产业增加值情况（单位：亿元），请绘制环形图加以比较。

表 2-9　2018 年 4 个直辖市三次产业增加值情况　　　　　　单位：亿元

地区	第一产业增加值	第二产业增加值	第三产业增加值
北京	118.69	5 647.65	24 553.64
天津	172.71	7 609.81	11 027.12
上海	104.37	9 732.54	22 842.96
重庆	1378.27	8 328.79	10 656.13

资料来源：国家统计局网站，www.stats.gov.cn。

3. 依据国家统计局分类口径将收入分为 5 个等级，表 2-10 是 2018 年城镇居民与农村居民人均可支配收入汇总结果。

表 2-10　2018 年城镇居民与农村居民人均可支配收入　　　　　　单位：元

收入组别	人均可支配收入	
	城镇居民	农村居民
低收入户（20%）	14 386.9	3 666.2
中间偏下户（20%）	24 856.5	8 508.5
中间收入户（20%）	35 196.1	12 530.2
中间偏上户（20%）	49 173.5	18 051.5
高收入户（20%）	84 907.1	34 042.6

资料来源：国家统计局网站，www.stats.gov.cn。

请分别绘制复式条形图和雷达图，分析城乡居民人均可支配收入的分布及特点。

4. 表 2-11 分别展示了 1978 年和 2018 年我国能源消费结构的变化情况。

表 2-11　1978 年和 2018 年我国能源消费结构变化情况

年份	占能源消费总量的比重/%			
	煤炭	石油	天然气	一次电力及其他能源
1978	70.7	22.7	3.2	3.4
2018	59.0	18.9	7.8	14.3

资料来源：国家统计局网站，www.stats.gov.cn。

请分别对 1978 年和 2018 年的能源消费构成绘制饼图，分析我国能源消费结构的变化。

5. 表 2-12 是我国改革开放以来 GDP、城镇化率及能源消费情况。

表 2-12　我国改革开放以来 GDP、城镇化率及能源消费情况

年份	GDP/亿元	城镇化率/%	能源消费总量/万吨标准煤
1978	3 678.7	17.92	57 144
1980	4 587.6	19.39	60 275
1985	9 098.9	23.71	76 682
1986	10 376.2	24.52	80 850

续表

年份	GDP/亿元	城镇化率/%	能源消费总量/万吨标准煤
1987	12 174.6	25.32	86 632
1988	15 180.4	25.81	92 997
1989	17 179.7	26.21	96 934
1990	18 872.9	26.41	98 703
1991	22 005.6	26.94	103 783
1992	27 194.5	27.46	109 170
1993	35 673.2	27.99	115 993
1994	48 637.5	28.51	122 737
1995	61 339.9	29.04	131 176
1996	71 813.6	30.48	135 192
1997	79 715.0	31.91	135 909
1998	85 195.5	33.35	136 184
1999	90 564.4	34.78	140 569
2000	100 280.1	36.22	146 964
2001	110 863.1	37.66	155 547
2002	121 717.4	39.09	169 577
2003	137 422.0	40.53	197 083
2004	161 840.2	41.76	230 281
2005	187 318.9	42.99	261 369
2006	219 438.5	44.34	286 467
2007	270 092.3	45.89	311 442
2008	319 244.6	46.99	320 611
2009	348 517.7	48.34	336 126
2010	412 119.3	49.95	360 648
2011	487 940.2	51.27	387 043
2012	538 580.0	52.57	402 138
2013	592 963.2	53.73	416 913
2014	641 280.6	54.77	425 806
2015	685 992.9	56.1	429 905
2016	740 060.8	57.35	435 819
2017	820 754.3	58.52	448 529
2018	900 309.5	59.58	464 000

资料来源：国家统计局网站，www.stats.gov.cn。

（1）对 GDP、城镇化率及能源消费总量分别绘制线图，分析各经济指标的变动情况。

（2）对 GDP、城镇化率及能源消费总量分别绘制箱线图，分析其各自分布特征。

（3）分别绘制能源消费总量与 GDP 和城镇化率的散点图，说明它们之间的关系。

（4）以能源消费总量作为气泡，绘制气泡图，分析能源消费总量与 GDP 和城镇化率的关系。

第 3 章
分类数据分析

想一想

➢ 我国改革开放 40 多年来，女性是否和男性一样获得了公平的教育机会？不同性别的人群接受教育的程度是否仍然存在差异？

➢ 改革开放 40 多年来，我国经济飞速发展，汽车步入百姓家，对于消费者，性别、年龄及月收入等个体特征是如何影响其购车决策的？

➢ 如果想了解大气环境的污染状况，你认为应该如何利用观测到的污染级别数据进行分析？

➢ 汽车的大量使用难免会增加交通事故的发生概率，交通事故的发生是否和不同的时段有关联？如果有关联，你该如何判断这种关联的强弱？

➢ 突发环境事件影响社会公众利益，我国突发的环境事件有什么发生规律？你认为应该如何对其发生规律进行研究？

实际统计分析应用中会出现大量的离散分类计数资料，此类资料可以使用列联表进行分析，本章介绍如何根据分类数据的观测频数和期望频数，利用卡方分布，使用卡方统计量进行分类数据分析。使用卡方统计量进行的分类数据分析在很多著述中也称卡方检验。

3.1   基本概念

3.1.1   分类数据

如第 2 章所述，统计数据的类型主要有分类数据、顺序数据和数值型数据。分类数据是对研究对象进行分类的结果，虽然以数值表示分类的结果，但是数值描述的是研究对象的分类特征。分类数据在实际研究中经常遇见，例如：在研究性别是否影响语言学习成效时，"男"和"女"就是对性别进行的分类；在研究家庭状况是否影响青少年行为时，"完整家庭"和"单亲家庭"就是对家庭状况的分类；在研究青少年行为时，"问题少年"和"非问题少年"就是对青少年行为的分类；等等。如果使用"1"和"0"分别表示被调查者为男性、来自完整家庭、问题少年与被调查者为女性，来自单亲家庭、非问题少年，对这类问题数据的汇总结果即为频数。

实际应用中，还可以通过分组的方法把数值型数据转化为分类数据，如研究语言学习效果时，考试成绩是数值型数据，但是如果按照 0～60、>60～70、>70～80、>80～90、>90～100 进行分组，数值型数据就变换成分类数据，把落入每一个区间的观测数进行汇总，其结果就是频数。

同一种数值型数据，依据研究目的的不同可以转换为不同的分类数据。如果要研究某次考试的通过率，假定 60 分合格，则可以按照"60 分以下"和"60 分及以上"分成 2 类；如果要研究考试成绩的分布是否合理，则通常的做法是按照前文分法进行分组。此外，实际应用中数值型数据和分类数据之间的转换还需要考虑落入每一个组中的观测数据的数量，组内数据观测频数太多或太少均影响统计分析结果。

3.1.2   卡方统计量

若使用 f_0 和 f_e 分别表示观测频数和期望频数，则卡方统计量可以如下定义。

$$\chi^2 = \sum \frac{(f_0 - f_e)^2}{f_e} \qquad (3\text{-}1)$$

依据概率统计的基本原理，如果从一个随机变量 X 所在的总体中随机抽取若干个观测样本，这些观测样本落在 X 的 k 个互不相交的子集中，其观测频数服从一个多项分布，而这个多项分布当 k 趋于无穷时近似服从卡方分布。基于此，对变量 X 的总体分布的检验可以从对各个观测频数的分析入手。观测频数和期望频数越是接近，则 $f_0 - f_e$ 的绝对值越小，计算出来的卡方值就越小，反之，卡方值就越大。卡方检验通过对卡方的计算结果与卡方分布中的临界值进行比较，可以做出拒绝或者接受的统计决策。卡方检验的应用主要表现在 2 个方面：拟合优度检验和独立性检验。

3.2　卡方统计量基本应用

3.2.1　拟合优度检验

拟合优度检验使用卡方统计量进行，依据总体分布状况，计算出分类变量中各类别的理论期望频数，与经验分布的实际观测频数作比较，判断期望频数与观测频数是否有显著差异，据此对分类变量进行分析。

拟合优度检验的原假设如下。

H_0：样本来自总体的分布与假设的分布（理论分布）无显著差异。

H_1：样本来自总体的分布与假设的分布（理论分布）有显著差异。

如果卡方值较大，则说明期望频数与观测频数分布差距较大，没有证据支持原假设；如果卡方值较小，则说明期望频数与观测频数分布差距较小，不能拒绝原假设。拟合优度检验可以实现观测数据是否服从指定理论分布的推断研究。

卡方统计量的构建需要使用期望频数，对于连续分布的情况，通常用等分概率值计算期望频数，使用等分概率则可以得到相同的期望频数，便于计算。对于离散分布的情况，期望频数可以使用理论分布的概率值乘以总观测频数得到。

3.2.2　独立性检验

使用卡方统计量不但可以实现一个分类变量的检验，还可以研究 2 个分类变量是否存在联系。对 2 个分类变量的分析称为独立性检验，分析的过程可以通过列联表的形式呈现，因此，独立性检验也被称为列联分析。列联分析应用广泛，例如，海难发生时，对性别是否影响生存状况的研究，产品品牌的区域偏好研究及性别的天然禀赋研究等，列联分析均有应用。

1. 列联表

列联表是将 2 个以上的变量进行交叉分类的频数分布表，由于表中每个变量都可以有2 个或 2 个以上的类别，列联表会有多种形式，如果行类别记为 R，列类别记为 C，则每一个具体的列联表可以记为 $R \times C$ 列联表。虽然列联表中行和列的位置可以任意放置，但是，若变量之间存在因果关系，通常的做法是把表示原因的变量放在行的位置，表示结果的变量放在列的位置，以便于更好地表示原因对结果的影响。例如，在研究家庭状况对青少年行为的影响时，家庭状况是影响青少年行为的重要因素，家庭状况是自变量，青少年行为是因变量，因此，把家庭状况放在行的位置，把青少年行为放在列的位置。

2. 独立性检验过程

独立性检验的原假设如下。

H_0：行变量和列变量之间是独立的（不存在依赖关系）。

H_1：行变量和列变量之间不独立（存在依赖关系）。

通过计算各个单元格中的期望频数就可以构建卡方统计量，完成列联分析。采用下列公式可以计算任何一个单元格中频数的期望值：

$$f_e = \frac{RT}{n} \times \frac{CT}{n} \times n = \frac{RT \times CT}{n} \tag{3-2}$$

其中：f_e 为给定单元中的期望频数值；RT 为给定单元所在行的合计频数值；CT 为给定单元所在列的合计频数值；n 为观测值的总频数，即样本量。

卡方统计量的自由度（degree of freedom，df），$df = (R-1)(C-1)$。

计算出卡方统计量的值后，查表可以获得相应的临界值。如果卡方统计量的值大于临界值，则拒绝零假设 H_0，认为行变量和列变量之间存在依赖关系；否则，卡方统计量的值小于临界值，则不能拒绝零假设 H_0，现有证据不足以支持行变量和列变量之间存在依赖关系，即行变量和列变量之间不存在依赖关系。

3. 相关程度测量

如果两个分类变量之间相互独立，说明两者之间没有关系；反之，则认为两者之间存在联系。如果两个分类变量之间有联系，可以使用相关系数来度量这种联系的密切程度。列联表中的变量通常是类别变量，所表现的是研究对象的不同品质类别，因此，这种分类数据之间的相关称为品质相关，经常用到的品质相关系数主要有 φ 相关系数、C 列联系数和 V 相关系数 3 种。

φ 相关系数是描述 2×2 列联表数据相关程度的最常用的一种相关系数。根据如下公式计算：

$$\varphi = \sqrt{\frac{\chi^2}{n}} \tag{3-3}$$

其中：χ^2 是按照上文所述计算得到的卡方值；n 是列联表的总频数，即样本量。对于 2×2 的列联表而言，计算的 φ 系数可以控制在 0 到 1 之间。如果列联表的行数 R 或者列数 C 大于 2，φ 系数将随着 R 或 C 的变大而增大，φ 系数值没有上限。此时，可以考虑列联系数。

列联系数 C 主要用于测量列联表大于 2×2 的情况，根据如下公式计算：

$$C = \sqrt{\frac{\chi^2}{\chi^2 + n}} \tag{3-4}$$

由上式可以看出，C 系数不可能大于 1，C 系数的特点是其可能的最大值依赖于列联表的行数和列数，且随着 R 和 C 的增大而增大。当两个变量完全相关时：对于 2×2 列联表，C 系数值为 0.707 1；对于 3×3 列联表，C 系数值为 0.816 5；对于 4×4 列联表，C 系数值为 0.87。如果两个列联表中的行数和列数不一致，计算得到的列联系数则不便于比较。尽管如此，由于其计算简便，且对总体分布没有任何要求，列联系数仍有广泛的适用性。

考虑到 φ 系数无上限，C 系数小于 1，不同行和列的列联表不方便比较系数的情况，V 相关系数被提出。V 系数的计算公式如下：

$$V = \sqrt{\frac{\chi^2}{n \times \min[(R-1),(C-1)]}} \tag{3-5}$$

上式中 $\min[(R-1),(C-1)]$ 表示取 $(R-1)$ 和 $(C-1)$ 中较小的值。当两个分类变量相互独立时，$V=0$；当两个变量完全相关时，$V=1$。所以 V 的取值在 0 到 1 之间。若列联表中存在行或者列为 2 的情况，则 $\min[(R-1),(C-1)]=1$，此时 V 值等于 φ 系数值。

对于同样的分类数据，系数 φ、C 和 V 的度量结果不同。对于不同规格的列联表，行数和列数的差异也会影响相关系数测量值。因此，在对不同列联表变量之间的相关程度进行比较时，不同列联表中行与行、列与列的个数要相同，并且采用同一种系数，得到的系数值才具有可比性。

3.3 卡方检验应用条件

根据上文卡方统计量的计算公式（3-1）：$\chi^2 = \sum \frac{(f_0 - f_e)^2}{f_e}$ 可以看出，如果期望频数 f_e 的值过小，则（$f_0 - f_e$）的值将会不适当地增大，导致卡方统计量值被高估，从而导致不适当地拒绝零假设 H_0，因此，在使用卡方统计量进行卡方检验时需要对频数进行限制。关于小单元的频数通常有两条准则：

准则一，若只有 2 个单元，则每个单元的期望频数必须是 5 或 5 以上；

准则二，若存在 2 个以上的单元且 20% 的单元期望频数小于 5，则不能使用卡方检验。

解决方法是将某些类别合并，使得期望频数不小于 5。例如，某型白血病患者病情缓解时间的虚拟实验数据，经过分组整理后分别如表 3-1 和表 3-2 所示。

表 3-1　可以计算卡方值的数据情况

类别	观测频数	期望频数	类别	观测频数	期望频数
A	18	20	E	10	11
B	12	14	F	25	20
C	6	3	频数合计	80	80
D	9	12			

表 3-2　不可以使用卡方检验的数据情况

类别	观测频数	期望频数	偏差	偏差平方	卡方值	合并后卡方值
A	29	31	−2	4	4/31	4/31
B	15	17	−2	4	4/17	4/17
C	17	15	2	4	4/15	4/15
D	10	13	−3	9	9/13	9/13
E	5	1	4	16	16	25/4
F	4	3	1	1	1/3	
合计	80	80	—	—	17.656 6	7.573 3

表 3-1 中存在 6 个单元类，只有 1 个单元类的期望频数小于 5，根据准则二，表 3-1 中的数据可以计算卡方值，进行卡方检验。表 3-2 中同样存在 6 个单元类别，有 2 个单元类的期望频数小于 5，因此，表 3-2 中的数据不能用于卡方检验。如果强行计算卡方，则可以得到卡方值为 17.656 6，使用显著水平为 0.05 的卡方临界值 $\chi^2_{0.05}(5)=11.070\ 5$ 进行检验，因为 17.656 6>11.070 5，所以拒绝原假设，认为观测频数与期望频数之间存在显著差异。但是，仔细观察此数据发现，观测频数与期望频数之间拟合比较理想，两者之间并不存在显著差异。因此，推断结论不符合实际情况。如果将表 3-2 中的 E 和 F 两个单元类合并，使得合并后单元类的期望频数不小于 5，即可解决此问题。重新计算结果如表 3-2 中所示，此时卡方值为 $7.573\ 3<\chi^2_{0.05}(4)=9.487\ 7$，不能拒绝零假设，得到观测频数与期望频数之间不存在显著差异的更为合理的结论。

此外，关于列联表行和列的放置问题，前文已做说明，此处不再赘述。

3.4　卡方检验实现方法与步骤

根据卡方统计量的构建形式，可以使用列表的方法计算卡方统计量的值，如表 3-2 的计算过程。使用统计分析软件则可以更加便捷地完成统计量的计算与卡方检验的分析工作，SPSS 和统计分析系统（statistical analysis system，SAS）是常用的统计分析软件，下文使用 SPSS 软件对卡方检验的分析过程进行详细说明。

第 1 步：在 SPSS 数据编辑窗口中定义分类变量。

第 2 步：选择"数据"下拉菜单，并选择"加权个案"选项进入主对话框。在主对话框中选择"加权个案"，将相应的变量选入"频率变量"。

第 3 步：选择"分析"下拉菜单，再选择"描述统计"下拉菜单，最后选择"交叉表"选项进入主对话框。在主对话框中将相应的变量分别选入"行"和"列"。

第 4 步：在"统计量"下选择"卡方"。在"名义"下选择"相依系数"和"Phi 和 Cramer 变量"。

第 5 步：单击"继续"按钮，单击"确定"按钮。

SPSS 统计分析系统将报告卡方值和相应的 3 个相关系数。

如果熟悉 SAS 系统，建立数据集后直接使用 FREQ 过程，通过 Tables 和 weight 命令也可以直接得到上述统计量与相关系数值。

3.5　应用案例分析

3.5.1　独立性检验案例 1：超大样本情况——教育机会的公平性研究

想要了解改革开放 40 多年来，女性是否与男性一样享有平等的教育机会，以及教育程序上是否还存在性别差别，那么应该如何使用卡方统计量来进行统计分析呢？

沿用第 2 章例 2-1 数据，我们把受教育程度划分为 3 种类型：小学及以下（包括未上过学和小学）、中学（包括初中、普通高中和中职）、大学及以上（包括大学专科、大学本科和研究生）；性别变量分为男性和女性 2 种类型。根据第 2 章例 2-1 数据形成频数分布表，如表 3-3 所示，使用卡方统计量进行教育机会的公平性研究。

表 3-3　2018 年全国按性别和受教育程度划分的 6 岁及以上人口的频数分布表　　单位：人

观测频数		受教育程度			总计
		小学及以下	中学	大学及以上	
性别	男	144 428	320 324	77 616	542 368
	女	182 005	268 334	71 487	521 826
总计		326 433	588 658	149 103	1 064 194

资料来源：国家统计局网站，www.stats.gov.cn。本表是 2018 年全国人口变动情况抽样调查样本数据，抽样比为 0.820‰。

表 3-3 中列是受教育程度变量，划分为 3 类；行是性别变量，划分为 2 类，因此，表 3-3 是 2×3 列联表。依据独立性检验原理，分析行变量和列变量是否相互独立，即受教育程度是否独立于性别。建立的零假设和备择假设分别如下。

H_0：受教育程度和性别之间不存在依赖关系（独立）。

H_1：受教育程度和性别之间存在依赖关系（不独立）。

根据卡方统计量的构造公式（3-1），需要计算期望频数值。依据单元格频数期望值计算公式（3-2）可以获得相应的频数期望值。计算过程以及四舍五入的结果如下：

$$f_{11} = \frac{542\,368}{1\,064\,194} \times \frac{326\,433}{1\,064\,194} \times 1\,064\,194 = 166\,367 \text{；}$$

$$f_{12} = \frac{542\,368}{1\,064\,194} \times \frac{588\,658}{1\,064\,194} \times 1\,064\,194 = 300\,010 \text{；}$$

$$f_{13} = \frac{542\,368}{1\,064\,194} \times \frac{149\,103}{1\,064\,194} \times 1\,064\,194 = 75\,991 \text{；}$$

$$f_{21} = \frac{521\,826}{1\,064\,194} \times \frac{326\,433}{1\,064\,194} \times 1\,064\,194 = 160\,066 \text{；}$$

$$f_{22} = \frac{521\,826}{1\,064\,194} \times \frac{588\,658}{1\,064\,194} \times 1\,064\,194 = 288\,648 \text{；}$$

$$f_{23} = \frac{521\,826}{1\,064\,194} \times \frac{149\,103}{1\,064\,194} \times 1\,064\,194 = 73\,112 \text{。}$$

依据公式（3-1）计算的卡方统计量的值为：

$$\chi^2 = \frac{(144\,428 - 166\,367)^2}{166\,367} + \cdots + \frac{(71\,487 - 73\,112)^2}{73\,112} = 8\,776$$

χ^2 的自由度 $= (R-1)(C-1) = (2-1)(3-1) = 2$；令显著性水平 $\alpha = 0.05$，查表知道：$\chi^2_{0.05}(2) = 5.9915$。由于 $\chi^2 > \chi^2_{0.05}(2)$，因此拒绝零假设，接受备择假设，认为受教育程度和性别有关联。

使用 SPSS 软件进行独立性检验的操作步骤分别如下。

第一步：在 SPSS 数据编辑窗口中定义受教育程度变量，取值为 1、2 和 3，分别表示小学及以下、中学和大学及以上；定义性别变量取值为 0 和 1，分别表示女性和男性。建立数据集如表 3-4 所示。

表 3-4　SPSS 系统中的数据文件

性别	受教育程度	频数	性别	受教育程度	频数
0	1	182 005	1	1	144 428
0	2	268 334	1	2	320 324
0	3	71 487	1	3	77 616

第二步：依据上文实现方法和操作说明，在对话框中完成相应的菜单选项，执行以后可以得到如表 3-5 系统输出的统计分析报告。

表 3-5　性别*受教育程度交叉制表

			受教育程度			合计
			1	2	3	
性别	0	计数	182 005	268 334	71 487	521 826
		期望的计数	160 066.0	288 647.6	73 112.4	521 826.0
	1	计数	144 428	320 324	77 616	542 368
		期望的计数	166 367.0	300 010.4	75 990.6	542 368.0
合计		计数	326 433	588 658	149 103	1 064 194
		期望的计数	326 433.0	588 658.0	149 103.0	1 064 194.0

系统输出的卡方检验结果如表 3-6 所示。

表 3-6　卡方检验

	值	自由度	渐进 Sig.（双侧）
皮尔森卡方	8 776.058[a]	2	0
似然比	8 788.427	2	0
有效案例中的 N	1 064 194		

注：a. 0 单元格（0%）的期望计数少于 5。最小期望计数为 73 112.44。

根据卡方检验结果，可以判断出性别和受教育程度是有关联的，即性别是影响受教育程度的。两者之间的相关程度如表 3-7 系统输出结果显示。

表 3-7　对称度量

		值	近似值 Sig.
按标量标定	φ	0.091	0
	克莱姆的 V	0.091	0
	相依系数	0.090	0
有效案例中的 N		1 064 194	

注：a. 不假定零假设。

b. 使用渐进标准误差假定零假设。

c. 基于正态近似值。

由表 3-7 可以看出，φ 系数、V 系数和 C 系数分别为 0.091、0.091 和 0.090。根据卡方统计量的值，可以认为性别对受教育程度是存在影响的。但是，两者之间的相关系数约为 0.09，表明性别对受教育程度的影响几乎不存在。为什么会产生这种矛盾的结果呢？这就涉及到，对于超大样本，卡方检验结果的可信性问题。随着样本增大，卡方值通常会相应增大，任何细微的差异都可能导致统计上的显著性，同时，根据 φ 系数、V 系数和 C 系数的构造公式，样本量位于分母位置，样本量越大，相关系数必然越小。

通常在使用卡方统计量进行列联分析时要注意卡方分布的期望值准则，保证小单元格的频数要求，但是这未必能解决此处提出的超大样本的卡方检验适用性问题。仍以第 2 章例 2-1 数据为样本举例说明如下。

把受教育程度分为 8 组，分别用 1、2、3、4、5、6、7、8 表示未上过学、小学、初中、普通高中、中职、大学专科、大学本科和研究生 8 种类型；性别分为男和女 2 组，分别用 1 和 0 表示，形成如表 3-8 数据表。

表 3-8 性别和受教育程度频数表

性别	受教育程度	频数	性别	受教育程度	频数
0	1	41 001	1	1	16 481
0	2	141 004	1	2	127 947
0	3	185 260	1	3	216 604
0	4	61 388	1	4	77 363
0	5	21 686	1	5	26 357
0	6	37 416	1	6	41 065
0	7	30 995	1	7	33 263
0	8	3 076	1	8	3 288

SPSS 系统报告的分析结果分别如表 3-9、表 3-10、表 3-11 所示。

表 3-9 性别*受教育程度交叉制表

			受教育程度								合计
			1	2	3	4	5	6	7	8	
性别	0	观测	41 001	141 004	185 260	61 388	21 686	37 416	30 995	3 076	521 856
		期望	28 186	131 880	197 053	68 036	23 558	38 483	31 509	3 121	521 856
	1	观测	16 481	127 947	216 604	77 363	26 357	41 065	33 263	3 288	542 368
		期望	29 296	137 071	204 811	70 715	24 485	39 998	32 749	3 243	542 368
合计		观测	57 482	268 951	401 864	138 751	48 043	78 481	64 258	6 364	1 064 194
		期望	57 482	268 951	401 864	138 751	48 043	78 481	64 258	6 364	1 064 194

表 3-10 卡方检验

	值	自由度	渐进 Sig.（双侧）
皮尔森卡方	15 697.581	7	0
似然比	16 042.155	7	0
有效案例中的 N	1 064 194		

注：0 单元格（0%）的期望计数少于 5。最小期望计数为 3 120.58。

表 3-11　对称度量

		值	近似值 Sig.
按标量标定	φ	0.121	0
	克莱姆的 V	0.121	0
	相依系数	0.121	0
有效案例中的 N		1 064 194	

注：a. 不假定零假设。

　　b. 使用渐进标准误差假定零假设。

　　c. 基于正态近似值。

根据卡方检验可以判断出性别和受教育程度是有关联的，即性别是影响受教育程度的，但是，列联系数则反映了不同的结果，这表明增加分类变量类别细分数据的方法并不能解决超大样本的卡方检验问题。

那么减少分类数据的类型是否有助于缓解该问题，实例说明如下。把受教育程度变量划分为 2 类：大学专科及以下，用 1 表示；本科及以上，用 2 表示。性别变量不变，形成如表 3-12 所示频数分布表。

表 3-12　性别和受教育程度频数表

性别	受教育程度	频数	性别	受教育程度	频数
0	1	487 755	1	1	505 817
0	2	34 071	1	2	36 551

再次执行 SPSS 程序，结果报告如表 3-13、表 3-14、表 3-15 所示。

表 3-13　性别*受教育程度交叉制表

			教育		合计
			1	2	
性别	0	计数	487 755	34 071	521 826
		期望	487 197	34 629	521 826
	1	计数	505 817	36 551	542 368
		期望	506 375	35 993	542 368
合计		计数	993 572	70 622	1 064 194
		期望	993 572	70 622	1 064 194

表 3-14　卡方检验

	值	自由度	渐进 Sig.（双侧）
皮尔森卡方	18.923	1	0
似然比	18.927	1	0
有效案例中的 N	1 064 194		

注：a. 0 单元格（0%）的期望计数少于 5。最小期望计数为 34 629.40。

　　b. 仅对 2×2 表计算。

表 3-15 对称度量

按标量标定		值	近似值 Sig.
	φ	0.004	0
	克莱姆的 V	0.004	0
	相依系数	0.004	0
有效案例中的 N		1 064 194	

注：a. 不假定零假设。

    b. 使用渐进标准误差假定零假设。

    c. 基于正态近似值。

同样可以发现，显著的卡方统计量值与不显著的相关系数并存，矛盾并没有因数据粗化而解决。综上所述，在超大样本的情况下，不但要综合卡方统计量和列联系数的值，还需要根据研究问题的具体情况判断分析结果是否符合实际意义。

3.5.2 独立性检验案例 2：大样本情况——我国区域经济发展的均衡性研究

改革开放 40 多年来，我国经济飞速发展，为了了解我国中、东、西部区域经济的发展速度和发展水平是否均衡，我们收集了《中国统计年鉴 2019》中 2018 年各省份人均 GDP 数据（单位：万元），同时，标注了各省份所属于的区位，如表 3-16 所示。

表 3-16 各地区人均 GDP（2018） 单位：万元

地区	区位	人均 GDP	地区	区位	人均 GDP
北京	东部	14.02	安徽	中部	4.77
天津	东部	12.07	福建	东部	9.12
河北	东部	4.78	江西	中部	4.74
山西	中部	4.53	山东	东部	7.63
内蒙古	西部	6.83	河南	中部	5.02
辽宁	东部	5.80	湖北	中部	6.66
吉林	东部	5.56	湖南	中部	5.29
黑龙江	东部	4.33	广东	东部	8.64
上海	东部	13.50	广西	西部	4.15
江苏	东部	11.52	海南	东部	5.20
浙江	东部	9.86	重庆	西部	6.59
四川	西部	4.89	陕西	西部	6.35
贵州	西部	4.12	甘肃	西部	3.13
云南	西部	3.71	青海	西部	4.77
西藏	西部	4.34	宁夏	西部	5.41
新疆	西部	4.95			

资料来源：国家统计局网站，www.stats.gov.cn。

一般情况下，一组数据所分的组数应不少于 5 组且不多于 15 组，我们综合考虑到数据的多少和特点及卡方分布的期望值准则，把数据划分为 5 组，得到各省份人均 GDP 的频数分布表，如表 3-17 所示。

表 3-17　各地区人均 GDP 频数分布表（2018 年）

组别	按人均 GDP 分组/万元	频数/个	频率/%
1	4.5 以下	6	19.35
2	4.5~6.0	13	41.94
3	> 6.0~7.5	4	12.9
4	> 7.5~12.0	5	16.13
5	12.0 以上	3	9.68
合计	—	31	100

我们把区域分为东部、中部和西部 3 类，分别用 1、2 和 3 表示。经济发展水平分为 5 组，分别用 1、2、3、4 和 5 表示。形成如表 3-18 所示的交叉频数分布表。

表 3-18　3×5 交叉频数分布表

		经济发展水平					合计
		1	2	3	4	5	
区位	东 1	1	4	0	5	3	13
	中 2	0	5	1	0	0	6
	西 3	5	4	3	0	0	12
合计		6	13	4	5	3	31

建立的零假设和备择假设分别如下。

H_0：区位与经济发展水平之间不存在依赖关系（独立）。

H_1：区位与经济发展水平之间存在依赖关系（不独立）。

使用 SPSS 软件进行独立性检验，系统报告结果如表 3-19、表 3-20、表 3-21 所示。

表 3-19　区位*发展交叉制表

			经济发展水平					合计
			1	2	3	4	5	
区位	1	计数	1	4	0	5	3	13
		期望	2.5	5.5	1.7	2.1	1.3	13
	2	计数	0	5	1	0	0	6
		期望	1.2	2.5	0.8	1.0	0.6	6.0
	3	计数	5	4	3	0	0	12
		期望	2.3	5.0	1.5	1.9	1.2	12
合计			6	13	4	5	3	31
			6	13	4	5	3	31

表 3-20 卡方检验

	值	自由度	渐进 Sig.（双侧）
皮尔森卡方	22.393ᵃ	8	0.004
似然比	26.761	8	0.001
有效案例中的 N	31		

注：a. 13 单元格（86.7%）的期望计数少于 5。最小期望计数为 0.58。

表 3-21 对称度量

		值	近似值 Sig.
按标量标定	φ	0.850	0.004
	克莱姆的 V	0.601	0.004
	相依系数	0.648	0.004
有效案例中的 N		31	

从表 3-20 可以看出，卡方值为 22.393，相伴概率为 0.004，故应该拒绝原假设，认为经济发展水平受区位影响。从表 3-21 可知 φ 系数为 0.850，但是本例 3×5 列联表的行数和列数均大于 2，φ 系数将随着行或列的变大而增加，且 φ 系数值无上限，这时依据 φ 系数判断两个变量之间的相关程度就不够准确。对于 C 系数和 V 系数而言，0.648 和 0.601 均相对较高，因此，可以认为区位对经济发展的影响是比较显著的。

从本例中可以看出，对于大样本而言，当卡方检验结果显著，表明两个分类变量之间存在显著相关性时，品质相关系数表达了一致的内容，此时独立性检验效果比较理想。除了进行列联分析之外，使用卡方统计量还可以进行拟合优度的检验，详见下例。

3.5.3 拟合优度检验案例 3：基本原理——机动车辆保险理赔次数研究

改革开放 40 多年来，汽车已成为人们日常生活中不可或缺的一部分，各类保险公司推出的机动车辆保险产品数量不断增加，保险公司之间的产品竞争也日趋激烈。因此，了解机动车辆保险的损失频率对于设计更具竞争力的保险产品至关重要。表 3-22 给出了某非寿险公司 10 000 份机动车辆保险的损失数据，使用拟合优度检验判断理赔次数是否符合泊松分布。

表 3-22 某非寿险公司 100 000 份机动车辆保险损失频率和累积频率

理赔次数	观测到的保单数	频率/%	累计频率/%
0	88 585	88.585	88.585
1	105 77	10.577	99.162
2	779	0.779	99.941
3	54	0.054	99.995
4	4	0.004	99.999
5	1	0.001	100.00
合计	100 000	100.000	—

资料来源：韩天雄. 非寿险精算[M]. 北京：中国财政经济出版社，2010，36.

概率图（probability probability plot，P-P）和分位图（quantile quantile plot，Q-Q）虽然可以直观显示数据拟合的优劣程度，但是，有时候需要通过严密的数学论证才能证明结论的可信性，统计假设检验即为可以信赖的一种论证方法。在假设检验中，通常需要先设定原假设和备择假设。

H_0：数据来源于某个给定的总体。

H_1：数据并非来源于给定的总体。

卡方拟合优度检验常用于离散分布的情况，如果是连续分布则需要通过分组的方式把数据分成多个区间进行考虑。当观测值数量充分大时，统计量会收敛于自由度为 $R-1$ 的卡方分布，其中 k 为分组或分类数。如果计算得到的统计量的值大于临界值 $\chi_\alpha^2(k-1)$，则拒绝原假设，表明原假设中的分布不能拟合样本数据。否则，无法拒绝原假设。通常显著性水平取 0.05。

在卡方拟合优度检验中，要求样本容量足够大且期望频数不太小。为提高模型估计精度，通常要求期望频数不小于 5，总样本量不小于 50。如果不能满足要求，需要将频数较小的组合并。研究表明，当每个组的期望频数大致相等时，检验的效果是最优的。

使用卡方统计量进行拟合优度检验可以判断理赔次数是否服从指定的分布，基本流程大致如下。首先确定泊松分布的参数，本例使用极大似然估计确定分布参数。

泊松分布的概率分布函数为

$$P\{N=k\} = \frac{\lambda^k}{k!}\mathrm{e}^{-\lambda}, \lambda > 0; k = 0,1,2,\cdots \tag{3-6}$$

似然函数为

$$L(k;\lambda) = \prod_{i=1}^{n} \mathrm{e}^{-\lambda}\frac{\lambda^k}{k!} \tag{3-7}$$

对数似然函数为

$$\ln L(k;\lambda) = -n\lambda + \ln \lambda \cdot \sum_{i=1}^{n}k_i - \sum_{i=1}^{n}\ln k_i! \tag{3-8}$$

对式（3-8）求偏导数并令其为 0，有

$$\frac{\partial \ln L}{\partial \lambda} = -n + \frac{\sum_{i=1}^{n}k_i}{\lambda} = 0$$

解得 $\hat{\lambda} = \bar{x}$，根据表中数据可以算出样本均值为

$$\bar{x} = \frac{88\,585}{100\,000}\times 0 + \frac{10\,577}{100\,000}\times 1 + \frac{779}{100\,000}\times 2 + \frac{54}{100\,000}\times 3 + \frac{4}{100\,000}\times 4 + \frac{1}{100\,000}\times 5 = 0.123\,18$$

因此，泊松分布的参数为 0.123 18，泊松分布为：$P\{N=k\} = \dfrac{0.123\,18^k}{k!}\times \mathrm{e}^{-0.123\,18}$。

建立原假设和备择假设如下。

H_0：理赔次数服从泊松分布。

H_1：理赔次数不服从泊松分布。

如果 H₀ 成立，那么我们可以计算出当理赔次数分别为 0、1、2、3、4、5 的时候，预期能够观测到的保单数，也即前文中的期望频数，计算公式为

$$E_i = N \times P(N = k_i) \tag{3-9}$$

本例概率及期望频数的计算过程如下。

$$P\{N = 0\} = \frac{\lambda^0}{0!} e^{-\lambda} = e^{-0.12318} = 0.88410 \ ;$$

$$E_0 = N \times P(N = 0) = 100\,000 \times 0.88410 = 88\,410$$

$$P\{N = 1\} = \frac{\lambda^1}{1!} e^{-\lambda} = 0.12318 e^{-0.12318} = 0.10890 \ ;$$

$$E_1 = N \times P(N = 1) = 100\,000 \times 0.10890 = 10\,890$$

$$P\{N = 2\} = \frac{\lambda^2}{2!} e^{-\lambda} = 0.12318^2 e^{-0.12318} = 0.00671 \ ;$$

$$E_2 = N \times P(N = 2) = 100\,000 \times 0.00671 = 671$$

$$P\{N = 3\} = \frac{\lambda^3}{3!} e^{-\lambda} = 0.12318^3 e^{-0.12318} = 0.000275 \ ;$$

$$E_3 = N \times P(N = 3) = 100\,000 \times 0.000275 = 275$$

$$P\{N = 4\} = \frac{\lambda^4}{4!} e^{-\lambda} = 0.12318^4 e^{-0.12318} = 0.000008481 \ ;$$

$$E_4 = N \times P(N = 4) = 100\,000 \times 0.000008481 = 0.8481$$

$$P\{N = 5\} = \frac{\lambda^5}{5!} e^{-\lambda} = 0.12318^5 e^{-0.12318} = 0.000000209 \ ;$$

$$E_5 = N \times P(N = 5) = 100\,000 \times 0.000000209 = 0.0209$$

根据卡方统计量的构造公式，可以得到卡方拟合优度检验的结果。自由度为：$df = k - 1$，其中 k 为分类或者分组的个数。上述数据列于表 3-23。

表 3-23　拟合优度检验

理赔次数	概率	观测频数	期望频数	卡方
0	0.88410	88 585	88 410	0.3464
1	0.10890	10 577	10 890	8.9962
2	0.00671	779	671	17.3830
3	0.000275	54	27.5	25.5364
4	0.000008481	4	0.8481	11.7135
5	0.000000209	1	0.0209	45.8815
合计	1	100 000	100 000	109.8

自由度为 5，查卡方分布表，在 0.05 的显著性水平下，卡方临界值为 9.4877，远远小于 109.8，据此可以拒绝零假设，认为理赔次数并不服从泊松分布。

需要注意，虽然总样本量远远大于 50，但是当理赔次数为 4 和 5 时，期望频数较小，不满足大于 5 的条件，因此，有可能造成对卡方的高估，不合理地增加了拒绝 H₀ 的可能性。为解决这一问题，把理赔次数为 3、4 和 5 的情况进行合并。合并以后的计算结果如

表 3-24 所示。

表 3-24 理赔次数 3、4 和 5 合并后的拟合优度检验

理赔次数 k	概率	观测频数	期望频数	卡方
0	0.884 10	88 585	88 410	0.346 4
1	0.108 90	10 577	10 890	8.996 2
2	0.006 71	779	671	17.383 0
3 及以上	0.000 283 69	59	28.369	33.073
合计	1	100 000	100 000	59.8

可以看出新的卡方值为 59.80，远远小于没有合并时的 109.86，估计精度是有所改进的，自由度为 3，在显著性水平为 0.05 的条件下，卡方临界值为 7.814 7，59.80 远远大于 7.814 7，因此，拒绝零假设。

虽然满足了期望频数不小于 5 的条件，但是，观测频数之间仍然存在较大差异，理赔次数为 1 的频数为 10 577，而理赔次数为 2 的频数为 779，理赔次数为 3 及以上的频数为 59。期望频数之间的差异也是如此。为了进一步提高检验效果，再次把 2 及以上各组合并，再次计算，结果如表 3-25 所示。

表 3-25 理赔次数 2、3、4 和 5 合并后的拟合优度检验

理赔次数 k	概率	观测频数	期望频数	卡方
0	0.884 10	88 585	88 410	0.346 4
1	0.108 90	10 577	10 890	8.996 2
2 及以上	0.006 993 69	838	699.369	27.480
合计	1	100 000	100 000	36.8

此时新的卡方值为 36.82，进一步缩小，自由度为 2，显著性水平为 0.05 时卡方临界值为 5.991 5，36.82 远大于 5.991 5，因此拒绝零假设，认为理赔次数不服从泊松分布。

尽管例中 3 个卡方值均可以拒绝理赔次数服从泊松分布的零假设，但是，适当合并期望频数较小的组得到的结果具有更高的置信性，具体分析结论依赖于实际研究情境。

3.5.4 拟合优度分析案例 4：离散型分布情况——环境污染级别研究

改革开放 40 多年来，经济快速发展的同时伴随着能源消耗的不断增加，环境污染问题日益引起人们的警觉，表 3-26 的数据是某环境测量站在一年中观测到的大气污染情况。在"绿水青山就是金山银山"的绿色发展理念下，我们想知道污染级别是否服从泊松分布，要求对原假设"污染级别服从泊松分布"进行卡方拟合优度检验。

表 3-26 污染级别情况表

污染级别	0	1	2	3	合计/天
观测天数	50	122	101	92	365

根据案例 3 分析，首先估计泊松分布参数，使用极大似然估计或矩估计方法，容易知道泊松分布的参数为 1.644。然后，计算污染级别分别为 0、1、2 和 3 的概率，计算期望频数，最后，构造卡方统计量，具体的计算结果列于表 3-27。

表 3-27　离散分布的拟合优度检验

污染级别	概率	观测频数	期望频数	卡方
0	0.193 2	50	70.518	5.969 9
1	0.317 6	122	115.924	0.318 5
2	0.261 1	101	95.301 5	0.340 8
3	0.228 1	92	83.256 5	0.918 2
合计	1	365	365	7.5

查卡方分布表，在 0.05 的显著性水平下，自由度为 3 的卡方临界值为 7.814 7。计算的卡方值为 7.5，小于临界值 7.814 7，据此无法拒绝零假设，认为理赔次数服从泊松分布。

3.5.5　拟合优度分析案例 5：连续型分布情况——病情缓解时间研究

维护人民健康是建设健康中国的重要保证，改革开放 40 多年以来，各级政府部门不断加大健康服务投入，努力提高医疗卫生的服务质量和水平。医院某科室为了解白血病患者的病情缓解情况，对 21 例急性白血病患者进行了观察，获得如下样本数据：1、1、2、2、3；4、4、5、5、6；8、8、9、10、10；12、14、16、20、24；34。原假设 H_0：病情缓解时间的分布密度为 $f(t)=0.12\mathrm{e}^{-0.12t}, (t>0)$。使用卡方拟合优度检验可以对零假设进行统计判断。

本例分布密度函数的参数是已知的，不需要进行参数估计，但是观测频数需要进一步整理才可以进行假设检验。

首先，我们需要将样本数据进行分组。根据期望频数的计算公式（3-9），如果每个组被选中的概率是一样的，那么每个组的期望频数也会相同。因此，在将连续性变量进行分组时，为了简化计算过程，我们通常会选择让观测值落入各个区间或组内的概率相等，也就是等分这些观测值。本例有 21 个观测数据，分为四组较为合适，因此确定每组概率为 0.25，据此可以确定组限，假设 x 表示组限，结果如下：

$$p_1 = 0.25 \Rightarrow \int_0^x 0.12\mathrm{e}^{-0.12t}\mathrm{d}t = 0.25 \Rightarrow 1-\mathrm{e}^{-0.12x} = 0.25$$
$$\Rightarrow x = 2.39$$

因此，第一组为[0，2.39]，第二组组限为：

$$p_2 = 0.25 \Rightarrow \int_{2.4}^x 0.12\mathrm{e}^{-0.12t}\mathrm{d}t = 0.25$$
$$\Rightarrow x = 5.78$$

因此，第二组为[2.4，5.78]。依此类推，第三组和第四组分别为[5.8，11.59]及[11.6，$+\infty$]。通过等分概率，可以保证 21 个观测数据落入这 4 个区间的理论期望频数，有：

$$E_i = N \times P(N=k_i) = 21 \times 0.25 = 5.25$$

然后，统计观测频数，在所有 21 个观测值中：只有 1、1、2、2 共计 4 个观测数据落入了第一个区间[0, 2.39]，因此，落入该区间的观测频数为 4；有 3、4、4、5、5 共计 5 个观测数据落入第二个区间[2.4, 5.78]，所以该区间的观测频数为 5；同样，落入第三和第四区间的观测频数分别为 6 和 6。

最后，构造卡方统计量，具体的计算结果列于表 3-28。

表 3-28　连续分布的拟合优度检验

区间	概率	观测频数	期望频数	卡方
[0, 2.39]	0.25	4	5.25	0.298
[2.4, 5.78]	0.25	5	5.25	0.012
[5.8, 11.59]	0.25	6	5.25	0.107
[11.6, +∞]	0.25	6	5.25	0.107
合计	1	21	21	0.52

查卡方分布表，在 0.05 的显著性水平下，自由度为 3 的卡方临界值为 7.814 7。计算的卡方值为 0.52 小于临界值 7.814 7，据此无法拒绝零假设，认为病情的缓解时间服从密度为 " $f(t) = 0.12e^{-0.12t}, (t > 0)$ " 的分布。

3.5.6　拟合优度检验的 SPSS 实现

使用 SPSS 软件可以实现拟合优度检验，以案例 4 和案例 5 为例说明如下。

第一步：建立 SPSS 数据集。

针对案例 4 数据，在 SPSS 变量视图中定义：污染级别和观测天数；在数据视图中输入污染级别和观测天数的数值，分别为 0、1、2、3 和 50、122、101、92，完成数据集的构建，结果如图 3-1 所示。

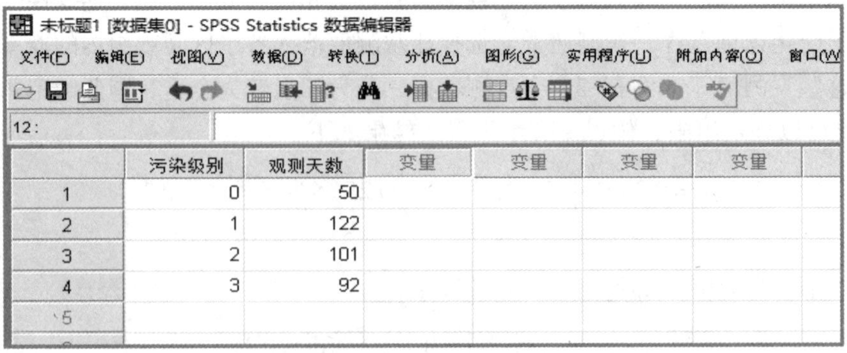

图 3-1　建立数据集

第二步：确定频率变量。

单击主菜单"数据"和下拉子菜单"加权个案"，选中"加权个案"选项，把变量"观测天数"移入频率变量对话框。结果如图 3-2 所示。单击"确定"按钮。

图 3-2 确定频率变量

第三步：确定检验变量和期望频数。

单击主菜单"分析"和下拉子菜单"非参数检验"，单击"卡方"按钮，把变量"污染级别"移入检验变量列表对话框。在"期望值"对话框中有 2 个选项，其中"值"选项一般适用于离散分布的拟合优度检验问题，而选项"所有类别相等"适用于连续分布的拟合问题，说明如下。

1. 离散分布情况

案例 4 中已经计算了期望频数，污染级别 0、1、2 和 3 对应的期望频数分别为 70.518、115.924、95.301 5 和 83.256 5。此 4 个期望值并不相同，因此，本例需要选择"值"按钮，把此 4 个期望值分别依次输入系统，每次输入一个期望频数之后，单击"添加"按钮。结果如图 3-3 所示。

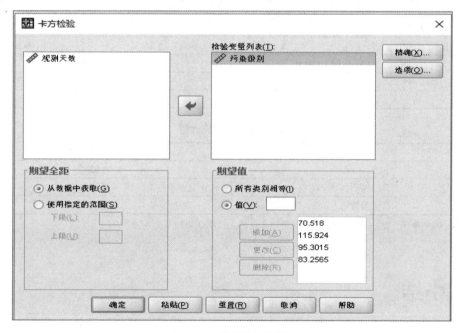

图 3-3 确定检验变量

单击"确定"按钮，SPSS 系统输出拟合优度检验的最终输出报告，分别如表 3-29、表 3-30 所示。

表 3-29　污染级别

	观察数/天	期望数	残差
0	50	70.5	−20.5
1	122	115.9	6.1
2	101	95.3	5.7
3	92	83.3	8.7
总数	365		

表 3-30　检验统计量

	污染级别
卡方	7.547[a]
自由度	3
渐进显著性	0.056

注：a. 0 个单元（0%）具有小于 5 的期望频率。单元最小期望频率为 70.5。

由输出报告可知，渐进显著性概率值为 0.056，大于显著性水平 0.05，因此无法拒绝零假设，认为理赔次数服从泊松分布。

2. 连续分布情况

在连续分布情况下，需要在"期望值"对话框中选择"所有类别相等"选项，就可以完成连续分布的拟合优度检验问题。案例 5 数据的 SPSS 输出结果如表 3-31、表 3-32 所示。

表 3-31　病情缓解时间

	观察频数	期望频数	残差
[0，2.39]	4	5.25	−1.25
[2.4，5.78]	5	5.25	−0.25
[5.8，11.59]	6	5.25	0.75
[11.6，$+\infty$]	7	5.25	0.75
总数	21	21	

表 3-32　检验统计量

	分组
卡方	0.524[a]
自由度	3
渐进显著性	0.914

注：a. 0 个单元（0%）具有小于 5 的期望频率。单元最小期望频率为 5.3。

3.6　小结

使用卡方统计量可以完成对分类数据的独立性检验和拟合优度检验。对于两个分类变量之间独立性的检验，要注意在不同的样本量情况下卡方统计量的值与品质相关系数之间的关系。对于拟合优度检验，需要注意不同问题对期望频数的要求。

◆ **实践训练**

1. 依据国家统计局分类口径将收入分为 5 个等级，表 3-33 是 2018 年城镇居民与农村居民人均可支配收入汇总结果。

表 3-33 可支配收入与收入组别数据

收入组别	人均可支配收入	
	城镇居民	农村居民
低收入户（20%）	14 386.9	3 666.2
中间偏下户（20%）	24 856.5	8 508.5
中间收入户（20%）	35 196.1	12 530.2
中间偏上户（20%）	49 173.5	18 051.5
高收入户（20%）	84 907.1	34 042.6

资料来源：国家统计局网站，www.stats.gov.cn。

要求：使用卡方检验判断城乡二元制度是否影响居民的人均可支配收入。

2. 表 3-34 为我国改革开放以来国内生产总值（单位：亿元）数据。

表 3-34 GDP 数据

年份	GDP/亿元	年份	GDP/亿元
1978	3 678.7	2001	110 863.1
1980	4 587.6	2002	121 717.4
1985	9 098.9	2003	137 422.0
1986	10 376.2	2004	161 840.2
1987	12 174.6	2005	187 318.9
1988	15 180.4	2006	219 438.5
1989	17 179.7	2007	270 092.3
1990	18 872.9	2008	319 244.6
1991	22 005.6	2009	348 517.7
1992	27 194.5	2010	412 119.3
1993	35 673.2	2011	487 940.2
1994	48 637.5	2012	538 580.0
1995	61 339.9	2013	592 963.2
1996	71 813.6	2014	641 280.6
1997	79 715.0	2015	685 992.9
1998	85 195.5	2016	740 060.8
1999	90 564.4	2017	820 754.3
2000	100 280.1	2018	900 309.5

资料来源：国家统计局网站，www.stats.gov.cn。

要求：使用卡方检验分析不同时期我国经济增长质量的变化规律。

3. 表 3-35 列出了一年内某地区观测到的交通事故发生数，零假设 H_0：事故发生数数据来自泊松分布。要求使用卡方统计量判断 H_0 是否成立。

表 3-35 交通事故发生数

事故发生数	0	1	2	3	4	5	总计
天数	211	108	31	9	5	1	365

4. 某项关于总统选举的民调，部分调查数据整理后如表 3-36 所示，请选择适当的方法判断性别是否对候选人当选有影响。

表 3-36 总统选举民调表（部分）

性别	支持候选人	性别	支持候选人	性别	支持候选人
男	杜威	男	杜鲁门	男	杜鲁门
女	杜鲁门	女	杜威	男	杜鲁门
男	杜鲁门	男	杜威	男	杜威
男	杜鲁门	女	杜威	女	杜鲁门
男	杜威	男	杜鲁门	女	杜鲁门
女	杜威	女	杜鲁门	女	杜威
女	杜鲁门	女	杜鲁门	女	杜鲁门
男	杜鲁门	女	杜鲁门	男	杜威
女	杜威	男	杜鲁门	男	杜威
男	杜威	女	杜威	男	杜威
女	杜威	女	杜鲁门	女	杜鲁门
女	杜威	女	杜威	女	杜鲁门
男	杜鲁门	女	杜鲁门	女	杜鲁门
女	杜威	男	杜威	男	杜鲁门
男	杜威	男	杜鲁门	女	杜威
女	杜鲁门	男	杜鲁门	男	杜威
女	杜威	男	杜鲁门	女	杜威
男	杜威	女	杜威	男	杜威
女	杜威	男	杜威	女	杜威
男	杜鲁门	女	杜威	男	杜威
女	杜威	女	杜威	女	杜威
女	杜威	男	杜鲁门	男	杜威
男	杜威	女	杜鲁门	女	杜鲁门
女	杜威	女	杜威	男	杜鲁门
女	杜鲁门	男	杜鲁门	女	杜威
男	杜威	女	杜威	女	杜鲁门
女	杜威	女	杜鲁门	女	杜威
男	杜威	女	杜威	男	杜鲁门
女	杜鲁门	男	杜鲁门	男	杜威
男	杜威	女	杜威	男	杜威

性别	支持候选人	性别	支持候选人	性别	支持候选人
女	杜威	女	杜鲁门	女	杜鲁门
女	杜威	女	杜威	女	杜威
男	杜鲁门	男	杜鲁门	女	杜威
女	杜威	女	杜威	男	杜鲁门
女	杜威	男	杜鲁门	男	杜威
男	杜鲁门	男	杜威	男	杜威
女	杜威	女	杜鲁门	女	杜威
男	杜威	女	杜威	女	杜鲁门
女	杜威	女	杜威	女	杜威
男	杜鲁门	男	杜鲁门	女	杜鲁门
男	杜威	女	杜威	男	杜威
女	杜威	女	杜鲁门	女	杜威
女	杜鲁门	男	杜威	女	杜鲁门
女	杜威	女	杜威	男	杜威
男	杜鲁门	女	杜威	女	杜鲁门
男	杜威	女	杜鲁门	男	杜威
女	杜威	男	杜威	女	杜鲁门
女	杜威	女	杜威	女	杜威
男	杜鲁门	女	杜鲁门	男	杜威
男	杜鲁门	男	杜威	女	杜鲁门
女	杜威	女	杜威	女	杜威
女	杜威	男	杜鲁门	女	杜威
男	杜鲁门	男	杜威	男	杜鲁门
女	杜威	女	杜鲁门	男	杜威
女	杜鲁门	男	杜威	女	杜威
男	杜鲁门	女	杜威	男	杜鲁门
男	杜鲁门	男	杜鲁门	女	杜威
女	杜威	男	杜威	女	杜威
女	杜威	女	杜威	女	杜威
男	杜威	女	杜威	女	杜鲁门

第 4 章
方差分析

想一想

➢ 改革开放 40 多年来，我国经济由高速增长转向高质量发展，我们对人民群众生活水平的分析也从消费支出指标过渡到了消费结构指标，那么，消费结构通常如何描述？有哪些因素影响到了居民的消费支出结构？我们应该采用哪些统计方法实现这一分析？

➢ 能源的紧缺和回收利用技术的进步推进了经济可持续发展目标的实现，产品和部件的有效回收离不开消费者的参与，如果希望分析消费者对回收逆向物流的参与意向，我们应该如何获取数据、搭建分析框架，采用何种方法完成研究目标？

➢ 除了本章提出的案例，方差分析还可以用来分析哪些问题？你在学习、工作和生活时遇到的问题和困惑，如果希望借用方差分析的方法研究，应该如何组织一个相对完整的分析方案？

在前面的章节，我们分析的数据多数来源于观察样本而非设计样本。与观察样本不同，在设计性试验中，研究人员希望控制一个或多个变量的水平，从而观察控制变量是否会引起响应因变量的变化，方差分析（analysis of variance，ANOVA），又称为变异数分析，是一种基于试验结果有效鉴别并量化不同来源变异性影响的统计方法。方差分析是 1928 年由英国统计学家罗纳德·费希尔（R. A. Fisher）在进行试验设计时提出的一种统计方法，用来判断两个及以上总体均值之间是否存在差异。方差分析最早用于判断施肥情况的不同是否会影响农作物产量，现在已广泛应用于经济管理、社会学、生物医药、心理学等各种学科领域。

4.1　理论基础

4.1.1　原理介绍

统计试验的目的是判断一个或多个控制变量对响应因变量的影响，在方差分析中，这里的控制变量被称为"因素"（factor），因素的取值（因素所处的不同状态）被称为"水平"（level）。如果想考察性别因素对高考成绩的影响，那么就是单因素（性别）两水平（男、女）方差分析；如果想考察性别和家庭经济状况对高考成绩的影响，那么就是双因素方差分析。

方差分析通过对数据误差来源的分析来判断不同总体均值是否相等，并将总误差分解为研究因素所引起的部分和抽样误差引起的部分，通过比较来自不同部分的误差，借助 F 分布做出统计推断。在方差分析中，数据误差用平方和来表示，反映全部数据误差大小的平方和称为总平方和，记为 SST。该误差可以分解为两部分，一部分反映研究因素各（水平）组内部的观测值离散情况，称为组内平方和或残差平方和，记为 SSE；另一部分反映研究因素各（水平）组均值的差异程度，记为 SSA。

总误差（SST）= 组内误差（SSE）+ 组间误差（SSA）

通过比较组内误差和组间误差，我们能够确定数据间的误差在多大程度上是由组间差异（即研究因素水平的不同）所导致。为了消除观测值数量对误差平方和大小的影响，我们引入了均方（mean square，MS）的概念，即将误差平方和除以对应的自由度，然后利用均方比来构造 F 分布，以此展示这种影响程度。当样本数据的 F 值增大时，意味着研究因素的不同水平对因变量的影响程度增加。当 F 值超过显著性水平对应的临界值时，则可以认为研究因素造成的影响存在，即因素的不同水平之间存在显著的差异。

4.1.2　应用条件

方差分析应该符合 3 个基本假定。
（1）随机性和独立性。观察对象需来自研究因素不同水平下的独立随机抽样。

（2）正态性。对于研究因素的每一个水平，其对应的观测值总体必须服从正态分布。

（3）方差齐次性。各水平总体需具有相同的方差。

4.1.3 方法与原理

1. 单因素方差分析

单因素方差分析用于研究单一因素（自变量）对因变量的影响，例如，广告策略对销售量的影响，温度对农业产量的影响等，观测值结构如表 4-1 所示。单因素方差分析的步骤包括：提出假设、构造检验统计量和统计决策。

（1）提出假设。设检验因素有 k 个水平，要检验 k 个水平（总体）的均值是否相等，提出原假设（H_0：k 个水平均值相等）和备选假设（H_1：k 个水平均值不全相等）。

表 4-1　单因素随机设计的观测结构表

	观测值	1	2	…	n
	水平 1	x_{11}	x_{12}	…	x_{1n}
	水平 2	x_{21}	x_{22}	…	x_{2n}
	…	…	…	…	…
因素 A	水平 i	x_{i1}	x_{i2}	…	x_{in}
	…	…	…	…	…
	水平 k	x_{k1}	x_{k2}	…	x_{kn}

（2）构造检验统计量。单因素方差分析的检验统计量记为 F。

$$F = \frac{组间均方}{组内均方} = \frac{MSA}{MSE} = \frac{SSA/(k-1)}{SSE/(n-k)} \sim F(k-1, n-k)$$

其中：$k-1$ 为 SSA 的自由度，k 为因素水平的个数；$n-k$ 为 SSE 的自由度，n 为全部观测值的个数；$n-1$ 为 SST 的自由度。如表 4-2 所示。

表 4-2　单因素方差分析表

误差来源	平方和（SS）	自由度（df）	均方（MS）	F 值	P 值	F 临界值
组间误差	SSA	$k-1$	MSA	$\dfrac{MSA}{MSE}$		F_α
组内误差	SSE	$n-k$	MSE			
总误差	SST	$n-1$				

（3）统计决策。可以采用临界值和 P 值 2 种方法做出对原假设 H_0 的决策。

➢　若 $F > F_\alpha$，则拒绝原假设，表示因素 k 个水平均值之间的差异是显著的；若 $F < F_\alpha$，则不拒绝原假设 H_0，表示没有证据证明水平间差异是显著的。

➢　利用 P 值与显著性水平 α 的值进行比较。与临界值法对应：若 $P < \alpha$，则拒绝原假设 H_0；若 $P > \alpha$，则不能拒绝原假设 H_0。

2. 双（多）因素方差分析

实际问题中，往往需要考虑多个因素乃至其交互作用对目标因变量的影响。当方差分析涉及 2 个因素时，称为双因素方差分析，涉及更多研究因素时称为多因素方差分析。当研究因素对因变量的影响相互独立时，称为无交互作用的双（多）因素方差分析；当多个因素结合后产生新的效应，进而对因变量产生新的影响，这时称为有交互作用的双（多）因素方差分析。下面针对双因素方差分析介绍分析步骤，其数据结构如表 4-3 所示。

表 4-3　双因素随机设计的观测结构表

观测值		列因素					
		列水平 1	列水平 2	$\cdots$	列水平 j	$\cdots$	列水平 r
行因素	行水平 1	x_{11}	$\cdots$		x_{1j}	$\cdots$	x_{1r}
	行水平 2	x_{21}	$\cdots$		x_{2j}	$\cdots$	x_{2r}
	$\cdots$	$\cdots$	$\cdots$		$\cdots$	$\cdots$	$\cdots$
	行水平 i	x_{i1}			x_{ij}		x_{ir}
	$\cdots$	$\cdots$	$\cdots$		$\cdots$	$\cdots$	$\cdots$
	行水平 k	x_{k1}	$\cdots$		x_{kj}	$\cdots$	x_{kr}

（1）提出假设。为了检验两个因素的影响，需要对行列两个因素分别提出假设，分别为行因素（H$_0$：行因素各水平均值相等。H$_1$：行因素各水平均值不全相等），列因素（H$_0$：列因素各水平均值相等。H$_1$：列因素各水平均值不全相等）假设。如果考虑交互作用，则需要添加行列交互假设（H$_0$：行因素和列因素的交互作用对因变量没有显著影响。H$_1$：行因素和列因素的交互作用对因变量有显著影响）。

（2）构造检验统计量。行因素产生的误差平方和记为 SSR，列因素产生的误差平方和记为 SSC，除行与列因素之外的剩余因素产生的误差平方和称为随机误差平方和，记为 SSE，不考虑行列交互作用时，各平方和的关系为

$$SST = SSR + SSC + SSE$$

行列检验统计量分别记为 F_R 和 F_C：

$$F_R = \frac{MSR}{MSE} = \frac{SSR / (k-1)}{SSE / (k-1)(r-1)} \sim F(k-1,(k-1)(r-1))$$

$$F_C = \frac{MSC}{MSE} = \frac{SSC / (r-1)}{SSE / (k-1)(r-1)} \sim F(r-1,(k-1)(r-1))$$

其中：$k-1$ 为 SSR 的自由度，k 为行因素水平的个数；$r-1$ 为 SSR 的自由度，r 为列因素水平的个数；$(k-1)(r-1)$ 为 SSE 的自由度；$kr-1$（即 $n-1$）为 SST 的自由度。如表 4-4 所示。

如果考虑行列交互作用，其误差平方和记为 SSRC，则有

$$SST = SSR + SSC + SSRC + SSE$$

$$F_{RC} = \frac{MSRC}{MSE} = \frac{SSRC / (k-1)(r-1)}{SSE / kr(m-1)} \sim F[(k-1)(r-1),kr(m-1)]$$

其中，m 为同一个行水平及列水平下重复数据点数。SSR、SSC、SSRC、SSE 及 SST 的自由度分别为：$k-1$，$r-1$，$(k-1)(r-1)$，$kr(m-1)$ 和 $n-1$。

表 4-4　双因素方差分析表

误差来源	平方和（SS）	自由度（df）	均方（MS）	F 值	P 值	F 临界值
行因素组间误差	SSR	$k-1$	MSR	$F_R = \dfrac{\text{MSR}}{\text{MSE}}$	P_R	F_α
列因素组间误差	SSC	$r-1$	MSC	$F_C = \dfrac{\text{MSC}}{\text{MSE}}$	P_C	
组内误差	SSE	$(k-1)(r-1)$	MSE			
总误差	SST	$kr-1$				

（3）统计决策。与单因素方差分析决策一样，也可以采用临界值和 P 值 2 种方法做出对原假设 H_0 的决策，仅以 F 临界值为例：若 $F_R > F_\alpha$，则拒绝行因素原假设，即行因素对因变量有显著影响；若 $F_C > F_\alpha$，则拒绝列因素原假设，即列因素对因变量有显著影响，否则不能认定行或列因素对因变量有显著影响。若 $F_{RC} > F_\alpha$，则拒绝交互作用原假设，表示交互作用对因变量有显著影响。

一般对输出的方差分析表，先验证行因素和列因素之间是否有交互作用：如果交互作用是显著的，需要详细分析交互作用；如果交互作用不显著，则要集中分析行因素和列因素。

4.2　我国居民消费支出结构差异分析

4.2.1　案例背景

改革开放以来，我国居民收入及消费支出呈现持续增长趋势。如图 4-1 所示，以城乡消费支出为例，近几年我国居民人均消费支出逐年增加，但农村居民人均消费支出显著低于城镇居民。考虑到全面建成小康社会的战略需求，我们必须关注发展的平衡性与协调性，

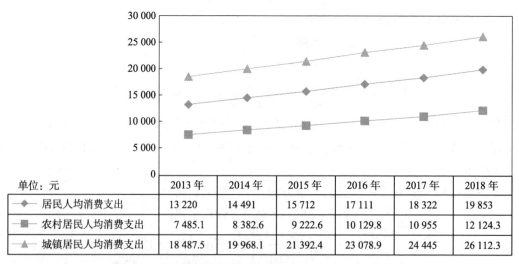

单位：元	2013 年	2014 年	2015 年	2016 年	2017 年	2018 年
◆ 居民人均消费支出	13 220	14 491	15 712	17 111	18 322	19 853
■ 农村居民人均消费支出	7 485.1	8 382.6	9 222.6	10 129.8	10 955	12 124.3
▲ 城镇居民人均消费支出	18 487.5	19 968.1	21 392.4	23 078.9	24 445	26 112.3

图 4-1　我国城乡居民人均消费支出（2013—2018 年）[①]

---

① 资料来源：中国国家统计局 2013—2018 年相关数据。

故而有必要针对城乡和不同区域居民的消费结构差异展开分析。

在分析消费结构时，我们通常采用恩格尔系数（Engel's coefficient）作为关键指标，该系数具体定义为食品支出在个人或家庭消费总支出中所占的比例。恩格尔系数是划分贫富程度的重要指标，数值越小表明生活富裕程度越高。本案例将基于 2018 年我国城乡分地区消费支出恩格尔系数，分析居民消费结构的差异程度，从而为增强城乡区域发展平衡性与协调性提供数据分析支持。

4.2.2　研究目的

（1）判断城乡居民消费结构是否存在显著差异。

（2）判断不同区域的居民消费结构是否存在显著差异。

（3）判断城乡及不同区域是否对居民消费结构产生交互影响。

根据研究目的，这里我们针对城乡因素（城镇/乡村居民）与区域因素（东部/西部/中部/东北部居民）可能造成的居民消费结构（恩格尔系数）差异分别展开单因素方差分析和双因素方差分析。

4.2.3　数据文件

基于研究背景和研究目的，本案例数据源自《中国统计年鉴 2019》的分地区城镇/农村人均消费支出数据（2018 年），如图 4-2 所示。为科学反映我国不同区域的社会经济

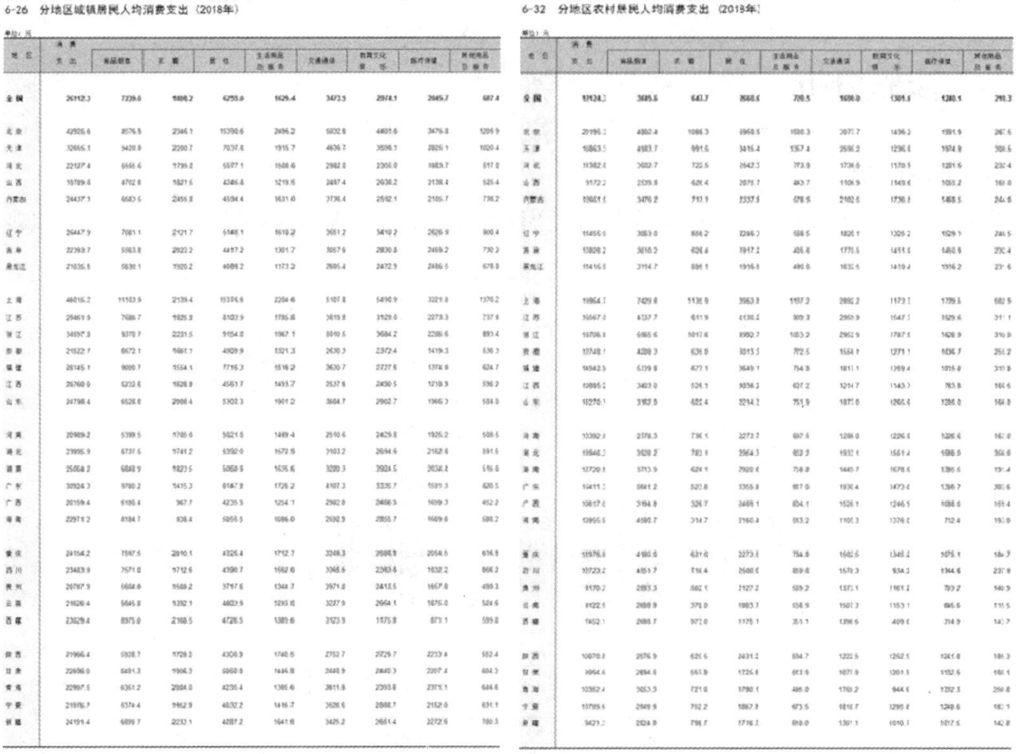

图 4-2　分地区城镇/农村人均消费支出数据（2018 年）

发展状况，本案例参照《中共中央、国务院关于促进中部地区崛起的若干意见》等文件，将我国的经济区域划分为东部、中部、西部和东北四大地区。分别针对城镇和农村居民计算各省市居民消费支出恩格尔系数（食品研究/（总）消费支出×100%），形成基础数据如表 4-5 所示。

表 4-5　我国城乡/区域居民消费支出恩格尔系数（2018）　　　　%

区域		城镇	农村	区域		城镇	农村
东部	北京	20.0	23.8	西部	内蒙古	26.9	27.5
	天津	28.8	29.6		广西	30.7	30.1
	河北	25.1	26.4		重庆	31.5	34.9
	上海	24.1	37.2		四川	32.2	35.8
	江苏	26.1	26.2		贵州	27.0	28.3
	浙江	27.1	30.3		云南	27.0	29.5
	福建	32.0	35.7		西藏	39.0	36.1
	山东	26.3	28.1		陕西	27.0	25.6
	广东	31.6	36.6		甘肃	28.7	29.7
	海南	35.6	41.8		青海	27.6	29.5
中部	山西	23.8	27.7		宁夏	24.5	27.3
	安徽	31.0	33.0		新疆	28.5	30.0
	江西	30.0	31.3	东北	辽宁	26.8	26.7
	河南	25.7	26.7		吉林	24.8	27.8
	湖北	28.1	28.2		黑龙江	26.8	27.3
	湖南	27.3	29.2				

4.2.4　步骤分析

1. 作图分析

根据数据做出我国"城乡-区域"居民消费支出对比箱线图，如图 4-3 所示，可以观察

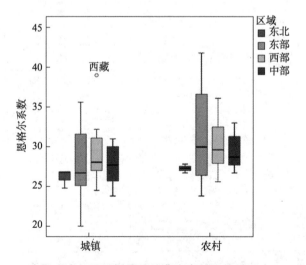

图 4-3　我国"城乡-区域"居民消费支出对比箱线图（2018 年）

到，农村居民的恩格尔系数整体上略高于城镇居民。就区域差异而言，东部区域居民的恩格尔系数分布较为分散。如果将城乡与区域两个因素结合起来看，东部地区的城镇居民恩格尔系数相对较低。然而，这些只是直观的初步印象。要确切了解"城乡"和"区域"这两个因素对恩格尔系数是否有显著影响，还需要进行更深入的科学分析和验证。

2. 方差分析模块引入

大部分统计软件都内嵌了"方差分析"模块，读者们在使用时可参考对应工具软件版本号的帮助文件，来学习"方差分析"基本功能的使用，这里以 Excel 2016 和 SPSS 22.0 为例介绍对应的功能。Excel 中"方差分析"集成在"数据分析"模块下（在 Office 软件安装时如无设置，"数据分析"模块在第一次运行前需要另外加载），具体路径是"数据"→"数据分析"→"单因素方差分析"。专业统计软件一般可以直接调用对应模块，SPSS 具体路径是"分析"→"比较平均值"→"单因素 ANOVA"，如图 4-4 所示。进而选择"因素"与数据项，请注意数据格式需要满足不同工具软件分析的要求，如图 4-5 所示。

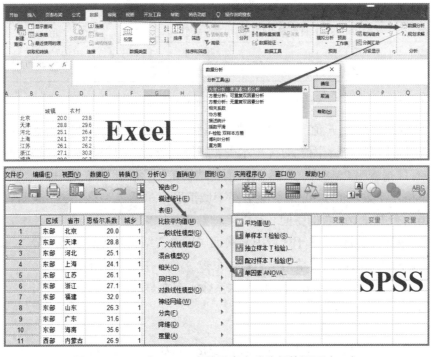

图 4-4　Excel 与 SPSS 中单因素方差分析的调用（一）

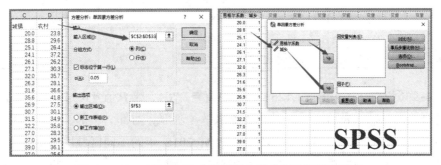

图 4-5　Excel 与 SPSS 中单因素方差分析的调用（二）

3. 假设与检验

针对研究目标"基于城乡因素验证居民消费结构是否有显著差异"，提出假设。

Ha_0：城乡居民消费结构（恩格尔系数）不存在显著差异。

Ha_1：城乡居民消费结构（恩格尔系数）存在显著差异。

对应的描述性统计分析与方差分析分别如表 4-6 和表 4-7 所示。

表 4-6　城乡居民消费支出恩格尔系数描述性统计表

	N	均值	标准差	标准误差	均值的 95%置信区间		最小值	最大值
					下限	上限		
农村	31	30.247	4.167 4	0.748 5	28.718	31.775	23.8	41.8
城镇	31	28.118	3.683 7	0.661 6	26.767	29.469	20.0	39.0
总计	62	29.182	4.045 5	0.513 8	28.155	30.210	20.0	41.8

表 4-7　城乡居民消费支出恩格尔系数方差分析表

误差来源	平方和（SS）	自由度（df）	均方（MS）	F 值	P 值	F 临界值
组间误差	70.2	1	70.2	4.54	0.037 193	4.001 191
组内误差	928.1	60	15.5			
总误差	998.3	61				

从表 4-7 可以看出，F 值 = 4.54 > F 临界值 = 4.00（或 P 值 = 0.0372 < α = 0.05），我们拒绝原假设 Ha_0，表示城乡因素的 2 个水平（城镇、农村）恩格尔系数均值之间的差异是显著的，即有证据表明 2018 年的城乡居民消费结构依然存在显著差异。进而如表 4-6 所示，农村居民恩格尔系数均值（30.2%）显著高于城镇恩格尔系数（28.1%），表明农村居民的消费结构仍然有进一步改善的空间。

接下来针对研究目标"基于区域因素验证居民消费结构是否有显著差异"，提出假设。

Hb_0：不同区域居民消费结构（恩格尔系数）不存在显著差异。

Hb_1：不同区域居民消费结构（恩格尔系数）存在显著差异。

对应的方差分析表如表 4-8 所示。

表 4-8　不同区域居民消费支出恩格尔系数方差分析表

误差来源	平方和（SS）	自由度（df）	均方（MS）	F 值	P 值	F 临界值
组间误差	55.0	3	18.3	1.126	0.346	2.763 551
组内误差	943.4	58	16.3			
总误差	998.4	61				

从表 4-8 可以看出，F 值 = 1.126 < F 临界值 = 2.764（或 P 值 = 0.346 > α = 0.05），我们不能拒绝原假设 Hb_0，表示区域因素的 4 个水平（东部、西部、中部、东北）的居民恩格尔系数均值之间的差异不显著，即没有证据表明 2018 年的不同区域居民消费结构间存在显著差异。在方差分析的框架下，如果希望对各区域间进行两两对比分析，我们可以采用

最小显著性差异法（least significance difference, LSD），该方法利用 t 检验来比较不同区域（即不同水平）间的均值。如表 4-9 所示，尽管在 $\alpha = 0.05$ 的显著性水平下，任意两个区域间的居民消费结构并未显示出显著性差异，但当我们将显著性水平放宽至 $\alpha = 0.1$ 或 $\alpha = 0.15$ 时，则可以观察到东北地区居民与东部及西部地区的居民在消费结构上存在相对更为明显的差异。此外，读者们可结合更丰富的数据或修正模型进一步分析讨论。

表 4-9 不同区域居民消费支出恩格尔系数多重比较结果

（I）区域	（J）区域	平均差异（I-J）	标准误差	P 值	95%置信区间	
					下限	上限
东部	西部	−0.160 7	1.221 1	0.896	−2.605	2.284
	中部	1.121 8	1.472 7	0.449	−1.826	4.070
	东北	2.918 1	1.877 3	0.126	−0.840	6.676
西部	东部	0.160 7	1.221 1	0.896	−2.284	2.605
	中部	1.282 5	1.425 9	0.372	−1.572	4.137
	东北	3.078 8	1.840 8	0.100	−0.606	6.764
中部	东部	−1.121 8	1.472 7	0.449	−4.070	1.826
	西部	−1.282 5	1.425 9	0.372	−4.137	1.572
	东北	1.796 3	2.016 5	0.377	−2.240	5.833
东北	东部	−2.918 1	1.877 3	0.126	−6.676	0.840
	西部	−3.078 8	1.840 8	0.100	−6.764	0.606
	中部	−1.796 3	2.016 5	0.377	−5.833	2.240

针对研究目标"验证城乡及区域双因素是否对居民消费结构产生交互影响"，提出假设。

Hc_0：双因素交互作用对居民消费结构影响不显著。

Hc_1：双因素交互作用对居民消费结构影响显著。

不同统计软件的"双因素方差分析"导入方法不同，Excel 中"双因素方差分析"依然集成在"数据分析"模块下，如果双因素交叉对应的样本量皆是 1，选择"方差分析—无重复双因素分析"选项（无交互作用下的双因素方差分析），如果双因素交叉对应的样本量相同且大于 1，可以选择"方差分析—可重复双因素分析"选项（交互作用下的双因素方差分析）。SPSS 可以应对交叉对应的样本量不同的情况，具体路径是"分析"→"一般线性模型"→"单变量"。按要求选入"因变量"（恩格尔系数）和"固定因子"（城乡，区域）选项后，获得的方差分析表如表 4-10 所示，可知"城乡-区域"双因素之间交互作用的影响不显著（P 值 = 0.689）。这里我们还注意到在双因素方差分析下城乡因素的影响作用在 $\alpha = 0.05$ 下呈现为不显著（P 值 = 0.096），这与单因素方差分析的结果（P 值 = 0.037 2 < $\alpha = 0.05$）不同，主要是双因素方差分析时随机误差平方和被其他因素项分担了一部分所导致的。在交互作用不显著的情况下，通常建议采纳单因素方差分析的结论。

表 4-10 "城乡-区域" 双因素居民消费支出恩格尔系数方差分析表

误差来源	平方和（SS）	自由度（df）	均方（MS）	F 值	P 值
修正的模型	148.447	7	21.207	1.347	0.247
截距	38 438.399	1	38 438.399	2 442.244	0.000
区域	54.958	3	18.319	1.164	0.332
城乡	45.114	1	45.114	2.866	0.096
区域 * 城乡	23.242	3	7.747	0.492	0.689
误差	849.904	54	15.739		
总计	53 798.509	62			
校正后总数	998.351	61			

4. 辅助分析

其他辅助工具也可以帮助我们完善分析，如在 SPSS 双因素方差分析"单变量"对话框中，选择"绘图"工具，如图 4-6 所示，整体分析输出中即包含了"城乡-区域"双因素联合边际均值轮廓图，如图 4-7 所示。图中显示，两个因素间无明显交互作用，不过，局部显示东部地区的城镇与农村居民消费恩格尔系数与其他区域相比差别较大。

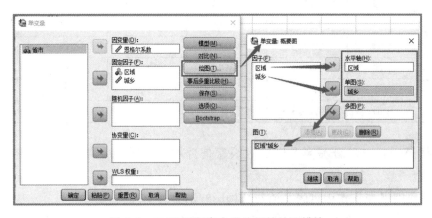

图 4-6 SPSS 双因素方差分析的绘图模块

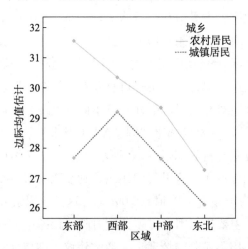

图 4-7 "城乡-区域" 双因素联合边际均值轮廓图

4.2.5　问题延伸

通过基于"恩格尔系数"的单因素与双因素方差分析，我们得出了我国城乡居民的消费支出结构存在显著差异，而地区间居民的消费支出结果差异不显著这一结论。然而在使用"恩格尔系数"时，有很多因素值得我们进一步讨论，例如，有学者指出定义为"食品在总消费支出中的占比"的"恩格尔系数"目前在表示我国地区人民生活水平时不太准确，可以将消费总支出扣除资产投资行为支出，如购房支出或金融产品支出等，这样的话，我们的数据就应该进一步调整。另外，我们大部分地区的城乡恩格尔系数均值均在 40% 以下，与国际常用标准①对照时，要考虑到消费品价格比价、生活消费习惯差异等特殊因素。

除此之外，我们根据《中国统计年鉴 2019》的分地区居民消费支出数据（图 4-2），还可以计算"城乡-区域"居民全品类人均消费支出数据（如表 4-11 所示），并结合绘图（如图 4-8 所示）来分析消费者支出结构的差异。

表 4-11　我国"城乡-区域"居民分类平均消费支出（2018 年）　　　　　单位：元

城乡	消费种类	东部	西部	中部	东北
城镇	食品烟酒	8 294.3	6 608.2	6 147.4	6 249.1
	衣着	1 848.0	1 721.0	1 728.7	2 031.9
	居住	8 146.3	4 388.7	4 934.6	4 626.3
	生活用品及服务	1 815.0	1 506.4	1 475.2	1 393.6
	交通通信	4 012.5	3 245.6	2 768.1	3 122.4
	文教娱乐	3 287.7	2 529.0	2 775.6	2 964.5
	医疗保健	2 090.8	1 956.3	1 835.3	2 537.2
	其他	781.9	598.5	541.8	787.2
农村	食品烟酒	4 389.49	3 303.246	3 418.309	3 067.252
	衣着	709.377 3	566.464 3	668.221 2	662.786
	居住	3 272.989	2 189.246	2 694.728	2 030.09
	生活用品及服务	853.592 7	652.747 1	708.496	493.322 2
	交通通信	2 149.734	1 477.368	1 429.713	1 736.186
	文教娱乐	1 391.634	1 152.7	1 346.42	1 384.627
	医疗保健	1 332.92	1 098.258	1 204.278	1 650.986
	其他	262.403 2	177.558 2	213.773 6	236.950 1

进一步采用双因素方差分析（如表 4-12 所示），从全品类消费支出结构来看，依然是城乡居民呈现了显著差异（P 值 = 0.000 52），而地区间差异（P 值 = 0.614 712）和双因素交互作用（P 值 = 0.953 863）并不显著，这与前述基于"恩格尔系数"的消费结构差异分析结论相呼应，有助于拓展我们对该问题的分析与思考。

①国际常用标准：恩格尔系数达 59% 以上为贫困，50%～59% 为温饱，40%～50% 为小康，30%～40% 为富裕，低于 30% 为最富裕。

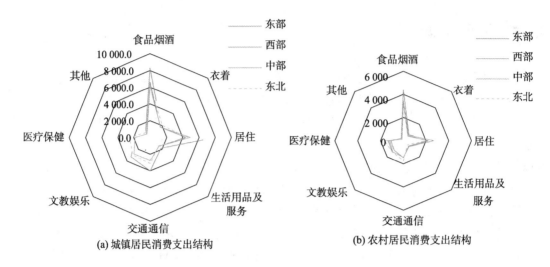

图 4-8　城乡居民消费支出结构区域对比雷达图

表 4-12　我国 2018 年"城乡-区域"双因素居民消费支出结构方差分析表

误差来源	平方和（SS）	自由度（df）	均方（MS）	F 值	P 值
城乡	40 359 208	1	40 359 208	13.566 98	0.000 52
区域	5 396 326	3	1 798 775	0.604 669	0.614 712
城乡*区域	982 440.2	3	327 480.1	0.110 084	0.953 863
误差	166 589 472.9	56	2 974 812		
总计	213 327 447.5	63			

针对这一问题，你有没有其他的延伸思考？请积极思考。

4.3　消费者逆向物流参与意向的影响因素分析

4.3.1　案例背景

改革开放以来，在我国强国政策的引导下，电子、汽车及其他机电类制造业规模逐步扩大，消费市场极大繁荣，与之对应的废旧产品及部件的回收问题也变得越发迫切，逆向物流网络建设意义重大。废旧产品及部件能否被有效回收利用，对维护生态平衡、促进社会的长远发展以及提高人民群众的生活质量至关重要，正所谓"绿水青山，就是金山银山"。

我国逆向物流网络的建设离不开消费者的支持，消费者是其中的重要一环，挖掘影响消费者参与逆向物流的主要因素，有助于在构建逆向物流网络时优化服务结构配置，能够显著提高逆向物流的效率。这一体系不仅有助于提高消费者对原产品的绿色认知度，还能支持企业、行业与政府制定合理激励政策，完善逆向物流网络，从而促进机电制造与回收行业的绿色发展。

根据计划行为理论，我们的行为大多时候是被内在行为意向驱动着，主要包括行为态度、行为动机、知觉行为控制、主观规范等方面。另外,外界情境因素也可能影响我们的行为,主要包括国家政策、服务体系、基础设施和宣传力度等方面。对于内在行为意向和外界情境因素的测量已经形成了较成熟的量表,为了更贴近消费者逆向物流参与意向这一研究目标,我们对量表进行了适当的调整,数据采用问卷调研的方法获得。

4.3.2 研究目的

(1)判断性别、年龄、教育程度等人口统计特征因素对逆向物流参与意向的影响。
(2)判断人口统计特征因素对消费者内驱力作用下逆向物流参与意向的影响。
(3)判断人口统计特征因素对消费者外部情境作用下逆向物流参与意向的影响。

根据研究目的,我们首先参照量表设计调查问卷后收集数据,然后分别展开对应的单因素方差分析和双因素方差分析。

4.3.3 数据文件

本次调研正式问卷发放样本 347 份,回收有效样本 275 份。其中,男性占比 46.91%,女性占比 53.09%;18 岁以下、19~25 岁、26~39 岁、40 岁以上 4 个年龄段分别占比 12.36%、61.45%、18.55%、7.64%;高中及以下、专科、本科、硕士及以上 4 个教育程度分别占比 13.45%、14.18%、64.73%、7.64%。该调查对象基本信息的描述统计如图 4-9 所示。

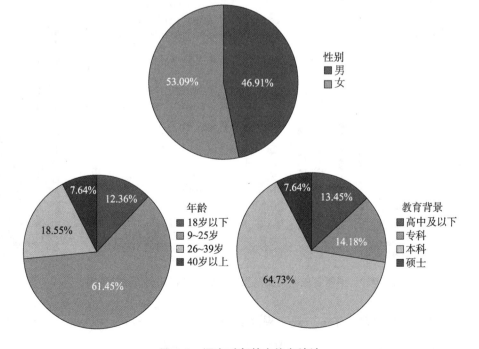

图 4-9 调查对象基本信息统计

4.3.4 步骤分析

1. 逆向物流基础参与意向的影响因素分析

为了判断性别、年龄、教育程度这些人口统计特征因素对逆向物流基础参与意向的影响，需要大致了解整体和不同分类下消费者针对废旧产品及部件回收逆向物流的参与程度，参考利克特量表，将消费者对逆向物流的参与程度分为"完全无意向""基本无意向""一般""比较有意向"及"非常有意向"5级（分别对应 1~5 分），消费者逆向物流参与意向的整体趋势及分类情况如图 4-10 所示。

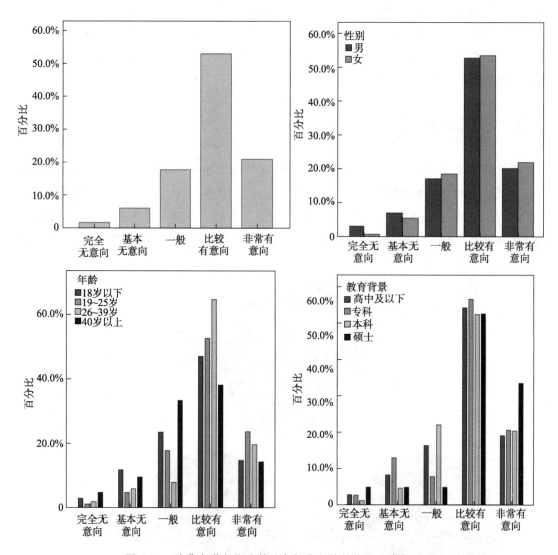

图 4-10 消费者逆向物流基础参与意向的整体及分类条形图

进一步展开针对性别、年龄、教育程度的分类描述统计分析及单因素、双因素和多因素交互方差分析，分别得到表 4-13、表 4-14、表 4-15 和表 4-16。

表 4-13 "性别/年龄/教育程度"因素下的消费者逆向物流基础参与意向描述统计

影响因素	对应水平	N	均值	标准差	标准误差	均值的 95%置信区间	
						下限	上限
性别	男	129	3.80	0.947	0.083	3.63	3.96
	女	146	3.90	0.825	0.068	3.77	4.04
年龄	18 岁以下	34	3.59	0.988	0.169	3.24	3.93
	19～25 岁	169	3.93	0.842	0.065	3.80	4.06
	26～39 岁	51	3.94	0.835	0.117	3.71	4.18
	40 岁以上	21	3.48	1.030	0.225	3.01	3.95
教育程度	高中及以下	37	3.78	0.947	0.156	3.47	4.10
	专科	39	3.79	1.005	0.161	3.47	4.12
	本科	178	3.86	0.828	0.062	3.74	3.98
	硕士	21	4.05	1.024	0.223	3.58	4.51
	总计	275	3.85	0.884	0.053	3.75	3.96

表 4-14 "性别/年龄/教育程度"消费者逆向物流基础参与意向单因素方差分析表

影响因素	误差来源	平方和（SS）	自由度（df）	均方（MS）	F 值	P 值
性别	组间误差	0.765	1	0.765	0.978	0.324
	组内误差	213.417	273	0.782		
年龄	组间误差	6.737	3	2.246	2.934	0.034
	组内误差	207.445	271	0.765		
教育程度	组间误差	1.111	3	0.370	0.471	0.703
	组内误差	213.070	271	0.786		
	总误差	214.182	274			

表 4-15 "性别/年龄/教育程度"消费者逆向物流基础参与意向双因素方差分析表

影响因素	误差来源	平方和（SS）	自由度（df）	均方（MS）	F 值	P 值
性别×年龄	修正的模型	9.226[a]	7	1.318	1.717	0.105
	截距	1 916.242	1	1 916.242	2 496.332	0.000
	性别	0.003	1	0.003	0.004	0.949
	年龄	6.300	3	2.100	2.736	0.044
	性别×年龄	2.058	3	0.686	0.894	0.445
	随机误差	204.955	267	0.768		
性别×教育	修正的模型	5.551[a]	7	0.793	1.015	0.421
	截距	2 162.970	1	2 162.970	2 768.108	0.000
	性别	0.509	1	0.509	0.651	0.421
	教育程度	0.561	3	0.187	0.240	0.869
	性别×教育程度	3.738	3	1.246	1.594	0.191
	随机误差	208.631	267	0.781		
年龄×教育	修正的模型	18.224[a]	14	1.302	1.727	0.051
	截距	1 051.840	1	1 051.840	1 395.600	0.000
	教育程度	0.185	3	0.062	0.082	0.970
	年龄	4.906	3	1.635	2.170	0.092
	年龄×教育程度	10.473	8	1.309	1.737	0.090
	随机误差	195.958	260	0.754		
	总误差	4 300.000	275			
	校正后总数	214.182	274			

表 4-16 "性别/年龄/教育程度"消费者逆向物流基础参与意向多因素方差分析表

误差来源	平方和（SS）	自由度（df）	均方（MS）	F 值	P 值
修正的模型	33.426[a]	28	1.194	1.625	0.028
截距	1 014.789	1	1 014.789	1 381.077	0.000
性别	1.011	1	1.011	1.376	0.242
年龄	3.727	3	1.242	1.691	0.170
教育程度	1.033	3	0.344	0.469	0.704
性别×年龄	4.698	3	1.566	2.131	0.097
性别×教育	7.385	3	2.462	3.350	0.020
年龄×教育	9.832	8	1.229	1.673	0.106
性别×年龄×教育	8.250	7	1.179	1.604	0.135
误差	180.756	246	0.735		
总计	4 300.000	275			
校正后总数	214.182	274			

根据表 4-14，消费者的年龄段是三因素中唯一对逆向物流基础参与意向产生显著影响的，对照表 4-13，我们可以发现，位于 19～25 岁和 26～39 岁的青年段消费者有明显较高的逆向物流参与意向；与之对比，虽然性别分类下的女性消费者和教育程度分类下的较高教育水平消费者的参与意向相对较高，但差异并不显著。

那么，如果希望找到提升消费者逆向物流参与意向的主要因素，我们从内驱力及外部情境因素 2 个方面展开。

2. 消费者内驱力作用下逆向物流参与意向的影响因素分析

根据计划行为理论，我们的行为大多时候是被行为意向驱动着的，这属于内驱力作用。消费者逆向物流参与意向对应的内驱力，也随之分为行为态度、行为动机、知觉行为控制、主观规范 4 个方面。

行为态度指个体在参与某项活动时所产生的喜欢和厌恶的情绪表现。这里的行为态度表示的是消费者对废旧产品及部件回收逆向物流参与这一行为的积极或消极评价的态度，主要反映了消费者对生态环境效益、社会效益所持的个人态度，以及自身的效率意识和环保意识。

行为动机产生的前提是个人存在着特定需求，这种需求促使其某种接触行为的产生，从而使个人需求得到满足。行为动机是主观动机、客观推动力和媒介因素共同组合的结果。本案例主要指受经济利益等因素驱动而参与废旧产品及部件回收逆向物流的评价。

知觉行为控制主要指在操作某行为时个人体验到的难易程度及这种体验带来的积极或消极的影响。本案例研究的知觉行为控制主要包括消费者针对逆向物流参与难易程度的判断，以及随之产生的行为意向。

主观规范表示的是消费者对废旧产品及部件回收逆向物流参与这一行为所受到的社会责任感、群体及道德压力下的意向和感受。

为了分析消费者内驱力作用下的逆向物流参与意向，问卷收集消费者在行为态度、行为动机、知觉行为控制、主观规范这 4 个方面对应正向描述的同意程度，题项描述参考利克特量表，分为"非常不同意""不同意""一般""同意"及"非常同意"5级。

为简化分析起见，只列出针对这4个方面的"性别-年龄-教育"三因素方差分析，如表4-17所示。

表4-17 消费者内驱力作用下逆向物流参与意向多因素方差分析表

	误差来源	平方和（SS）	自由度（df）	均方（MS）	F值	P值
行为态度	修正的模型	60.729	28	2.169	2.745	0.000
	截距	945.773	1	945.773	1 197.135	0.000
	性别	1.312	1	1.312	1.661	0.199
	年龄	3.447	3	1.149	1.454	0.228
	教育程度	9.782	3	3.261	4.127	0.007
	性别×年龄	12.870	3	4.290	5.430	0.001
	性别×教育	14.317	3	4.772	6.041	0.001
	年龄×教育	6.695	8	0.837	1.059	0.392
	性别×年龄×教育	11.594	7	1.656	2.096	0.045
	误差	194.348	246	0.790		
	总计	4 473.000	275			
	校正后总数	255.076	274			
主观规范	修正的模型	36.987[a]	28	1.321	1.530	0.048
	截距	995.428	1	995.428	1 153.002	0.000
	性别	3.128	1	3.128	3.623	0.058
	年龄	3.734	3	1.245	1.442	0.231
	教育程度	2.403	3	0.801	.928	0.428
	性别×年龄	5.969	3	1.990	2.305	0.077
	性别×教育	5.800	3	1.933	2.240	0.084
	年龄×教育	15.751	8	1.969	2.281	0.023
	性别×年龄×教育	4.604	7	0.658	0.762	0.620
	误差	212.381	246	0.863		
	总计	3 835.000	275			
	校正后总数	249.367	274			
知觉行为控制	修正的模型	34.077[a]	28	1.217	1.099	0.340
	截距	984.350	1	984.350	889.130	0.000
	性别	.132	1	0.132	0.120	0.730
	年龄	1.216	3	0.405	0.366	0.778
	教育程度	5.711	3	1.904	1.719	0.164
	性别×年龄	1.942	3	0.647	0.585	0.626
	性别×教育	2.584	3	0.861	0.778	0.507
	年龄×教育	10.774	8	1.347	1.216	0.290
	性别×年龄×教育	0.959	7	0.137	0.124	0.997
	误差	272.345	246	1.107		
	总计	3 742.000	275			
	校正后总数	306.422	274			

续表

	误差来源	平方和（SS）	自由度（df）	均方（MS）	F 值	P 值
行为动机	修正的模型	23.988[a]	28	0.857	0.951	0.541
	截距	1 025.871	1	1 025.871	1 138.577	0.000
	性别	0.009	1	0.009	0.010	0.920
	年龄	0.773	3	0.258	0.286	0.835
	教育程度	0.476	3	0.159	0.176	0.913
	性别×年龄	2.134	3	0.711	0.789	0.501
	性别×教育	5.700	3	1.900	2.109	0.100
	年龄×教育	7.008	8	0.876	0.972	0.458
	性别×年龄×教育	5.401	7	0.772	0.856	0.542
	误差	221.649	246	0.901		
	总计	4 141.000	275			
	校正后总数	245.636	274			

由表 4-17 可以看出，针对消费者参与逆向物流意向这一问题，性别、年龄阶段及教育程度在内驱力各方面的作用各有不同。教育程度因素在行为态度方面呈现了显著差异，说明教育程度对消费者自身的效率意识和环保意识有显著影响。与此同时，教育程度还与性别双因素，以及与性别、年龄多因素产生交互作用，其对消费者参与逆向物流内驱力的影响相对显著且复杂，可以展开深入研究。另外，年龄与教育程度双因素在消费者参与逆向物流的主观规范方面产生了交互作用，即二者交互作用下，消费者社会责任感、群体及道德压力下的感受呈现了显著差异。在知觉行为控制和行为动机方面，以上 3 种因素及其交互作用之间都不显著，表明各类消费者在基于逆向物流参与难易程度的判断，以及随之产生的行为意向和经济利益驱动参与等方面没有显著差异。

3. 消费者外部情境作用下逆向物流参与意向的影响因素分析

与消费者逆向物流参与相关的外部情境因素分为国家政策、服务体系、基础设施和宣传力度 4 个方面，为了分析消费者在外部情境作用下的逆向物流参与意向，问卷收集消费者在这 4 个方面对应正向描述的同意程度，题项描述依然参考利克特量表，分为"非常不同意""不同意""一般""同意"及"非常同意"5 级。

列出针对这 4 个方面的"性别-年龄-教育"三因素方差分析如表 4-18 所示。

表 4-18　消费者外部情境作用下逆向物流参与意向多因素方差分析表

	误差来源	平方和（SS）	自由度（df）	均方（MS）	F 值	P 值
国家政策	修正的模型	30.311	28	1.083	1.128	0.306
	截距	928.941	1	928.941	968.176	0.000
	性别	0.082	1	0.082	0.086	0.770
	年龄	10.600	3	3.533	3.683	0.013
	教育程度	3.509	3	1.170	1.219	0.303
	性别×年龄	4.013	3	1.338	1.394	0.245
	性别×教育	0.207	3	0.069	0.072	0.975
	年龄×教育	6.340	8	0.792	0.826	0.580

续表

	误差来源	平方和（SS）	自由度（df）	均方（MS）	F 值	P 值
国家政策	性别×年龄×教育	6.193	7	0.885	0.922	0.490
	误差	236.031	246	0.959		
	总计	4 020.000	275			
	校正后总数	266.342	274			
服务体系	修正的模型	30.093ᵃ	28	1.075	1.573	0.038
	截距	1 014.000	1	1 014.000	1 484.001	0.000
	性别	0.578	1	0.578	0.845	0.359
	年龄	5.840	3	1.947	2.849	0.038
	教育程度	0.726	3	0.242	0.354	0.786
	性别×年龄	4.949	3	1.650	2.414	0.067
	性别×教育	4.275	3	1.425	2.085	0.103
	年龄×教育	12.668	8	1.584	2.317	0.021
	性别×年龄×教育	6.243	7	0.892	1.305	0.248
	误差	168.089	246	0.683		
	总计	4 284.000	275			
	校正后总数	198.182	274			
基础设施	修正的模型	34.810ᵃ	28	1.243	1.673	0.022
	截距	1 009.612	1	1 009.612	1 358.471	0.000
	性别	1.658	1	1.658	2.231	0.137
	年龄	6.189	3	2.063	2.776	0.042
	教育程度	0.259	3	0.086	0.116	0.950
	性别×年龄	2.382	3	0.794	1.068	0.363
	性别×教育	8.399	3	2.800	3.767	0.011
	年龄×教育	9.322	8	1.165	1.568	0.135
	性别×年龄×教育	7.749	7	1.107	1.490	0.171
	误差	182.827	246	0.743		
	总计	4 265.000	275			
	校正后总数	217.636	274			
宣传力度	修正的模型	28.280ᵃ	28	1.010	1.560	0.041
	截距	1 059.187	1	1 059.187	1 635.604	0.000
	性别	0.006	1	0.006	0.010	0.920
	年龄	1.736	3	0.579	0.894	0.445
	教育程度	3.727	3	1.242	1.919	0.127
	性别×年龄	1.714	3	0.571	0.882	0.451
	性别×教育	2.067	3	0.689	1.064	0.365
	年龄×教育	8.277	8	1.035	1.598	0.126
	性别×年龄×教育	7.663	7	1.095	1.690	0.112
	误差	159.305	246	0.648		
	总计	4 258.000	275			
	校正后总数	187.585	274			

由表 4-18 可以看出，针对消费者参与逆向物流意向这一问题，性别、年龄阶段及教育程度在响应外部环境各方面亦略有不同，年龄因素在国家政策、服务体系、基础设施这 3 个方面都呈现了显著的影响力，教育因素也通过交互作用体现了它的影响力，相对来说，性别因素产生的影响较小。

4.3.5　问题延伸

要进一步分析内外部影响因素对消费者逆向物流参与意向及最终回收行为的影响，可以在前期分析的基础上搭建结构方程模型（structural equation model，SEM），如图 4-11 所示。

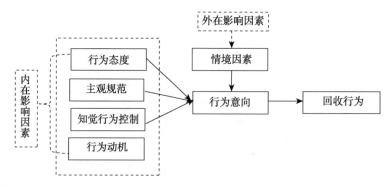

图 4-11　消费者逆向物流参与行为意向结构方程理论模型

读者如果有兴趣，可以参考结构方程模型的相关步骤进一步展开拓展分析，这里简单给出本案例的分析结果。

在本案例所探讨的内在影响因素构成中，行为态度、主观规范以及知觉行为控制与行为意向之间存在着显著的相关关系；而行为动机与行为意向之间则未展现出相关性。其中，行为态度占据主导地位，成为主要影响因素。具体而言，如果消费者对参与逆向物流的行为持有积极评价，这将最大程度地提升其参与回收活动的意愿；反之， 如果消费者持消极的评价态度，其参与回收的意愿就会降低。因此，努力改进或维持消费者的积极评价态度意义重大。在影响行为意向的因素中，主观规范仅次于行为态度，这里主要包括社会责任感给回收主体带来的影响，提升回收的社会责任感宣传也有助于提高消费者参与回收活动的积极性。知觉行为控制对行为意向也有一定影响，消费者感知到回收参与的便利程度会改善其参与意愿。

国家政策、服务体系、基础设施和宣传力度这些外部情境因素对行为意向有显著影响。相对于行为态度、主观规范和知觉行为控制等主观因素，情境因素属于客观因素，消费者参与平台回收的行为除了受自身回收意识、环保意识等主观方面的影响，国家政策、宣传力度等方面也影响着其参与意愿。

我们明确了内驱力影响因素中有 3 个因子与消费者的参与意向正相关。所以，我们需要尽量满足消费者的主观规范、知觉行为控制，努力转变消费者对参与逆向物流的行为态度，从而增强消费者参与的积极性。另外，由于外部情境因素与参与意向也是显著正相关，说明相关国家政策越完善，消费者对其了解程度越深刻，以及对逆向物流参与行为的认知度越高，参与意向及实施回收行为的可能性越大。

针对这一问题，你有没有其他的延伸思考？请积极思考并实践。

◆　**实践训练**

1. 为了分析改革开放以来我国经济发展取得的成效，我们收集了《中国统计年鉴》2000年、2008 年及 2018 年地区人均 GDP 相关数据（单位：万元），如表 4-19 所示。请就区域/年份展开单因素及双因素方差分析，并讨论针对人均 GDP，年份与区域的交互作用是否显著，反映了什么现状。

表 4-19　各地区人均生产总值数据①　　　　　　单位：万元

区域	地区	2000 年	2008 年	2018 年
东部	北京	2.25	6.30	14.02
	天津	1.80	5.55	12.07
	河北	0.77	2.32	4.78
	上海	3.45	7.31	13.50
	江苏	1.18	3.96	11.52
	浙江	1.35	4.22	9.86
	福建	1.16	3.01	9.12
	山东	0.96	3.31	7.63
	广东	1.29	3.76	8.64
	海南	0.69	1.72	5.20
西部	内蒙古	0.59	3.22	6.83
	广西	0.43	1.50	4.15
	重庆	0.52	1.80	6.59
	四川	0.48	1.54	4.89
	贵州	0.27	0.88	4.12
	云南	0.46	1.26	3.71
	西藏	0.46	1.39	4.34
	陕西	0.45	1.82	6.35
	甘肃	0.38	1.21	3.13
	青海	0.51	1.74	4.77
	宁夏	0.48	1.79	5.41
	新疆	0.75	1.99	4.95
中部	山西	0.51	2.04	4.53
	安徽	0.49	1.45	4.77
	江西	0.49	1.48	4.74
	河南	0.54	1.96	5.02
	湖北	0.72	1.99	6.66
	湖南	0.56	1.75	5.29
东北	辽宁	1.12	3.13	5.80
	吉林	0.68	2.35	5.56
	黑龙江	0.86	2.17	4.33

——————————

① 资料来源：国家统计局网站，www.stats.gov.cn。

2. 为了分析中国青少年学校适应能力，我们依托适应能力量表 4-20 收集了 103 份反映学生学校适应能力的问卷数据，对应部分题项数据如表 4-21 所示。

表 4-20 适应能力量表

社会适应能力分量表		反社会行为分量表	
人际交往技能	1. 大多时候能够和其他同学合作	敌对易怒	33. 在出现问题时责怪他人
	4. 能够主动帮助同学		40. 没有礼貌，不尊敬他人
	5. 有效地参加集体讨论和活动		41. 易被激怒，一点就着
	6. 理解同学的问题和需要		42. 忽略或不理睬老师
	9. 主动请别的同学参加		43. 表现出比别人优越一等
	11. 具有被同学崇拜的能力		45. 不愿意与其他同学分享
	12. 被其他同学接纳并喜欢		46. 发脾气，易怒
	15. 能够与同学达成一致意见		52. 侮辱、欺侮同伴
	19. 与许多同伴交往		53. 抱怨，发牢骚
	21. 熟练地和同学交流或加入交流		54. 与同伴争执、吵架
	22. 能发现其他同学的心理变化		55. 行为难以控制
	28. 能够表扬他人		60. 做事不可靠
	30. 被同学推选参加活动		61. 对其他同学很坏
	32. 被同伴尊重		64. 容易被激怒
自我管理技能	7. 出现问题能够保持冷静	反社会攻击	35. 对抗老师或其他学校成员
	8. 听老师的话并按老师说的去做		37. 参与打架斗殴
	10. 以适当的方式问老师问题		39. 嘲笑或捉弄同学
	17. 在许多学校情景中行为表现得好		44. 损坏学校公物
	18. 适当地请求帮助		49. 威胁同学，辱骂他人
	20. 做的事情符合别人对自己的期望		50. 诅咒或说脏话
	23. 被教师纠正时反应适当		51. 行为上具有侵犯性
	24. 生气或愤怒时能够不发脾气		56. 打扰、骚扰其他同学
	25. 适当地加入同学们正在进行的活动		57. 在学校找麻烦
	31. 有自制能力，能够自我约束		58. 破坏正在进行的活动
学业技能	2. 能顺利地在各种课堂活动之间进行转换	冲动强求	34. 将不属于自己的东西据为己有
	3. 能在座位上完成作业，不需要催促		36. 在学校作业、考试或游戏中作弊
	13. 独立完成布置的作业或任务		38. 向老师撒谎
	14. 按时完成布置的作业或任务		47. 不管其他同学的感觉和需要
	16. 遵守课堂纪律		48. 过分要求老师的注意
	26. 有良好的组织才能		59. 吹牛，夸耀自己
	27. 能够适应学校的各种要求和期待		62. 行为冲动，不经思考
	29. 在需要的时候表现果断		63. 效率低下，没有成果
			65. 强求其他同学帮忙

表 4-21　基于适应能力量表的问卷调查数据[①]

序号	性别（1 = 男，2 = 女）	年龄	1	2	…	64	65
1	1	17	2	2	…	1	1
2	2	17	4	4	…	2	1
3	2	16	4	4	…	1	1
…	…	…	…	…	…	…	…
103	1	16	4	4	…	2	1

这里适应能力量表包括社会适应能力和反社会行为 2 个分量表，共 65 项。其中，社会适应能力分量表（social competence subscale）从 3 个维度反映学生的社会能力，共 32 项：人际交往技能维度用以测量对于已建立与同伴间的积极关系和被同伴接受有重要意义的社会技能和特征，共 14 项；自我管理技能维度用以测量诸如自我控制、合作、符合学校规则和期望等行为水平，共 10 项；学业技能维度用以测量学生的学业表现和对学习任务的参与，共 8 项。反社会行为分量表（antisocial behavior subscale）从 3 个维度反映学生的反社会行为水平，共 33 项：敌对易怒维度包括自我中心、易怒、烦恼，导致被同伴拒绝，共 14 项；反社会攻击维度指公开违背学校规则和威胁或伤害他人，易发展成为行为障碍和过失行为，共 10 项；冲动强求维度反映了在学校活动中表现冲动，或对他人有过分和不适宜的需求，共 9 项。每个题目共 5 个等级，从不发生 = 1，有时发生 = 2～4（频数逐次增多）至经常发生 = 5。

请就性别与年龄因素展开针对不同分项及总适应能力的单因素及双因素方差分析。[②]

3. 为了分析我国生猪进出口贸易量的影响因素，我们收集了近两年的生猪进出口相关数据如表 4-22 所示，请选择因素设计分析思路，并阐述分析的结论。

表 4-22　生猪进出口相关数据[③]

	月份	生猪进口数量/吨	生猪出口数量/吨	畜产品价格指数/%
第三季度	201807	159 901.68	35 828.33	95.04
	201808	171 651.36	23 151.38	102.14
	201809	172 922.85	27 548.52	105.52
第四季度	201810	149 864.01	28 513.96	103.53
	201811	163 449.43	28 136.3	103.03
	201812	159 912.04	39 134.48	103.94
第一季度	201901	212 161.43	20 661.28	103.68
	201902	138 692.03	12 454.88	102.14
	201903	216 408.33	20 838.28	101.21
第二季度	201904	235 482.03	23 541.04	103.46
	201905	307 297.94	24 944.74	107.32
	201906	258 620.45	19 363.55	107.90

---

① 数据来源：中国青少年健康数据库，http://106.39.55.21:8081/younghealth/。

② 注意：（1）社会适应能力分量表通过正面指标正向反映适应能力；反社会行为分量表通过负面指标反映适应能力欠缺程度，在引入方法分析时注意区分。（2）表 4-21 与表 4-20 中题项号注意对应。

③ 数据来源：农业农村部网站，http://zdscxx.moa.gov.cn: 8080/nyb/pc/frequency.jsp。

续表

	月份	生猪进口数量/吨	生猪出口数量/吨	畜产品价格指数/%
第三季度	201907	293 948.53	15 423.08	112.90
	201908	259 094.03	15 471.87	123.54
	201909	255 836.82	15 077.92	139.75
第四季度	201910	270 195.30	12 352.54	152.81
	201911	321 343.78	13 246.72	159.64
	201912	358 948.32	18 431.64	149.18
第一季度	202001	392 368.81	7 563.49	149.37
	202002	311 521.13	9 549.27	149.44
	202003	517 131.75	12 196.43	146.15
第二季度	202004	526 439.28	14 719.72	143.21
	202005	502 799.10	13 814.32	136.30
	202006	531 243.83	13 163.78	137.46

第 5 章
回 归 分 析

想一想

➤ 改革开放 40 多年来，我国财政收入不断增长，与此同时，GDP 也保持稳步提升。那么，财政收入的增长对 GDP 有推动作用吗？二者之间存在什么关系呢？

➤ 2020 年新冠肺炎疫情期间，强大的制造业基础在我国快速战胜疫情中发挥了至关重要的作用，也为全球疫情防控提供了强大支撑。但另一方面，随着我国发展的内外部环境发生深刻变化，制造业发展步入爬坡过槛的攻坚阶段。在新发展格局下，制造业是我国迈向高收入国家的"入场券"。作为经济增长的核心驱动力，制造业的投入与产出之间是否存在显著的相关关系？资本和劳动力投入对制造业产出是否具有显著的影响？如果有影响，其贡献是否存在差异？

➤ 在经济分析中，变量之间的相关性是否一定呈现线性关系？例如，居民收入与消费支出的关系、制造业投入与产出的关系是否符合线性假设？如果符合，怎样评估线性关系之间的强弱呢？

5.1　理论基础

无论是在自然领域还是在社会经济领域，变量之间通常存在一定的联系。这种联系可以分为两大类：一类是确定的函数关系，例如，圆的面积和半径、欧姆定律中电压与电流的关系；另一类是非确定的相关关系，例如，消费和经济增长的关系。西方经济学理论告诉我们，消费能够促进经济增长，但是，1 单位的消费并不必然带来固定的经济增长率。

实际上，非确定的相关关系又可以分为两类：因果关系和非因果关系。其中因果关系描述了一个变量的变化对另一个变量产生的影响。回归分析就是用于分析变量之间因果关系的一种方法。例如，消费增加是导致经济增长的原因之一。这时可以通过回归分析方法研究两者之间的具体依存关系，即考察消费每 1 元的增加所引起的经济增长率平均变化。

回归分析的基本步骤：建立模型、参数估计、模型检验与模型应用。

5.1.1　建立模型

理论模型的建立主要包括两部分工作：选择变量和确定变量之间的数学关系。在回归模型中，变量分为两类，即解释变量和被解释变量。解释变量是"原因"，被解释变量是"结果"。

选择变量主要指确定解释变量：第一，需要正确理解和把握经济问题中暗含的经济理论和经济行为规律，这是选择解释变量的基础；第二，需要考虑数据的可得性，这是保证回归模型可以用数学方法进行求解的前提；第三，选择解释变量时需要确保每个解释变量之间的独立性，这是回归模型技术所要求的。

确定变量之间的数学关系：主要依据是经济行为理论，也可以根据变量之间的散点图，由散点图显示的变量之间的关系作为回归模型的数学形式。

5.1.2　参数估计

（1）一元线性模型。一元线性回归模型可表示为

$$y_i = \beta_0 + \beta_1 x_i + \varepsilon_i, \ i = 1, 2, \cdots, N \tag{5-1}$$

其中：y 表示被解释变量；x 表示解释变量；ε 表示随机误差项；β_0、β_1 表示模型参数，在反映 x 和 y 的经济关系，为待估参数；下脚标 i 表示样本点；N 表示样本个数。定义残差为被解释变量的实际数和估计值的差，即

$$e_i = y_i - \hat{y}_i \tag{5-2}$$

为求得模型参数的估计值，采用普通最小二乘法（ordinary least square，OLS）的核心思想是令残差的平方和达到最小值，即

$$\min \sum_{i=1}^{N} e_i^2 = \min \sum_{i=1}^{N} (y_i - \hat{\beta}_0 - \hat{\beta}_1 x_i)^2 \qquad (5\text{-}3)$$

所以，根据一阶条件可得

$$\begin{cases} \left. \dfrac{\partial Q}{\partial \beta_0} \right|_{\beta_0 = \hat{\beta}_0} = -2 \sum_{i=1}^{N} (y_i - \hat{\beta}_0 - \hat{\beta}_1 x_i)^2 = 0 \\[3mm] \left. \dfrac{\partial Q}{\partial \beta_1} \right|_{\beta_1 = \hat{\beta}_1} = -2 \sum_{i=1}^{N} (y_i - \hat{\beta}_0 - \hat{\beta}_1 x_i)^2 = 0 \end{cases} \qquad (5\text{-}4)$$

所以，参数估计值为

$$\hat{\beta}_1 = \frac{\displaystyle\sum_i (y_i - \bar{y})(x_i - \bar{x})}{\displaystyle\sum_i (x_i - \bar{x})^2} = \frac{\displaystyle\sum_i x_i y_i - n\bar{x}\bar{y}}{\displaystyle\sum_i x_i^2 - n\bar{x}^2} \qquad (5\text{-}5)$$

$$\hat{\beta}_0 = \bar{y} - \hat{\beta}_1 \bar{x}$$

因此，样本回归方程为 $\hat{y} = \hat{\beta}_0 + \hat{\beta}_1 x$。

（2）多元线性模型。多元线性回归模型可表示为

$$y_i = \beta_0 + \beta_1 x_{1i} + \beta_2 x_{2i} + \cdots + \beta_k x_{ki} + \varepsilon_i, i = 1, 2, \cdots, N \qquad (5\text{-}6)$$

类似地，为求得模型参数的估计值，OLS 的思想是令残差的平方和取最小值，即

$$\min \sum_{i=1}^{N} e_i^2 = \min \sum_{i=1}^{N} (y_i - \hat{\beta}_0 - \hat{\beta}_1 x_{1i} - \cdots - \hat{\beta}_k x_{ki})^2 \qquad (5\text{-}7)$$

参数估计的结果可以表示为

$$\hat{\boldsymbol{B}} = (\boldsymbol{X}'\boldsymbol{X})^{-1} \boldsymbol{X}'\boldsymbol{Y} \qquad (5\text{-}8)$$

其中：$\boldsymbol{X}$ 表示解释变量矩阵；$\boldsymbol{Y}$ 表示被解释变量矩阵；$\hat{\boldsymbol{B}}$ 表示参数估计向量；定义如下：

$$\boldsymbol{X} = \begin{bmatrix} 1, & x_{11}, & x_{21}, & \cdots, & x_{k1} \\ 1, & x_{12}, & x_{22}, & \cdots, & x_{k2} \\ \vdots & \vdots & \vdots & & \vdots \\ 1, & x_{1n}, & x_{2n}, & \cdots, & x_{kn} \end{bmatrix}; \quad \boldsymbol{Y} = \begin{bmatrix} y_1 \\ y_2 \\ \vdots \\ y_n \end{bmatrix}; \quad \hat{\boldsymbol{B}} = \begin{bmatrix} \hat{\beta}_0 \\ \hat{\beta}_1 \\ \vdots \\ \hat{\beta}_k \end{bmatrix}$$

5.1.3 模型检验

一般来说，回归模型的检验包括经济意义检验、统计意义检验和计量意义检验。

1. 经济意义检验

经济意义检验主要检验回归参数估计量在经济意义上的合理性，包括对系数大小、符号及相互关系的检验。经济意义不合理，也就意味着模型没有价值。

2. 统计意义检验

统计意义检验的目的在于检验回归模型的统计性质。回归分析是要通过样本所估计的参数来代替总体的真实参数，或者说是用样本回归线代替总体回归线。但在一次抽样中，

估计值不一定等于真实值。因此需进一步进行统计意义检验，确定参数估计值与真实值差异是否显著。主要包括拟合优度、方程显著性和变量显著性检验。

（1）拟合优度检验（R^2）。拟合优度检验是对样本回归直线与样本观测值之间拟合程度的检验。

y 的观测值围绕其均值的总离差（total variation）可分解为 2 部分：一部分来自回归线（RSS），另一部分则来自随机势力（ESS），TSS=ESS+RSS。在给定样本中，TSS 不变，实际观测点离样本回归线越近，则 RSS 在 TSS 中占的比重越大，因此：

$$R^2 = \frac{\text{RSS}}{\text{TSS}} = \frac{\sum (\hat{y} - \overline{y})^2}{\sum (y - \overline{y})^2}$$

（2）方程的显著性检验（F 检验）。方程的显著性检验，旨在对模型中被解释变量与解释变量之间的线性关系在总体上是否显著成立做出推断，即检验模型中的参数 β_i 是否同时为 0。

第一步，提出假设。H_0：$\beta_0 = \beta_1 = \cdots = 0$。$H_1$：至少有一个 $\beta_i \neq 0$。$i = 0, 1, \cdots, k$。

第二步，构造统计量：$F = \dfrac{\text{RSS}/k}{\text{ESS}/(n-k-1)} \sim F(k, n-k-1)$。

第三步，在给定 α 时，查临界值 $F_\alpha(k, n-k-1)$。

第四步，判断：如果统计量的值大于临界值，则拒绝原假设，否则原假设成立。

（3）变量的显著性检验（t 检验）

变量的显著性检验就是判断单个的解释变量 x 是否对 y 具有显著的线性影响，通过检验变量的参数真值是否为零来实现显著性检验，所构造的统计量服从 t 分布，所以也称为 t 检验。

第一步，提出假设。H_0：$\beta_i = 0$。H_1：$\beta_i \neq 0$。$i = 0, 1$。

第二步，构造统计量：$T = \dfrac{\hat{\beta}_i}{S_{\hat{\beta}_i}} \sim t(n-2)$。

第三步，在给定 α 时，查临界值 $t_{\alpha/2}(n-2)$。

第四步，判断 $|T|$ 与 $t_{\alpha/2}(n-2)$ 的大小关系：若 $|T| > t_{\alpha/2}(n-2)$，则 H_0 不成立；若 $|T| \leqslant t_{\alpha/2}(n-2)$，则 H_0 成立。

3. 计量意义检验

计量意义检验的目的在于检验回归模型的计量经济学性质，最主要的检验就是检验模型是否满足假设条件，如自相关、异方差、多重共线性检验。

5.1.4 模型应用

回归模型的应用主要包括结构分析、经济预测、政策评价、检验与发展经济理论。结构分析是对经济现象之间相互关系的研究，研究一个变量的变化对于其他变量产生的影响效应。回归模型作为一种量化的经济数学模型，是从经济预测发展起来的，以模拟历史，从已经发生的经济活动中找出变化规律为主要目的。回归模型可以起到"经济政策实验室"的作用，将经济目标作为被解释变量、经济政策作为解释变量，可以便捷评估各种经济政策的有效性。实践是检验真理的唯一标准。任何经济理论，只有解释了已经发生的事实，才有价值。回归模型提供了一种很好的检验经济理论的方法。如果回归模型能够很好地拟合样本数据，而样本数据反映的是过去发生的事实，那么，这样的模型可以视为对理论的一种客观再现。

5.2 改革开放 40 多年财政收入增长的原因

5.2.1 案例背景

改革开放 40 多年来，随着经济体制的改革深化和经济的快速增长，中央及各地方的财政收入发生了很大的变化，以江苏为例，1978 年为 61.09 亿元，2017 年为 21 125.77 亿元，期间增长 345 倍。在众多影响财政收入增长的因素中，经济总体增长作为宏观经济的重要指标之一，是导致财政增收的主要原因。然而，经济增长对财政收入增长的量化影响并非一成不变，不同国家和地区呈现出显著差异。这种复杂的关联关系可以通过回归模型进行定量分析，以揭示其内在规律。

5.2.2 研究目的

研究财政收入增长的原因，分析财政收入增长的规律，预测财政收入增长的趋势。

5.2.3 数据文件

1978—2017 年江苏省财政收入与总产出的数据，如表 5-1 所示。

表 5-1 1978—2017 年江苏省财政收入与总产出

年份	总产出/亿元	财政收入/亿元	年份	总产出/亿元	财政收入/亿元
1978	566.85	61.09	1988	3 409.56	117.96
1979	661.26	59.28	1989	3 839.67	126.39
1980	750.12	62.45	1990	4 208.23	136.20
1981	816.27	63.04	1991	4 820.22	143.29
1982	897.85	66.61	1992	6 862.87	152.31
1983	1 014.55	73.63	1993	10 215.27	221.30
1984	1 239.44	76.28	1994	14 163.89	293.41
1985	1 642.7	89.00	1995	17 699.96	350.08
1986	1 960.44	98.73	1996	20 304.53	427.99
1987	2 472.22	107.17	1997	22 314.78	512.93

续表

年份	总产出/亿元	财政收入/亿元	年份	总产出/亿元	财政收入/亿元
1998	23 433.26	579.90	2008	99 913.51	7 109.72
1999	24 578.4	680.23	2009	108 291.6	8 404.99
2000	27 034.8	865.00	2010	128 492.5	11 743.22
2001	29 832.61	1 064.99	2011	158 022.9	14 119.85
2002	32 550.33	1 483.68	2012	171 669.5	14 843.89
2003	38 729.25	1 968.92	2013	185 260.5	17 328.80
2004	47 091.85	2 216.41	2014	201 974.2	18 201.33
2005	56 907.46	3 124.83	2015	219 064.4	17 841.60
2006	67 931.48	3 935.87	2016	235 266	19 464.48
2007	84 109.98	5 591.29	2017	259 205.3	21 125.77

注：所有数据来源于《江苏统计年鉴（2019 年）》。

5.2.4 步骤分析

1. 建立模型

（1）确定变量。经济决定财政，财政收入的增长来源于经济发展。但是财政收入增幅的变化与 GDP 增幅的变化并不一定完全同步。因为财政收入，如税收部分还受到诸如税率、税基和税收征管等因素的影响。因此，从总体上看，财政收入增长与 GDP 增长之间存在关联，但并不是简单的线性对应关系。本着抓主要矛盾的原则，在下文分析财政收入影响因素时，选取江苏省财政收入（Y）作为被解释变量，经济的总产出（X）作为解释变量。

（2）确定函数的形式。做散点图用于反映财政收入和经济增加之间的关系。在计算经济学软件包（Econometrics Views, EViews）中的操作步骤如下。

建立工作文件和序列。选择 EViews 主菜单 File/New/Workfile，进而在文件创建对话框中做如图 5-1 的设置。

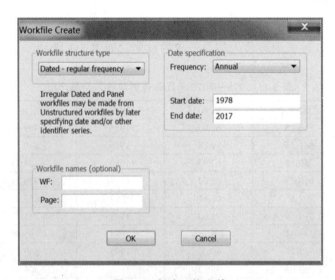

图 5-1 创建工作文件

确定后，在命令窗口输入 data x y 并回车，建立 2 个序列，分别输入 x、y 的数值（图 5-2）。

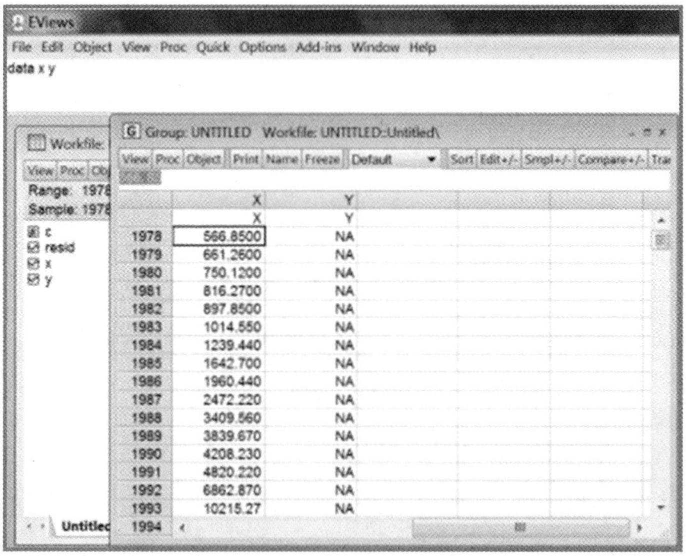

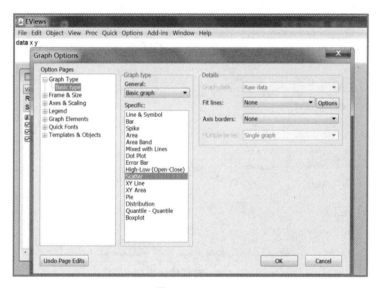

图 5-2 建立序列

依次单击 View—Graph—Scatter 按钮（图 5-3）。

图 5-3 Graph

结果，Y-X 的散点图如 5-4 所示。

从图 5-4 散点图可以看出，财政收入随着经济的增加，近乎线性增加，所以，可用线性函数拟合 Y 和 X，建立一元线性模型：

$$Y_t = \beta_0 + \beta_1 X_t + \varepsilon_t$$

其中：Y 表示财政收入；X 表示总产出；ε 为模型的随机误差项；t 表示年份。

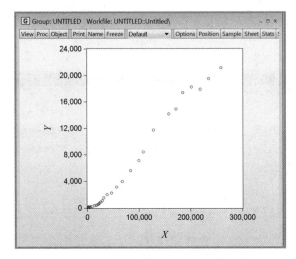

图 5-4　总产出 *X*-财政收入 *Y* 的散点图

2. 参数估计

我们用 OLS 估计上述模型，依次单击 Proc—Make equation，在方程估计窗口输入 *y*、*x*、*c*，其中，*y* 为被解释变量，放在最前面，随后是解释变量 *x* 和 *c*，*c* 表示截距项，如图 5-5 所示。

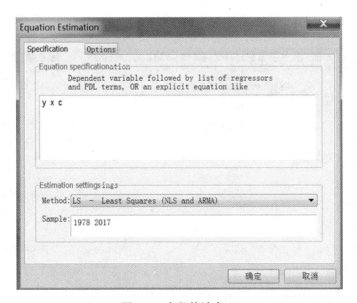

图 5-5　方程估计窗口

结果如图 5-6 所示。

因此，样本回归方程可以表示为

$$\hat{Y} = -683.56 + 0.08X$$

$$[163.95]\quad[0.0017]$$

$$(-4.16)\quad(50.63)$$

方括号"[ ]"中为参数估计量的样本标准差，圆括号"( )"中为参数估计量的 *t* 统计量值。

Equation: UNTITLED Workfile: UNTITLED::Untitled\

View | Proc | Object | Print | Name | Freeze | Estimate | Forecast | Stats | Resids

Dependent Variable: Y
Method: Least Squares
Date: 08/25/20 Time: 14:58
Sample: 1978 2017
Included observations: 40

Variable	Coefficient	Std. Error	t-Statistic	Prob.
X	0.087217	0.001722	50.63637	0.0000
C	-683.5624	163.9572	-4.169150	0.0002

R-squared	0.985396	Mean dependent var	4373.348
Adjusted R-squared	0.985012	S.D. dependent var	6717.501
S.E. of regression	822.3997	Akaike info criterion	16.31104
Sum squared resid	25700966	Schwarz criterion	16.39548
Log likelihood	-324.2207	Hannan-Quinn criter.	16.34157
F-statistic	2564.042	Durbin-Watson stat	0.364793
Prob(F-statistic)	0.000000		

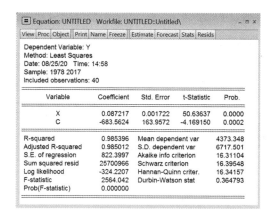

图 5-6 财政收入 Y-总产出 X 的回归结果

3. 模型检验

（1）经济意义检验

$\hat{\beta}_1$=0.087，系数为正意味着总产出的增加导致财政收入也增加，即财政收入与总产出呈正比例关系，而且总产出每增加 1 元将导致税收平均增加 0.087 元，符合经济理论。

（2）统计意义检验

模型的拟合优度等于 0.98，即经济总产出对财政收入变化的解释率为 98%。显著的拟合优度意味着经济增长是财政收入增加的核心影响因素。从 t 统计量看，$t_{\hat{\beta}_1}$=50.63，这表明 β_1 等于 0 的概率几乎为 0，所以，总产出是显著的影响因素。F 统计量等于 2 564，模型中所有系数为 0 的概率几乎为 0，所以，模型总体上高度显著。

（3）计量意义的检验

德宾–沃森检验（Durbin–Watson test）的值等于 0.36，这意味着模型存在自相关，且为正自相关。采用一阶差分方法消除自相关：

$$\mathrm{d}Y_t = \beta_0 + \beta_1 \mathrm{d}X_t + \varepsilon_t$$

其中：$\mathrm{d}Y_t = Y_t - Y_{t-1}$ 表示财政收入的变化；$\mathrm{d}X_t = X_t - X_{t-1}$ 表示总产出的变化；ε 为模型的随机误差项；t 表示年份。模型的估计结果如图 5-7 所示。

Equation: UNTITLED Workfile: UNTITLED::Untitled\

View | Proc | Object | Print | Name | Freeze | Estimate | Forecast | Stats | Resids

Dependent Variable: DY
Method: Least Squares
Date: 08/25/20 Time: 15:01
Sample (adjusted): 1979 2017
Included observations: 39 after adjustments

Variable	Coefficient	Std. Error	t-Statistic	Prob.
DX	0.087571	0.010395	8.424755	0.0000
C	-40.63218	105.8741	-0.383778	0.7033

R-squared	0.657333	Mean dependent var	540.1200
Adjusted R-squared	0.648072	S.D. dependent var	845.9315
S.E. of regression	501.8367	Akaike info criterion	15.32435
Sum squared resid	9318082.	Schwarz criterion	15.40966
Log likelihood	-296.8248	Hannan-Quinn criter.	15.35496
F-statistic	70.97650	Durbin-Watson stat	1.951678
Prob(F-statistic)	0.000000		

图 5-7 一阶差分的回归结果

$t_{\hat{\beta}_1}$ =8.42，这表明 dX 显著影响 dY，F 统计量等于 70.97，模型总体上依然显著，拟合优度达 0.65。与此同时，德宾–沃森统计量为 1.95，接近理想值 2，这表明模型残差项不存在自相关性。

4. 模型预测

假设 2018 年江苏省总产出为 276 572 亿元，使用上述实验得到的模型，则可预测 2018 年的财政收入为 21 442 亿元。

5.2.5 问题延伸

请思考以下问题。

（1）采用 OLS，已经保证了模型最好地拟合样本观测值，为什么还要检验拟合程度？

（2）除了总产出是财政收入增长的原因，还有哪些因素也可能会影响财政收入的变化？

5.3 改革开放后中国制造业投入与产出分析

5.3.1 案例背景

自改革开放以来，中国制造业实现了突飞猛进的发展，"中国制造"成为中国走向世界的名片之一，被誉为"世界工厂""世界制造中心"。然而，我们也需要清醒认识到，中国作为一个新兴发展中国家，在制造业领域的技术水平以及投入产出方面均与欧美日等发达国家仍存在显著差距。因此，深入研究中国制造业企业的投入产出关系，对于提升我国制造业水平意义重大。

5.3.2 研究目的

建立并估计我国制造业企业生产函数，用以反映资本投入、劳动投入对制造业产出的影响效应，计算资本和劳动的弹性系数，解决多重共线性问题。

5.3.3 数据文件

表 5-2 列出了 2010 年中国制造业各行业的总产出及要素投入。

表 5-2 2010 年中国制造业各行业的总产出及要素投入

编号	行　　业	产出/亿元	资本/亿元	劳动/万人
1	煤炭开采和洗选业	22 109.3	21 785.1	527.2
2	石油和天然气开采业	9 917.8	12 904.0	106.1
3	黑色金属矿采选业	5 999.3	4 182.5	67.0

续表

编号	行　　业	产出/亿元	资本/亿元	劳动/万人
4	有色金属矿采选业	3 799.4	2 317.5	55.4
5	非金属矿采选业	3 093.5	1 424.4	56.5
6	农副食品加工业	34 928.1	14 373.1	369.0
7	食品制造业	11 350.6	6 113.6	175.9
8	饮料制造业	9 152.6	6 527.0	130.0
9	烟草制品业	5 842.5	4 569.6	21.1
10	纺织业	28 507.9	16 253.0	647.3
11	纺织服装、鞋、帽制造业	12 331.2	6 044.7	447.0
12	皮革、毛皮、羽毛（绒）及其制品业	7 897.5	3 410.6	276.4
13	木材加工及木、竹、藤、棕、草制品业	7 393.2	3 037.7	142.3
14	家具制造业	4 414.8	2 261.3	111.7
15	造纸及纸制品业	10 434.1	7 949.1	157.9
16	印刷业和记录媒介的复制	3 562.9	2 801.6	85.1
17	文教体育用品制造业	3 135.4	1 602.1	128.1
18	石油加工、炼焦及核燃料加工业	29 238.8	13 360.6	92.2
19	化学原料及化学制品制造业	47 920.0	31 948.6	474.1
20	医药制造业	11 741.3	9 017.0	173.2
21	化学纤维制造业	4 954.0	3 526.1	43.9
22	橡胶制品业	5 906.7	3 595.5	102.9
23	塑料制品业	13 872.2	8 033.2	283.3
24	非金属矿物制品业	32 057.3	21 490.5	544.6
25	黑色金属冶炼及压延加工业	51 833.6	37 101.9	345.6
26	有色金属冶炼及压延加工业	28 119.0	16 992.7	191.6
27	金属制品业	20 134.6	11 477.4	344.6
28	通用设备制造业	35 132.7	24 005.6	539.4
29	专用设备制造业	21 561.8	16 879.4	334.2
30	交通运输设备制造业	55 452.6	40 224.8	573.7
31	电气机械及器材制造业	43 344.4	27 454.8	604.3
32	通信设备、计算机及其他电子设备制造业	54 970.7	34 005.4	772.8
33	仪器仪表及文化、办公用机械制造业	6 399.1	4 565.8	124.9
34	工艺品及其他制造业	5 662.7	2 904.5	140.4
35	废弃资源和废旧材料回收加工业	2 306.1	829.8	13.9
36	电力、热力的生产和供应业	40 550.8	58 989.3	275.6
37	燃气生产和供应业	2 393.4	2 263.8	19.0
38	水的生产和供应业	1 137.1	4 207.7	45.9

资料来源：根据《中国统计年鉴 2011》整理。

5.3.4　步骤分析

1. 建立模型

（1）确定变量：因为要研究制造业产出的影响因素，所以被解释变量为产出，记为 Y。

在经济学理论中，柯布-道格拉斯生产函数是经济学中使用最广泛的一种生产函数形式。该函数认为，决定产出水平的主要因素是投入的劳动力数、固定资产和综合技术水平（包括经营管理水平、劳动力素质、先进技术等）。其数学形式为 $Y = AK^{\alpha}L^{\beta}$。因此，我们将解释变量选定为资本 K 和劳动 L。

（2）确定函数的形式。柯布-道格拉斯生产函数中描述的变量 Y 和 K、L 并非线性关系，因此我们对柯布-道格拉斯生产函数取对数，将其转化为线性关系，如下所示：

$$\ln Y = \ln A + \alpha \ln K + \beta \ln L$$

在该理论模型的基础上，可建立对数回归模型：

$$\ln Y_i = \ln A + \alpha \ln K_i + \beta \ln L_i + \varepsilon_i$$

此时，α、β 分别表示资本和劳动弹性系数。

另外，从图 5-8、图 5-9 的散点图看，$\ln Y$ 和 $\ln L$、$\ln Y$ 和 $\ln K$ 的线性趋势比较明显，因此，我们可以采取对数线性回归模型估计生产函数。

2. 参数估计

我们用 OLS 估计上述模型，结果如图 5-10 所示。

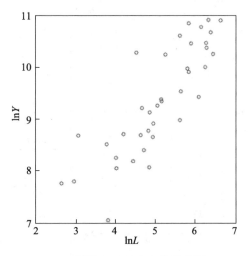

图 5-8　$\ln Y$-$\ln L$ 的散点图

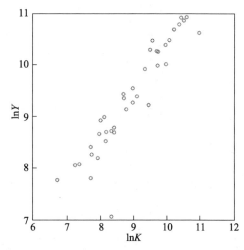

图 5-9　$\ln Y$-$\ln K$ 的散点图

Equation: UNTITLED　Workfile: UNTITLED::Untitled\				
View Proc Object Print Name Freeze Estimate Forecast Stats Resids				
Dependent Variable: LNY				
Method: Least Squares				
Date: 08/25/20　Time: 15:05				
Sample: 1 38				
Included observations: 38				
Variable	Coefficient	Std. Error	t-Statistic	Prob.
LNK	0.682441	0.085930	7.941858	0.0000
LNL	0.294165	0.088451	3.325738	0.0021
C	1.742273	0.511064	3.409110	0.0017
R-squared	0.891203	Mean dependent var		9.349870
Adjusted R-squared	0.884986	S.D. dependent var		1.045036
S.E. of regression	0.354411	Akaike info criterion		0.838937
Sum squared resid	4.396247	Schwarz criterion		0.968220
Log likelihood	-12.93980	Hannan-Quinn criter.		0.884935
F-statistic	143.3496	Durbin-Watson stat		1.266313
Prob(F-statistic)	0.000000			

图 5-10　制造业产出的估计结果

因此，样本回归线方程为

$$\ln Y_i = 1.74 + 0.68 \ln K_i + 0.29 \ln L_i$$

Se: (0.51)　　(0.085)　　(0.088)

t:　(3.40)　　(7.94)　　(3.32)

3. 模型检验

（1）经济意义检验。$\hat{\alpha} = 0.68$，系数符号为正，意味着资本投入的增加带来产出的增加，资本的产出弹性系数为 0.68，即资本投入每增加 1%，导致产出增加 0.68%。$\hat{\beta} = 0.29$，系数符号为正，意味着劳动投入的增加也带来产出的增加，劳动的产出弹性系数为 0.29，即劳动投入每增加 1%，导致产出增加 0.29%。劳动的产出弹性系数小于资本的产出弹性系数，但是，$\hat{\alpha} + \hat{\beta} = 0.68 + 0.29 = 0.97$，近似于 1，这意味着规模报酬不变。

（2）统计意义检验。3 个系数的 *t* 检验值分别为 3.40、7.94 和 3.32，而且对应的伴随概率均接近于 0，因此，可以认为这 3 个系数的理论值显著异于 0。所以，资本和劳动是影响产出的显著因素。从模型拟合优度看，调整后的拟合优度等于 0.88，说明模型拟合较好，资本和劳动这 2 个因素可以解释产出变化的 88%，意味着资本和劳动是影响制造业产出的主要原因。

（3）计量意义检验。对于截面数据来说，最可能存在多重共线性问题。在本例中，一般来说，资本投入大，劳动的投入也大，即 *K* 和 *L*（或者 ln*K* 和 ln*L*）存在相关关系。为检验线性相关程度，对 ln*K* 和 ln*L* 计算线性相关系数，结果如图 5-11 所示。

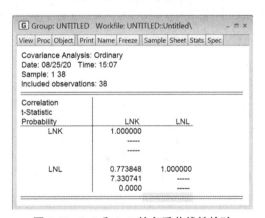

图 5-11　ln*L* 和 ln*K* 的多重共线性检验

ln*K* 和 ln*L* 的相关系数为 0.77，而且 *t* 值等于 7.33，说明存在多重共线性。

根据 OLS 估计结果可知，$\hat{\alpha} + \hat{\beta}$ 近似于 1，因此我们使用这一条件对模型做如下变化：

$$\ln Y = \ln A + \alpha \ln K + (1 - \alpha) \ln L$$

$$\ln Y = \ln A + \ln L + \alpha(\ln K - \ln L)$$

$$\ln Y - \ln L = \ln A + \alpha(\ln K - \ln L)$$

$$\ln(Y / L) = \ln A + \alpha \ln(K / L)$$

因此，可将柯布-道格拉斯生产函数转换为一元回归模型：

$$\ln(Y / L)_i = \alpha_0 + \alpha_1 \ln(K / L)_i + \varepsilon_i$$

对上式做一元回归估计，结果如图 5-12 所示。

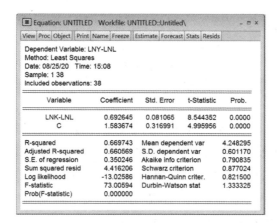

图 5-12　ln（Y/L）对 ln（K/L）的回归结果

因此，样本回归线方程为

$$\ln(Y/L)_i = 1.58 + 0.69\ln(K/L)_i$$
$$Se: \qquad (0.31) \quad (0.081)$$
$$t: \qquad (4.99) \quad (8.54)$$

这一估计结果说明，资本的产出弹性系数为 0.69，劳动的产出弹性系数为 0.31。

5.4　改革开放后中国居民收入与消费的关系

5.4.1　案例背景

改革开放以来，中国社会发生了翻天覆地的变化，尤其是近二十年，在投资、出口和消费的推动下，中国经济一直保持着快速发展。与此同时，中国城乡居民消费水平与结构也在不断地发生改变。收入对居民消费需求的影响近年来逐渐受到人们的关注。尽管在直觉上收入会对消费产生影响，但这种简单的定性描述还远远不够，因为收入与消费之间的关系包含了许多重要的政策含义，对政府制定相关的宏观经济政策有着重要的指导作用。因此，人们需要了解二者之间的定量关系，需进行实证检验。

5.4.2　研究目的

从总体上考察中国居民收入与消费的关系，建立居民消费总量模型，定量分析收入增长对消费的影响效应。

5.4.3　数据文件

表 5-3 给出了中国改革开放后 1980—2017 年的 GDP 和消费的年度数据。

表 5-3　1980—2017 年 GDP 与消费

年份	GDP（支出法国内生产总值）	CONS（消费）	年份	GDP（支出法国内生产总值）	CONS（消费）
1980	4 593	2 331	1999	91 125	41 920
1981	5 009	2 628	2000	98 749	45 855
1982	5 590	2 903	2001	109 029	49 436
1983	6 216	3 231	2002	120 476	53 057
1984	7 362	3 742	2003	136 613	57 650
1985	9 077	4 687	2004	160 957	65 219
1986	10 509	5 302	2005	187 423	72 959
1987	12 277	6 126	2006	222 713	82 576
1988	15 389	7 868	2007	266 599	96 333
1989	17 311	8 813	2008	315 975	111 670
1990	19 348	9 451	2009	348 775	123 584
1991	22 577	10 731	2010	402 816	140 759
1992	27 565	13 000	2011	472 619	168 957
1993	36 938	16 412	2012	529 399	190 585
1994	50 217	21 844	2013	586 673	212 188
1995	63 217	28 370	2014	647 182	242 540
1996	74 164	33 956	2015	699 109	265 980
1997	81 659	36 922	2016	745 632	293 443
1998	86 532	39 229	2017	812 038	317 510

5.4.4　步骤分析

1. 建立模型

凯恩斯消费理论是其在 1936 年的《就业、利息和货币通论》一书中提出的：总消费是总收入的函数。这一思想用线性函数形式表示为：$CONS_t = \beta_0 + \beta_1 GDP_t$，式中 CONS 表示总消费，GDP 表示总收入（根据宏观经济理论，总收入等于总产出），下标 t 表示时期；β_0、β_1 为参数。参数 β_1 称为边际消费倾向，其值介于 0 与 1 之间。凯恩斯的这个消费函数以收入来解释消费，被称为绝对收入假说。

图 5-13 列出了消费 CONS-GDP 的散点图。从图中可以看出，CONS-GDP 之间的关系表现为线性形式。因此，可以采用线性模型的形式拟合 CONS-GDP 曲线。

2. 参数估计

我们用 OLS 估计上述模型，结果如图 5-14 所示。

因此，样本回归线方程为

$$CONS_t = 2\ 474 + 0.37 GDP_t$$

$$Se: \quad (1\ 202) \quad (0.003\ 9)$$

$$t: \quad (2.05) \quad (95.69)$$

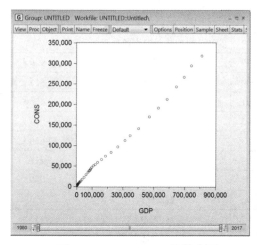

图 5-13　CONS-GDP 的散点图　　　　图 5-14　CONS 对 GDP 的回归结果

3. 模型检验

（1）经济意义检验。$\hat{\beta}_1$＝0.37，系数符号为正，即总收入的增加带来消费的增加，边际消费倾向为 0.37，收入每增加 1 元，带来消费平均增加 0.37 元。

（2）统计意义检验。截距项和斜率项系数的 t 检验值分别为 2.05 和 95.69，对应的伴随概率分别为 4% 和 0，因此，可以认为这两个系数的理论值分别在 5% 和 1% 的水平下显著异于零。所以总收入是影响消费的显著因素。从模型的拟合优度看，调整后的拟合优度为 0.99，这表明模型拟合效率较好。总收入对产出变化的解释率为 99%，说明收入是影响消费最主要的因素。

（3）计量意义检验。对于时间序列数据来说，数据间最可能存在自相关关系。在本例中，德宾–沃森检验的值为 0.21，意味着模型存在正自相关。计算模型的残差 e_t ，也可以从 e_t 和 e_{t-1} 的关系图看出明显的正自相关关系（图 5-15 中分别以 RESID、LAGRESID 代表 e_t 、e_{t-1} ）。

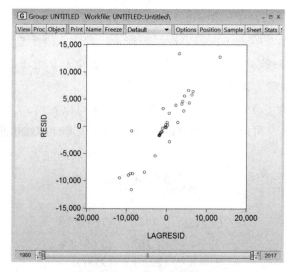

图 5-15　e_t 和 e_{t-1} 的关系

图 5-16 列出了对残差序列使用拉格朗日乘数 LM 检验评价其相关性的结果。（LM 检验必须先做回归估计。在估计之后依次单击 View—Residual Diagnostics—Serial Correlation LM test。）

$$e_t = -237.71 + 0.0019\text{GDP}_t + 1.30e_{t-1} - 0.41e_{t-1}$$
$$T \quad (-0.46) \quad (0.94) \quad (7.51)(-1.88)$$

从上述辅助回归方程的检验结果看，e_{t-1} 高度显著，由此判断模型存在正自相关。

在 EViews 下，模型的二阶广义差分的估计结果如图 5-17 所示。

图 5-17 中显示德宾–沃森检验的值等于 2.37，表明广义差分变化后的模型已经不存在正自相关。

Equation: UNTITLED Workfile: UNTITLED::Untitled\

View | Proc | Object | Print | Name | Freeze | Estimate | Forecast | Stats | Resids

Breusch-Godfrey Serial Correlation LM Test:

F-statistic	95.02992	Prob. F(2,34)	0.0000
Obs*R-squared	32.23368	Prob. Chi-Square(2)	0.0000

Test Equation:
Dependent Variable: RESID
Method: Least Squares
Date: 08/23/20 Time: 18:08
Sample: 1980 2017
Included observations: 38
Presample missing value lagged residuals set to zero.

Variable	Coefficient	Std. Error	t-Statistic	Prob.
GDP	0.001986	0.002111	0.940953	0.3534
C	-237.7147	514.9188	-0.461655	0.6473
RESID(-1)	1.304010	0.173582	7.512340	0.0000
RESID(-2)	-0.410219	0.217452	-1.886477	0.0678

R-squared	0.848255	Mean dependent var	-1.26E-11
Adjusted R-squared	0.834866	S.D. dependent var	5621.112
S.E. of regression	2284.237	Akaike info criterion	18.40475
Sum squared resid	1.77E+08	Schwarz criterion	18.57713
Log likelihood	-345.6903	Hannan-Quinn criter.	18.46608
F-statistic	63.35328	Durbin-Watson stat	2.241105
Prob(F-statistic)	0.000000		

图 5-16 拉格朗日乘数 LM 检验

Equation: UNTITLED Workfile: UNTITLED::Untitled\

View | Proc | Object | Print | Name | Freeze | Estimate | Forecast | Stats | Resids

Dependent Variable: CONS
Method: Least Squares
Date: 08/23/20 Time: 18:19
Sample (adjusted): 1982 2017
Included observations: 36 after adjustments
Convergence achieved after 11 iterations

Variable	Coefficient	Std. Error	t-Statistic	Prob.
GDP	0.375962	0.012609	29.81674	0.0000
C	2464.348	3890.152	0.633484	0.5309
AR(1)	1.369417	0.170442	8.034503	0.0000
AR(2)	-0.513456	0.210451	-2.439790	0.0204

R-squared	0.999384	Mean dependent var	80133.56
Adjusted R-squared	0.999326	S.D. dependent var	90574.28
S.E. of regression	2351.487	Akaike info criterion	18.46792
Sum squared resid	1.77E+08	Schwarz criterion	18.64387
Log likelihood	-328.4226	Hannan-Quinn criter.	18.52933
F-statistic	17298.31	Durbin-Watson stat	2.378651
Prob(F-statistic)	0.000000		

Inverted AR Roots	.68+.21i	.68-.21i

图 5-17 广义差分的估计结果

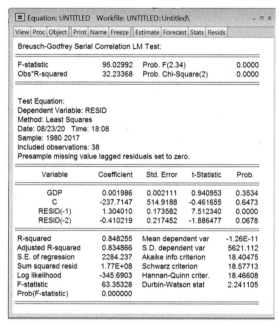

◆ **实践训练**

1. 以表 5-4 数据为例，基于 EViews 软件操作，完成以下任务。

（1）做出 Y 和 X_1、Y 和 X_2 的散点图。

（2）估计二元方程模型的参数、随机误差项的方差、标准差、（调整后的）拟合优度。

（3）请描述参数估计值的经济学含义。

（4）对方程进行 F 检验。

（5）对解释变量进行 t 检验。

（6）画出模型拟合后的残差图。

（7）如果将所有变量都取对数再做回归，解释该估计值的经济学含义。

（8）将对数模型和线性模型作比较，哪一个模型更好？为什么？

表 5-4　2013 年中国各地区城镇居民人均收入与人均消费性支出　　　　单位：元

地区	现金消费支出 Y	工资性收入 X_1	其他收入 X_2	地区	现金消费支出 Y	工资性收入 X_1	其他收入 X_2
北京	26 274.9	30 273.0	15 000.8	湖北	15 749.5	15 571.8	9 608.7
天津	21 711.9	23 231.9	12 423.7	湖南	15 887.1	13 951.4	10 691.6
河北	13 640.6	14 588.4	9 554.4	广东	24 133.3	25 286.5	11 217.5
山西	13 166.2	16 216.4	7 797.2	广西	15 417.6	15 647.8	9 381.0
内蒙古	19 249.1	18 377.9	8 600.1	海南	15 593.0	15 773.0	9 146.8
辽宁	18 029.7	15 882.0	12 022.9	重庆	17 813.9	16 654.7	10 195.7
吉林	15 932.3	14 388.3	9 155.9	四川	16 343.5	14 976.0	8 917.9
黑龙江	14 161.7	12 525.8	8 623.4	贵州	13 702.9	13 627.6	7 785.5
上海	28 155.0	33 235.4	15 643.9	云南	15 156.1	15 140.7	9 557.6
江苏	20 371.5	21 890.0	13 241.0	西藏	12 231.9	19 604.0	2 956.7
浙江	23 257.2	24 453.0	16 788.0	陕西	16 679.7	16 441.0	7 667.8
安徽	16 285.2	15 535.3	9 470.8	甘肃	14 020.7	13 329.7	6 819.3
福建	20 092.7	21 443.0	11 939.3	青海	13 539.5	14 015.6	8 115.4
江西	13 850.5	14 767.5	8 181.9	宁夏	15 321.1	15 363.9	8 402.8
山东	17 112.2	21 562.1	9 066.0	新疆	15 206.2	15 585.3	6 802.6
河南	14 822.0	14 704.2	8 982.0				

资料来源：根据《中国统计年鉴 2014》整理。

2. 以表 5-5 数据为例，基于 EViews 软件操作，完成以下任务。

（1）检验变量 Y 是否存在自相关。

（2）如果存在，使用广义差分法、一阶差分法分别修正。

表 5-5　全社会固定资产投资总额与工业总产值统计资料　　　　单位：亿元

年份	全社会固定资产投资（X）	工业增加值（Y）	年份	全社会固定资产投资（X）	工业增加值（Y）
1980	910.9	1 996.5	1983	1 430.1	2 375.6
1981	961	2 048.4	1984	1 832.9	2 789.0
1982	1 230.4	2 162.3	1985	2 543.2	3 448.7

续表

年份	全社会固定资产投资（X）	工业增加值（Y）	年份	全社会固定资产投资（X）	工业增加值（Y）
1986	3 120.6	3 967.0	2000	32 917.7	40 033.6
1987	3 791.7	4 585.8	2001	37 213.5	43 580.6
1988	4 753.8	5 777.2	2002	43 499.9	47 431.3
1989	4 410.4	6 484.0	2003	55 566.6	54 945.5
1990	4 517	6 858.0	2004	70 477.4	65 210.0
1991	5 594.5	8 087.1	2005	88 773.6	77 230.8
1992	8 080.1	10 284.5	2006	109 998.2	91 310.9
1993	13 072.3	14 188.0	2007	137 323.9	110 534.9
1994	17 042.1	19 480.7	2008	172 828.4	130 260.2
1995	20 019.3	24 950.6	2009	224 598.8	135 239.9
1996	22 913.5	29 447.6	2010	251 683.8	160 722.2
1997	24 941.1	32 921.4	2011	311 485.1	188 470.2
1998	28 406.2	34 018.4	2012	374 694.7	199 670.7
1999	29 854.7	35 861.5	2013	446 294.1	210 689.4

资料来源：根据《中国统计年鉴 2014》整理。

第 6 章
时间序列分析预测

想一想

➢ 2019 年全球新型冠状病毒肺炎疫情暴发，世界各国人民生命健康受到了严重的威胁，各国国家治理能力和治理体系受到挑战，全球经济增长停滞，但我国 GDP 仍然保持稳定增长。以 GDP 为代表的经济类数据多以时间顺序呈现，用什么方法分析此类数据？

➢ 在我国"碳"承诺的国际责任下，大力发展以核能为代表的绿色能源是重中之重。那么前提是充分了解我国的核发电历史和发电量的规律，并进一步预测下一阶段的发电量，这该如何做？

➢ 如何选择合适的分析模型？如何分析预测结果的准确性和模型的合理性？

6.1　理论基础

6.1.1　时间序列介绍

因为社会经济发展的数据一般都是按照时间顺序进行记录的，时间序列就是指按照时间顺序排列的统计数据，这些数据包括社会发展的方方面面，对时间序列的研究分析有助于了解社会经济发展规律。

时间序列预测分析就是利用过去一段时间内某事件时间的特征来预测未来一段时间内该事件的特征。这是一类相对比较复杂的预测建模问题，和回归分析模型的预测不同。时间序列模型依赖于事件发生的先后顺序，同样大小的值改变顺序后输入模型产生的结果是不同的。首先需要明确的一点是，时间序列可分为两类：平稳序列，即存在周期、季节性和趋势，且方差和均值不随时间变化；以及非平稳序列。根据数据的类型选择合适的数学模型，以分析时间序列的基本趋势，并进一步预测未来发展。

本章主要介绍 3 种时间序列分析预测的模型，分别为：指数平滑法，差分自回归移动平均模型（autoregressive integrated moving average model，ARIMA model），季节分解模型等。

6.1.2　模型介绍

1. 指数平滑法

指数平滑法是用过去时间序列的数值加权平均数作为预测值的一种方法。它把第 t 时期的实际值 Y_t 和第 t 时期的平滑值 S_t 加权平均作为第 $t+1$ 时期的预测值。最近一时期的实际值权重最高，实际值距离预测值的时间越远，权重越小其权重呈指数下降，故而称作指数平滑。指数平滑可以用来修匀时间序列以消除随机波动，进而得到序列的变化趋势，还可以用来进行短期预测。其预测优势包括：

（1）既不需要收集很多的历史数据，又考虑了各期数据的重要性，且使用全部的历史数据，它是移动平均法的改进和发展，应用较为广泛；

（2）它具有计算简单、样本要求量较少、适应性较强、结果较稳定等优点；

（3）不仅可用于短期预测，而且对中长期预测效果更好。指数平滑法还包括一次指数平滑、二次指数平滑和三次指数平滑等。

当时间序列无明显趋势变化时，可以使用一次指数平滑法进行预测。本章将重点介绍一次指数平滑法。

其基本公式为

$$F_{t+1} = \alpha Y_t + (1-\alpha)F_t$$

其中：F_{t+1} 为 $t+1$ 期的预测值；Y_t 为 t 期的实际值；F_t 为 t 期的预测值；α 为平滑系数 $(0 < \alpha < 1)$。

即下一期的预测值等于本期实际值与本期预测值的加权平均。一次指数平滑只有一个平滑系数，因此确定初始值和平滑系数 α 的值很重要，它们会直接影响趋势预测值的误差大小。

（1）初始值的确定

由于在最开始计算时还没有第一个时期的预测值 F_1，所以可以假设 F_1 等于第一个时期的实际值 Y_1。

（2）平滑系数 α 值的确定

在使用指数平滑法进行预测时，权重 α 的取值大小非常关键，平滑系数的大小决定了平滑的程度，不同的 α 值会对预测结果产生不同的影响。一般来说，如果数据波动较大，α 值应取大一些，可以增加近期数据对预测结果的影响。如果数据波动平稳，α 值应取小一些。根据具体的时间序列情况，可以大致确定一个取值范围，然后在范围内选取几个 α 值进行试算，比较不同 α 值下的预测标准误差，选取预测标准误差最小的 α 值作为最终选择。

2. ARIMA 模型

ARIMA 模型是最常用的时间序列预测分析方法，它通过历史数据预测未来趋势。该模型可以使非平稳时间序列转换为平稳时间序列，然后将因变量的滞后值和随机误差项的现值及滞后值进行回归分析。可以把模型表示为 ARIMA（p, d, q），其基本公式为

$$\left(1 - \sum_{i=1}^{p}\varphi_i L^i\right)(1-L)^d X_t = \left(1 + \sum_{i=1}^{q}\theta_i L^i\right)\varepsilon_t$$

其中：L 是滞后算子（lag operator）。

ARIMA 模型可拆分为 3 项，分别为：自回归模型（autoregressive model），简称 AR 模型；I 即差分；移动平均模型（moving average model），简称 MA 模型。相对应地，该模型用 3 个参数来分析时间序列，分别为自回归阶数 p、差分次数 d 和移动平均阶数 q。其具体含义包括：

（1）自回归（AR），在自回归的一个给定的时间序列数据在他们自己的滞后值，这由模型中的 "p" 值表示回归的值。

（2）差分（i-for Integrated）指对时间序列数据进行差分，消除趋势，将非平稳时间序列转为平稳。模型中 "d" 值表示差分。若 $d = 1$，查看两时间序列条目间差分；若 $d = 2$，查看 $d = 1$ 处获得差分的差分；以此类推。

（3）移动平均线（MA），模型的移动平均性质由 "q" 值表示，"q" 值是误差项的滞后值的数量。

（4）参数 d 的确认。d 就是差分的阶数，首先通过 ADF 检验，查看原时间序列的平稳性，如果原时间序列是平稳的，那么 $d = 0$；如果原数据不平稳，那么做差分，通过 ADF 检验直到时间序列平稳。一般差分次数不超过 2 次。

（5）参数 p、q 的确认。时间序列分析中通常采用自相关函数（ACF）、偏自相关函数（PACF）判别 ARIMA（p, d, q）模型中的 p 和 q。自相关函数(ACF)描述时间序列观测值与其过去的观测值之间的线性相关性。偏自相关函数（PACF）描述在给定中间观测值的条件下时间序列观测值与其过去的观测值之间的线性相关性。

（6）ARIMA 模型预测的基本程序。

①根据时间序列的散点图、自相关函数和偏自相关函数图以增广迪基–富勒检验（augment Dickey-Fuller test）其方差、趋势及其季节性变化规律，对序列的平稳性进行识别。

②对非平稳序列进行平稳化处理。如果数据序列是非平稳的，并存在一定的增长或下降趋势，则需要对数据进行差分处理，如果数据存在异方差，则需对数据进行技术处理，直到处理后数据的自相关函数值和偏相关函数值无显著地异于 0。

③根据时间序列模型的识别规则，建立相应的模型。若平稳序列的偏相关函数是截尾的，而自相关函数是拖尾的，可断定序列适合 AR 模型；若平稳序列的偏相关函数是拖尾的，而自相关函数是截尾的，则可断定序列适合 MA 模型；若平稳序列的偏相关函数和自相关函数均是拖尾的，则序列适合 ARIMA 模型。

④进行参数估计，检验是否具有统计意义。对模型的参数进行估计的方法通常有相关矩估计法、最小二乘估计及极大似然估计等。

⑤进行假设检验，判断残差序列是否为白噪声。

⑥利用已通过检验的模型进行预测分析。

模型的验证主要是验证模型的拟合效果，如果模型完全或者基本解释了系统数据的相关性，那么模型的噪声序列为白噪声序列，模型的验证也就是噪声序列的独立性检验。具体的检验方法可利用巴特利特定理构造检验统计量 Q。如果求得的模型无法通过检验，那么应该重新拟合模型，直至模型能通过白噪声检验。

3. 季节分解模型

季节变动的趋势是影响时间序列变动的主要变动趋势之一，就是指因为季节性因素导致的时间序列的变动。季节分解的主要方法包括月（季）平均法和移动平均趋势剔除法。首先找出季节成分并将其从序列中分离出去，然后建立模型进行预测。

在 SPSS 中的季节性分解过程提供了用于对季节性因子建模的 2 种不同的方法：乘法或加法。乘法：季节性成分是一个因子，用来与经过季节性调整的序列相乘以得到原始序列。实际上，"趋势"会评估与序列总体水平成正比的季节性成分。无季节性变动观察值的季节性成分为 1。加法：将季节性调整项加到季节性调整的序列以获取观察值。此调整尝试从序列中移去季节性影响，以查看可能被季节性成分"掩盖"的其他兴趣特征。实际上，"趋势"会评估不依赖于序列总体水平的季节性成分，无季节性变动观察值的季节性成分为 0。

模型权重分配包括移动平均权重。在处理时间序列时，"移动平均权重"选项决定了如何计算移动平均数。当序列周期为偶数时，则始终使用此方法，按 0.5 对端点加权，来计算移动平均数，此时使用的是等于周期加 1 跨度及以 0.5 加权跨度端点计算时间序列偶数周期移动平均。当周期为奇数时，则不使用上述加权方法，而是所有点的权重相等，直接使用等于周期跨度的点来计算移动平均数。

季节分解的步骤如下。

（1）用季节指数（seasonal index）来表示分离的季节成分，将季节成分从时间序列中分离出去，即用序列的每一个值除以相应的季节指数来消除季节成分。

（2）建立模型进行预测，根据消除季节成分后的序列建立线性回归预测模型，并根据此模型进行预测。

（3）计算最后的预测值，将回归预测值乘以相应的季节指数，即得到最后的预测值。

季节性分解过程中会创建4个新变量，并且每个指定的序列都带有以下3个字母的前缀。

SAF：季节性调整因子，这些值显示每个周期对序列水平的影响。

SAS：季节性调整序列，这些值是在删除序列的季节性变化之后获得的新的时间序列。

STC：平滑的趋势循环成分，这些值显示序列中出现的趋势和循环行为。

ERR：残差或"误差"值，这些值是在从序列中删除季节性、趋势和循环成分之后的保留值。

6.2 时间序列数据预处理操作介绍

时间序列数据可能因各种原因出现缺失，而在进行分析时往往要求时间序列数据完整，因此需要使用 SPSS 软件来替换和填补缺失值；另外，因为 SPSS 软件具有内部的时间变量，因此需要对导入的数据定义时间变量，使得 SPSS 软件可以读取数据的时间顺序。以下将介绍如何替换缺失数据，定义时间变量和创建时间序列数据的预处理。

6.2.1 缺失值的替换

由于一些时间序列分析的特殊性，要求其序列数据必须完整，因此需要对部分缺失的数据进行补齐，这里主要介绍运用 SPSS 软件补齐缺失数据。

在 SPSS 软件中导入分析数据，如图 6-1 所示，目标数据中"国民生产总值（亿元）"和"国内生产总值"2010 年的数据均有缺失。

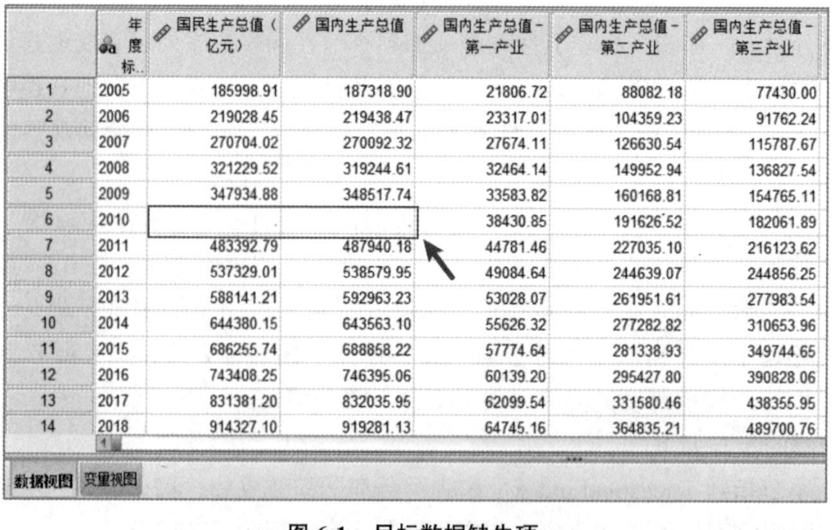

	年度标志	国民生产总值（亿元）	国内生产总值	国内生产总值-第一产业	国内生产总值-第二产业	国内生产总值-第三产业
1	2005	185998.91	187318.90	21806.72	88082.18	77430.00
2	2006	219028.45	219438.47	23317.01	104359.23	91762.24
3	2007	270704.02	270092.32	27674.11	126630.54	115787.67
4	2008	321229.52	319244.61	32464.14	149952.94	136827.54
5	2009	347934.88	348517.74	33583.82	160168.81	154765.11
6	2010			38430.85	191626.52	182061.89
7	2011	483392.79	487940.18	44781.46	227035.10	216123.62
8	2012	537329.01	538579.95	49084.64	244639.07	244856.25
9	2013	588141.21	592963.23	53028.07	261951.61	277983.54
10	2014	644380.15	643563.10	55626.32	277282.82	310653.96
11	2015	686255.74	688858.22	57774.64	281338.93	349744.65
12	2016	743408.25	746395.06	60139.20	295427.80	390828.06
13	2017	831381.20	832035.95	62099.54	331580.46	438355.95
14	2018	914327.10	919281.13	64745.16	364835.21	489700.76

数据视图　变量视图

图 6-1　目标数据缺失项

单击数据编辑器上"转换"→"替换缺失值",在弹出的"替换缺失值"对话框中进行操作。

（1）单击需要填补缺失值的变量,将其添加到"新变量"框中。

（2）单击"方法"按钮,选择缺失值的替换方法。

缺失值的替换方法如下。

- "序列平均值":表示缺失值采用此量所有数值的平均数。
- "临近点的平均值":使用缺失值周围有效值的平均值进行替换,其"邻近点的跨度"为缺失值上下用于计算平均值的有效值个数。
- "临近点的中间值":使用缺失值周围有效值的中间值进行替换,其"邻近点的跨度"为缺失值上下用于计算中间值的有效值个数。
- "线性插值":使用线性插值替换缺失值,选取缺失值之前的最后一个有效值和之后的第一个有效值进行插值。
- "邻近点的线性趋势":使用此缺失处的线性趋势来替换缺失值。

（3）此处选取"序列平均值"的替换方法进行操作,"名称"默认为"国内生产总值（亿元）_1",单击"确认"按钮。如图 6-2 所示。

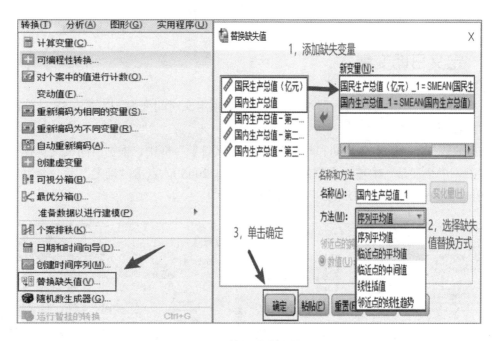

图 6-2　填补缺失值操作

结果如图 6-3 所示,得到 2 个新的变量名"国民生产总值（亿元）_1"和"国民生产总值_1",2010 年的缺失数据被填补并显示在新的变量数据下,其余所有数据保持不变。

	年度标..	国民生产总值（亿元）	国内生产总值	国内生产总值-第一产业	国内生产总值-第二产业	国内生产总值-第三产业	国民生产总值（亿元）_1	国内生产总值_1
1	2005	185998.91	187318.90	21806.72	88082.18	77430.00	185998.91	187318.90
2	2006	219028.45	219438.47	23317.01	104359.23	91762.24	219028.45	219438.47
3	2007	270704.02	270092.32	27674.11	126630.54	115787.67	270704.02	270092.32
4	2008	321229.52	319244.61	32464.14	149952.94	136827.54	321229.52	319244.61
5	2009	347934.88	348517.74	33583.82	160168.81	154765.11	347934.88	348517.74
6	2010			38430.85	191626.52	182061.89	584721.51	586738.68

替换后的新变量

6：年度标识　2010　　　　　　　　　　　　　　　　　　　可视：8/8 个变量

	年度标	国民生产总值（亿元）	国内生产总值	国内生产总值-第一产业	国内生产总值-第二产业	国内生产总值-第三产业	国民生产总值（亿元）_1	国内生产总值_1	变量	变量
1	2005	185998.91	187318.90	21806.72	88082.18	77430.00	185998.91	187318.90		
2	2006	219028.45	219438.47	23317.01	104359.23	91762.24	219028.45	219438.47		
3	2007	270704.02	270092.32	27674.11	126630.54	115787.67	270704.02	270092.32		
4	2008	321229.52	319244.61	32464.14	149952.94	136827.54	321229.52	319244.61		
5	2009	347934.88	348517.74	33583.82	160168.81	154765.11	347934.88	348517.74		
6	2010			38430.85	191626.52	182061.89	584721.51	586738.68		
7	2011	483392.79	487940.18	44781.46	227035.10	216123.62	483392.79	487940.18		
8	2012	537329.01	538579.95	49084.64	244639.07	244856.25	537329.01	538579.95		
9	2013	588141.21	592963.23	53028.07	261951.61	277983.54	588141.21	592963.23		
10	2014	644380.15	643563.10	55626.32	277282.82	310653.96	644380.15	643563.10		
11	2015	686255.74	688858.22	57774.64	281338.93	349744.65	686255.74	688858.22		
12	2016	743408.25	746395.06	60139.20	295427.80	390828.06	743408.25	746395.06		
13	2017	831381.20	832035.95	62099.54	331580.46	438355.95	831381.20	832035.95		
14	2018	914327.10	919281.13	64745.16	364835.21	489700.76	914327.10	919281.13		

缺失数据（行5）　　2，数据替换结果

图 6-3　缺失值填补结果

6.2.2　定义日期变量

为使 SPSS 识别时间序列数据并进行分析，必须定义时间变量，以便 SPSS 软件读取数据的时间特征。

选择"数据"→"定义日期和时间"，在"定义日期"框中，根据时间尺度选择"年"，并在"第一个个案是"中输入数据的初始日期（如 2005）。点击"确定"后，会生成两个新的变量："YEAR_"和"DATE_"。如图 6-4 所示。

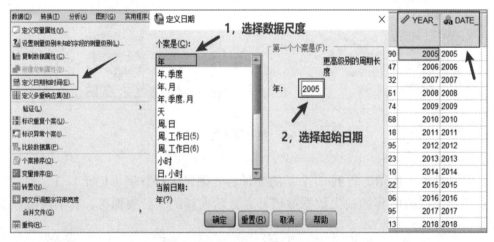

图 6-4　定义日期变量

6.2.3　时间序列创建

在填补了缺失数据和定义了时间变量之后就可以创建时间序列，在 SPSS 软件中执行"转换"→"创建时间序列"，在"创建时间序列"对话框内选择需要创建的时间序列的变量，在"名称和函数"对话框内设置名称和函数，总共有 9 种函数类型，这里使用"平滑"，确认后会得到一个新的变量和数据。具体如图 6-5 所示。

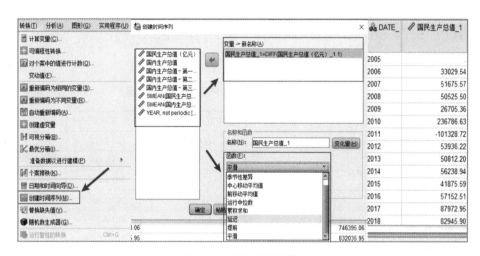

图 6-5　时间序列创建

6.3　指数平滑法对我国核能发电量分析预测

6.3.1　案例背景

在我国，核能起着相当重要的作用，核能的和平利用是 20 世纪人类最伟大的成就之一。经过半个多世纪的发展，核技术已经渗透到能源、工业、农业、医疗、环保等各个领域，特别是核能在电力工业的成功运用，为提高人们生活的质量与水平做出了重要贡献。

我国核电约占世界总发电量的 16%，与水电、火电一起构成电力能源的三大支柱，核能技术不断发展和进步寄托着人类对未来的希望，它将成为最终解决全球可持续发展的综合能源之一。世界 50 多年的核能发展表明，核能不失为一种清洁、安全和经济的能源。随着我国经济的持续高速发展，对能源提出快速增长要求，发展核能是解决我国能源短缺问题，改善能源结构，控制环境污染的重要途径之一。

6.3.2　研究目的

核能是稳定高效的清洁能源，在运行过程中产生大量能量的同时不会释放出二氧化硫、二氧化碳等物质，对当前环境问题有一定的缓解作用。在全球气候变暖的大环境下，大力发展核能有助于缓解气候变暖，改善环境，对于我国实现"碳达峰""碳中和"目标具有重大的推动作用。因此，对我国核能发电情况进行了解分析有助于推动核能事业的建设和发展，加速我国"碳"承诺的实现。

6.3.3 数据文件

参考研究的背景和目的，本研究的数据来源于中国国家统计局，包含2006—2011年我国每月的核能发电量，具体数据如表6-1所示。

表6-1 2006—2011年我国核能发电月度数据

月度标识	当月值/亿千瓦时	月度标识	当月值/亿千瓦时	月度标识	当月值/亿千瓦时
2006-05	45.65	2008-04	60.18	2010-03	62.9
2006-06	43.55	2008-05	52.05	2010-04	54.4
2006-07	50.25	2008-06	49.25	2010-05	52.9
2006-08	51.16	2008-07	59.51	2010-06	51
2006-09	45.14	2008-08	64.58	2010-07	63.8
2006-10	41.77	2008-09	55.87	2010-08	65
2006-11	43.62	2008-10	63.8	2010-09	65.1
2006-12	46.67	2008-11	53.63	2010-10	69.2
2007-02	35.74	2008-12	56.78	2010-11	70.3
2007-03	40.76	2009-02	57.57	2010-12	70.3
2007-04	42.28	2009-03	41.39	2011-02	60.1
2007-05	35.87	2009-04	54.93	2011-03	70.3
2007-06	54.49	2009-05	54.16	2011-04	73.9
2007-07	61.16	2009-06	52.28	2011-05	68.8
2007-08	64.07	2009-07	65.62	2011-06	65.5
2007-09	61.55	2009-08	63.09	2011-07	77.6
2007-10	58.16	2009-09	62.55	2011-08	81.4
2007-11	55.61	2009-10	66.55	2011-09	76.9
2007-12	55.45	2009-11	55.09	2011-10	72.6
2008-02	52.19	2009-12	54.52	2011-11	65.6
2008-03	58.29	2010-02	54.8	2011-12	75.4

本案例选用2006年5月至2011年11月的数据进行建模，建模后预测2011年12月的核发电量结果，以预测值和实际值进行比较分析。

6.3.4 数据分析

（1）定义时间变量：将文件导入后，进入SPSS数据编辑窗口，选择"数据"→"定义时间和日期",打开"定义日期"对话框,在"个案是"中选择"年,月"后,在"第一个个案是"选项中输入数据开始的时间"2006 年 5 月",单击"确定"键,完成时间变量的定义。

(2)添加分析变量:在数据编辑框中,执行"分析"→"时间序列预测"→"创建传统模型",在打开的"时间序列建模器"中,将"变量"列表中"当月值/亿千瓦时"拖动到"因变量"列表中。

(3)设置分析条件:在"变量"选项卡中,单击"方法"按钮选择"指数平滑",再单击"条件"按钮,选择指数平滑条件中的"简单季节性",单击"继续"。

(4)设置统计选项:打开"统计"选项卡,选择"平稳 R 方""拟合优度""参数估算值"和"显示预测值"按钮,单击"确定"按钮。

(5)设置图表:在"图"选项卡中,启用"序列""实测值""预测值"和"拟合值"。

(6)设置预测时间:在"选项"选项卡中单击"评估期结束后的第一个个案到指定日期之间的个案",在"日期"框内输入 2011 年 12 月,单击"确定"按钮。

6.3.5　分析结果

在运用 SPSS 建立时间序列的指数平滑模型后,在查看器窗口得到建模的结果。

(1)表 6-2 为模型描述表,可知因变量为"当月值/亿千瓦时",模型名称为"模型_1",模型类型为"简单季节性"。

表 6-2　指数平滑模型描述表

模型描述			
			模型类型
模型 ID	当月值/亿千瓦时	模型_1	简单季节性

(2)表 6-3 是拟合优度表,给出了模型的 8 个拟合优度指标,以及这些指标的平均值、最小值、最大值和百分位数。其中,平稳 R^2 为 0.692,且因为因变量数据为季节性数据,平稳的 R^2 更具有代表性,说明模型拟合度较好。

表 6-3　指数平滑模型拟合

拟合统计	平均值	标准误差	最小值	最大值	百分位数						
					5	10	25	50	75	90	95
平稳 R^2	0.599	–	0.599	0.599	0.599	0.599	0.599	0.599	0.599	0.599	0.599
R^2	0.692	–	0.692	0.692	0.692	0.692	0.692	0.692	0.692	0.692	0.692
RMSE	5.757	–	5.757	5.757	5.757	5.757	5.757	5.757	5.757	5.757	5.757
MAPE	8.260	–	8.260	8.260	8.260	8.260	8.260	8.260	8.260	8.260	8.260
MaxAPE	26.420	–	26.420	26.420	26.420	26.420	26.420	26.420	26.420	26.420	26.420
MAE	4.615	–	4.615	4.615	4.615	4.615	4.615	4.615	4.615	4.615	4.615
MaxAE	13.487	–	13.487	13.487	13.487	13.487	13.487	13.487	13.487	13.487	13.487
正态化 BIC	3.634	–	3.634	3.634	3.634	3.634	3.634	3.634	3.634	3.634	3.634

（3）表 6-4 为模型拟合统计量表，显示了模型的拟合统计量和杨-博克斯 Q 统计量。平稳的 R^2 为 0.599，与模型拟合表中的一致。杨–博克斯 Q 统计量为 9.964，显著性为 0.869，说明模型拟合后的残差序列存在自相关，建议采用 ARIMA 模型继续拟合。

表 6-4　指数平滑模型统计量表

模型	预测变量数	模型拟合度统计	杨-博克斯 Q(18)			离群值数
		平稳 R^2	统计	自由度	显著性	
当月值/亿千瓦时-模型_1	0	0.599	9.964	16	0.869	0

（4）表 6-5 为指数平滑模型参数估计值表，从中可以看出，指数平滑模型的水平（alpha）值为 0.5，P 值为 0.000，而季节（delta）为 3.735E-5，P 值为 1.000。因此可以得知，该时间序列虽然为季节性数据，但该序列几乎没有季节性特征，主要为水平特征。

表 6-5　指数平滑法模型参数

模型		估算	标准误差	t	显著性
当月值/亿千瓦时-模型_1	不转换				
	alpha（水平）	0.500	0.120	4.154	0.000
	delta（季节）	3.735E-5	0.137	0.000	1.000

（5）图 6-6 为指数平滑拟合图，给出了"当月值/亿千瓦时"的指数平滑实测值和拟合图，由图可知"当月值/亿千瓦时"整体为波动的状态，且整体趋势为波动上升的趋势，观测值和拟合值可以较好地拟合。

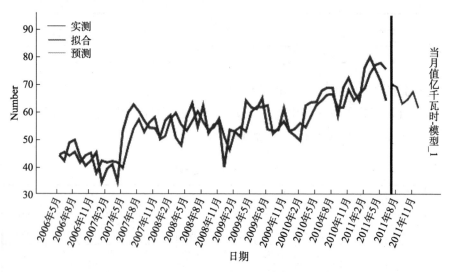

图 6-6　指数平滑拟合图

（6）结果讨论。通过对我国 2006 年至 2011 年月核发电量的指数平滑模型分析可知：由拟合的 R^2 来看，该指数平滑模型的拟合情况良好；模型拟合后的残差序列存在自相关，因此建议采用 ARIMA 模型继续拟合预测；"当月值/亿千瓦时"整体为波动状态，且呈现一个波动上升的趋势，因此可知我国的核发电量处于平稳发展的态势。根据表 6-6 所示，关于 2011 年 12 月的核发电量预测的上控制限（upper control limit，UCL）为 80.15，预测的下控制限（lower control limit，LCL）为 45.60，最终取的预测值为 62.87，而 2011 年 12 月核发电量的实际值为 75.4，误差为 12.53。

表 6-6　预测结果

模　　型		2011 年 7 月	2011 年 8 月	2011 年 9 月	2011 年 10 月	2011 年 11 月	2011 年 12 月
当月值/ 亿千瓦时-模型_1	预测	71.59	70.56	64.49	66.03	68.87	62.87
	UCL	83.10	83.44	78.59	81.27	85.16	80.15
	LCL	60.07	57.69	50.39	50.80	52.58	45.60

对于每个模型，预测从所请求估算期范围内的最后一个非缺失值之后开始，并结束于最后一个所有预测变量都有可用的非缺失值的周期，或者在所请求预测期的结束日期结束，以较早者为准。

6.3.6　问题延伸

思考以下问题：

（1）此案例中预测误差较大的原因是为什么？如何提高预测精度？

（2）尝试用 ARIMA 模型进一步分析此时间序列。

（3）思考如何保持我国核发电量稳定增长。

6.4　对我国钢铁产量进行 ARIMA 建模

6.4.1　案例背景

钢铁就像粮食一样，为支撑国民经济快速发展做出了巨大贡献。我国成为制造业大国，钢铁工业功不可没，钢铁工业对国防、石油、造船、建筑、装备制造业等都起到了很大的支撑与推动作用。

新中国成立初期，中国几乎没有一个完整的钢铁联合企业，钢铁产量还不到当时世界年总产量的千分之一。国家确立了"以钢为纲"的工业发展指导方针。经过一代又一代钢铁人的不断努力奋斗，我国钢铁的产量有了较大幅度的增长。尤其在我国实施改革开放政策和坚持走中国特色社会主义经济建设道路之后，我国钢铁工业得到了飞速发展。改革开放以来，随着我国整体经济实力的增强，我国钢铁工业进入稳步较快发展的阶段。1996 年，我国粗钢产量突破亿吨，超过日本和美国，成为世界第一产钢大国，奠定了我国钢铁大国的基础；2000 年后，中国钢铁工业与中国经济相伴进入快速发展阶段，一方面是因为经济快速发展的需要，另一方面是钢铁工业的发展支撑了经济的发展；2010 年，中国粗钢产量接近全球产量的 50%，第一次在世界钢铁工业中占据绝对规模地位；直到 2020 年，中国粗钢产量超过 10.5 亿吨，占全球产量的 56.5%。

我国目前的钢铁产业不仅仅是规模巨大、世界第一，并占据近 60% 的规模，更重要的是，我国钢铁行业产线类别齐全，基本能够生产国内建设所需的全部品种钢材。无论是面对疫情的冲击和疫情后的经济复苏，还是在未来我国坚持以内需为主导的国际国内双循环的新发展格局下，钢铁工业都是我们国民经济的底气。

在"双碳"目标的约束下，作为工业体系中碳排放第一大户的钢铁行业，面临着巨大的减碳和低碳的挑战。但是，我国钢铁行业已经具备了迎接挑战的能力和准备。2018 年后，我国已经实施了历史上最严格的环保政策，推动我国钢铁工业在能源循环利用、节能环保方面的能力持续提升。目前，我国钢铁工业在生产效率、能源循环利用、钢铁智能制造、绿色发展等方面已经走在世界前沿，在汽车用钢、大型变压器用电工钢、高性能长输管线用钢、高速钢轨、建筑桥梁用钢等钢铁产品生产上进入国际第一梯队，已经成为世界钢铁创新能力、先进发展方向的主要代表之一。未来的"碳达峰"和"碳中和"将进一步推动钢铁行业的未来发展取向和技术路径。

6.4.2　研究目的

钢铁是工业的粮食，是使用最广泛的金属材料，它原料来源广泛，便于大规模生产，价格便宜，机械性能好，易于加工，在各个领域应用非常广泛。钢铁工业产值高，就业人口多，在国民经济发展和人民生活中起着举足轻重的作用。一个国家或地区的工业成长，往往是以钢铁工业的起步为起点的，有了钢铁工业源源不断地提供的，用于建筑、机械及其他制造业所必需工业粮食，一个地区的工业发展才会有坚实的基础。

在加速钢铁产业升级、提高钢铁质量的大目标下，促进"双碳"目标的实现是重中之重。因此，对我国钢铁产量情况的了解和预测有助于推进钢铁产业的发展，有助于绿色中国的建设。

6.4.3　数据文件

参考研究的背景和目的，本研究的数据采自于中国国家统计局网站的 2004—2017 年我国每月的钢铁产量，具体数据如表 6-7 所示。

表 6-7　2004—2017 年中国钢铁月产量

时间	产量/万吨	时间	产量/万吨	时间	产量/万吨	时间	产量/万吨
2004-01	2 080.95	2004-05	2 281.26	2004-09	2 641.12	2005-03	3 119.21
2004-02	2 262.55	2004-06	2 357.49	2004-10	3 310.45	2005-04	2 953.09
2004-03	2 389.95	2004-07	2 432.05	2005-01	2 682.48	2005-05	3 071.99
2004-04	2 301.54	2004-08	2 542.2	2005-02	2 615.63	2005-06	3 036.59

续表

时间	产量/万吨	时间	产量/万吨	时间	产量/万吨	时间	产量/万吨
2005-07	3 136.12	2008-07	5 101.02	2011-07	7 571.7	2014-09	9 574.8
2005-08	3 269.49	2008-08	4 780.02	2011-08	7 700	2014-10	9 525.1
2005-09	3 225.18	2008-09	4 592.08	2011-09	7 635.6	2014-11	9 205.3
2005-10	3 310.45	2008-10	4 292.95	2011-10	7 306.9	2014-12	9 822
2005-11	3 305.77	2008-11	4 230.12	2011-11	7 010.2	2015-03	9 756
2005-12	3 372.72	2008-12	4 881.62	2011-12	7 106.7	2015-04	9 641.2
2006-01	3 246.64	2009-01	4 421.55	2012-01	6 802.4	2015-05	9 847.9
2006-02	3 182.21	2009-02	4 613.41	2012-02	7 127	2015-06	9 842.7
2006-03	3 800.37	2009-03	5 308.55	2012-03	8 332.8	2015-08	9 449.1
2006-04	3 831.14	2009-04	5 291.45	2012-04	8 106.9	2015-09	9 468.6
2006-05	4 023.3	2009-05	5 729.14	2012-05	8 167.1	2015-10	9 426.9
2006-06	4 119.97	2009-06	6 162.18	2012-06	8 447.4	2015-11	9 396.1
2006-07	3 865.98	2009-07	6 090.56	2012-07	8 122.3	2015-12	9 528.1
2006-08	3 896.48	2009-08	6 198.32	2012-08	7 880.5	2016-03	9 922.53
2006-09	4 007.64	2009-09	6 116.24	2012-09	8 043.7	2016-04	9 667.63
2006-10	4 159.35	2009-10	6 244.88	2012-10	8 181	2016-05	9 946.04
2006-11	4 174.7	2009-11	6 295.21	2012-11	8 123.1	2016-06	10 071.52
2006-12	4 391.52	2009-12	6 464	2012-12	8 137.5	2016-07	9 593.55
2007-01	4 043.98	2010-01	6 176.5	2013-01	8 159.9	2016-08	9 790.61
2007-02	3 856.83	2010-02	5 559.2	2013-02	7 666.8	2016-09	9 809.31
2007-03	4 695.47	2010-03	6 824.2	2013-03	8 961.4	2016-10	9 767.93
2007-04	4 627	2010-04	6 910.7	2013-04	8 760.6	2016-11	9 540.39
2007-05	4 750.49	2010-05	7 121.8	2013-05	9 119.4	2016-12	9 571.14
2007-06	4 919.04	2010-06	7 143.6	2013-06	9 083.5	2017-03	9 676.41
2007-07	4 772.57	2010-07	6 767.3	2013-07	9 074.7	2017-04	9 489.8
2007-08	4 827.31	2010-08	6 968.3	2013-08	9 193.5	2017-05	9 578.14
2007-09	4 859.29	2010-09	6 542.6	2013-09	9 355.2	2017-06	9 756.95
2007-10	4 907.88	2010-10	6 529.3	2013-10	9 280.46	2017-07	9 667.01
2007-11	4 768	2010-11	6 589.3	2013-11	9 032.3	2017-08	9 676.35
2007-12	4 980.4	2010-12	6 784.3	2013-12	9 041.2	2017-09	9 356.39
2008-01	4 591.48	2011-01	6 732.7	2014-03	9 506.5	2017-10	9 178.53
2008-02	4 313.22	2011-02	6 354	2014-04	9 249.9	2017-11	8 685.18
2008-03	5 236.64	2011-03	7 602.2	2014-05	9 682.33	2017-12	8 778.85
2008-04	5 161.3	2011-04	7 315.3	2014-06	9 804.7		
2008-05	5 337.81	2011-05	7 637.3	2014-07	9 476.31		
2008-06	5 387.27	2011-06	7 872.7	2014-08	9 497.4		

6.4.4 数据分析

（1）数据预处理：对时间序列中缺失的部分月数据"替补缺失值"，选用"临近点平均值"进行处理,然后"定义日期和时间"。

(2)判断时间序列的平稳性:在数据编辑框中,执行"分析"→"时间序列预测"→"自相关",在打开的"自相关"选项卡中,将数据预处理后的变量"产量/万吨 1"拖动到"变量"列表中,在"显示"选项框内打开"自相关"和"偏自相关"选项,单击"确定"按钮。

得到如图 6-7 所示的钢铁产量序列自相关图和偏自相关图。

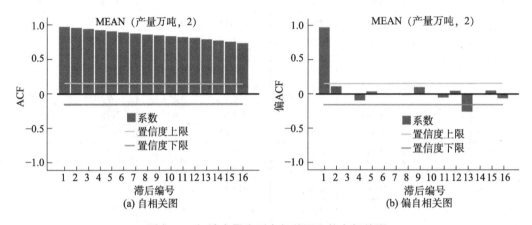

图 6-7   钢铁产量序列自相关图和偏自相关图

从图中可看出,随着滞后期 k 的增加,自相关系数 r_k 没有逐渐递减并趋于零,这表明此时间序列不是平稳序列,因此需要做差分处理。

(3)进行一阶差分:在数据编辑框中,执行"分析"→"时间序列预测"→"自相关",在打开的"自相关"选项卡中,将数据预处理后的变量"产量/万吨 1"拖动到"变量"列表中,在"显示"选项框内打开"自相关"和"偏自相关"选项,然后在"转换"选项框内选择"差异"选项,默认为 1,单击"确定"按钮。

得到了如图 6-8 所示的一阶差分后的自相关图和偏自相关图。

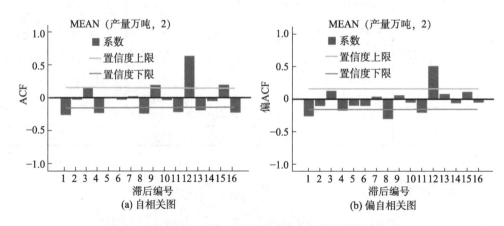

图 6-8   我国钢铁月产量一阶差分后的自相关图和偏自相关图

由图 6-8 可知，时间序列的趋势特征已经基本消除，序列趋于平稳，但是在 $k=12$ 处，序列仍然存在明显的峰值，这表明以月为单位的时间序列存在季节成分的影响。因此，下一步需要对时间序列进行季节差分。

（4）进行季节差分：在数据编辑框中，执行"分析"→"时间序列预测"→"自相关"，在打开的"自相关"选项卡中，将数据预处理后的变量"产量/万吨 1"拖动到"变量"列表中，在"显示"选项框内打开"自相关"和"偏自相关"选项，然后在"转换"选项框内选择"差异"选项，默认为 1，并选择"季节性差异"，默认为 1，单击"确定"按钮。

得到如图 6-9 所示的我国钢铁月产量一阶季节差分后的自相关图和偏自相关图。

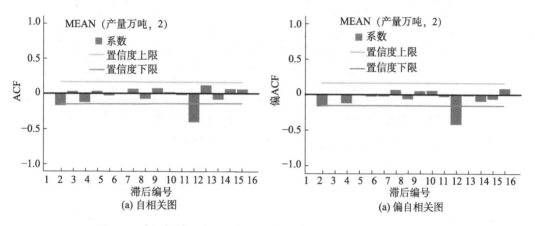

图 6-9　我国钢铁月产量一阶季节差分后的自相关图和偏自相关图

由图 6-9 可以看出，此时间序列一阶季节差分后的序列是平稳的，且自相关图和偏自相关图中在 $k=12$ 中均可发现一个明显的峰值。因此可取 $p=1$，$q=1$。再由图 6-8 的我国钢铁产量一阶差分后的自相关图和偏自相关图中可发现均存在一个明显的峰值，因此取 $p=1$，$q=1$。最后得到的预测模型为 ARIMA(1,1,1)(1,1,1)。

（5）对模型进行检验：在数据编辑框中，执行"分析"→"时间序列预测"→"创建传统模型"，在打开的"时间序列建模器"中，将"变量"列表中"产量/万吨 1"拖动到"因变量"列表中。在"变量"选项卡中，单击"方法"按钮选择 ARIMA 选项，再单击"条件"按钮，选择 ARIMA 条件中的"模型"选项卡，对"非季节性"选项从上至下赋值均为 1，"季节性"选项从上至下赋值同样均为 1，单击"继续"按钮。打开"统计"选项卡，添加选择"参数估计值"和"显示预测值"。打开"图"选项卡，添加选择"拟合值""残差自相关函数"和"残差偏自相关函数"，单击"确认"按钮。

6.4.5　建模结果分析

表 6-8 给出了模型的基本描述，该模型的类型为 ARIMA(1,1,1)(1,1,1)。

表 6-9 给出了模型的 8 个拟合优度指标。其中平稳的 R^2 为 0.251，说明模型的拟合优度一般，虽然 R^2 为 0.990，但由于因变量为季节性数据，平稳的 R^2 更具有代表性。

表 6-8 模型描述

模型 ID	MEAN（产量万吨，2）	模型_1	模型类型
			ARIMA (1,1,1)(1,1,1)

表 6-9 模型拟合

拟合统计	平均值	标准误差	最小值	最大值	百分位数						
					5	10	25	50	75	90	95
平稳 R^2	0.251	–	0.251	0.251	0.251	0.251	0.251	0.251	0.251	0.251	0.251
R^2	0.990	–	0.990	0.990	0.990	0.990	0.990	0.990	0.990	0.990	0.990
RMSE	233.805	–	233.805	233.805	233.805	233.805	233.805	233.805	233.805	233.805	233.805
MAPE	2.920	–	2.920	2.920	2.920	2.920	2.920	2.920	2.920	2.920	2.920
MaxAPE	17.884	–	17.884	17.884	17.884	17.884	17.884	17.884	17.884	17.884	17.884
MAE	177.379	–	177.379	177.379	177.379	177.379	177.379	177.379	177.379	177.379	177.379
MaxAE	849.215	–	849.215	849.215	849.215	849.215	849.215	849.215	849.215	849.215	849.215
正态化 BIC	11.072	–	11.072	11.072	11.072	11.072	11.072	11.072	11.072	11.072	11.072

表 6-10 为模型参数估计值列表。ARIMA 模型综合了 AR 模型和 MA 模型，从中可以看出，季节性 AR 因素的显著性较差，可以作为下一步调整的依据。

表 6-10 ARIMA 模型参数

					估算	标准误差	t	显著性
MEAN（产量万吨，2）-模型_1	MEAN（产量万吨，2）	不转换	常量		−6.729	6.368	−1.057	0.292
			AR	延迟 1	0.546	0.252	2.168	0.032
			差异		1			
			MA	延迟 1	0.718	0.212	3.393	0.001
			AR，季节性	延迟 1	−0.149	0.161	−0.923	0.357
			季节性差异		1			
			MA，季节性	延迟 1	0.417	0.155	2.700	0.008

图 6-10 为模型预测与拟合图，从图中可以发现，我国的钢铁产量整体呈现上升的趋势，且拟合值和观测值曲线在整个区间内拟合的情况较好，拟合的波动性非常接近实际的观察值的波动。因此说明此模型的拟合情况良好。

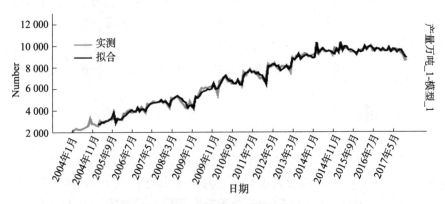

图 6-10 ARIMA 预测与拟合

图 6-11 为模型预测残差的自相关和偏自相关图，可以看出残差没有固定的变化趋势，说明残差已经是白噪声序列，这证明选择的 ARIMA(1,1,1)(1,1,1)模型是正确合理的。

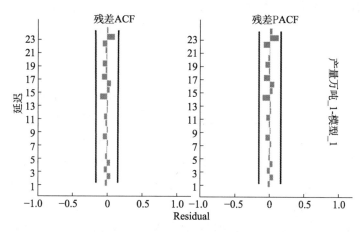

图 6-11　ARIMA 模型预测残差的自相关图和偏相关图

6.4.6　问题延伸

（1）查看相关资料，ARIMA 建模还有哪些方法或者更快速的途径？

（2）对时间序列的 ARIMA 预测方法，有哪些提高其预测准确度的方式？

（3）我国钢铁在 2016 年到 2017 年末这段时间产量趋于平稳，请问造成这种情况的原因是什么？

6.5　对我国 GDP 的分解预测

6.5.1　案例背景

GDP 一般指国内生产总值。诺贝尔经济学奖获得者、著名经济学家保罗·萨缪尔森在《经济学》中说："GDP 是 20 世纪最伟大的发明之一。"GDP 有很多用处，它代表着一个国家的经济活动水平，反映了一个国家过去 3 个月内经济活动的健康状况。GDP 可以反映一个国家或地区的经济发展规模，判断其经济总体实力和经济发展的快慢。也可用来进行经济结构分析，如产业结构分析、需求结构分析和地区结构分析，是进行宏观经济决策的重要依据。GDP 还可以与相关指标结合，计算出具有重要意义的其他指标。例如，GDP 与人口指标结合可以计算人均 GDP，GDP 与能源消费量结合可以计算 GDP 能耗指标。另外，通过现价 GDP 和不变价 GDP 能计算 GDP 缩减指数，反映一个国家（或地区）价格总水平的变动情况。GDP 这一指标非常重要，备受社会各界广泛的关注。

通过 GDP 可以观察我国经济规模的变化。比如，改革开放初期的 1978 年，我国的 GDP

总量只有 3 679 亿元，1986 年迈上 1 万亿元的台阶，2000 年跃上 10 万亿元的台阶，2012 年跃上 50 万亿元的台阶，2020 年跃上 100 万亿元的台阶。中国经济规模的变动，在一定程度上反映了中国经济实力的上升。

6.5.2　研究目的

对于国内而言，通过 GDP 可以观察经济增长的走势。改革开放以来，中国经济增长经历了 3 个大的周期，这可以从 GDP 的变化中反映出来。第一个大的周期是 1981—1990 年。其中，1984 年经济增速达到了 15.2%，是改革开放以来的最高增速，之后在波动中回落，于 1990 年落到谷底，为 3.9%。第二个大的周期是 1990—1999 年，1992 年经济增速达到峰值 14.2%，之后缓慢回落，1999 年落到谷底，为 7.7%。第三个大的周期是 1999—2020 年，2007 年经济增速达到峰值 14.2%，之后回落。表面上看，GDP 增长速度走势图是一条曲线，但实际上它的背后是波澜壮阔的历史，与政治、经济、金融、卫生等一系列重大事件密切相关。

对于世界而言，中国 GDP 占世界比重已超过 16%，中国经济增长对世界经济增长贡献率预计达到 30%左右。而随着中国人均 GDP 突破 1 万美元，全球在此行列的国家人口规模将接近 30 亿人。这是人类经济社会发展的重大进步，也是中国作为发展中的新兴经济体对世界做出的贡献。

因此，分析预测我国 GDP 有助于充分了解 GDP 发展的内在规律，了解我国改革开放以来波澜壮阔的发展历史，更有助于明确我国对世界经济发展的贡献。

6.5.3　数据文件

参考研究的背景和目的，本研究的数据采自于中国国家统计局网站的 1992—2021 年我国每个季度的 GDP 数据，具体数据如表 6-11 所示。

表 6-11　1992—2021 年中国 GDP 季度数据

季度	国内生产总值/亿元	季度	国内生产总值/亿元	季度	国内生产总值/亿元	季度	国内生产总值/亿元
1992-03	5 234.8	1994-06	20 904.7	1996-09	50 316.7	1998-12	85 195.51
1992-06	11 771.5	1994-09	33 669.2	1996-12	71 813.63	1999-03	19 274.5
1992-09	18 894.1	1994-12	48 637.45	1997-03	16 622.6	1999-06	40 958.2
1992-12	27 194.53	1995-03	12 065.9	1997-06	35 921	1999-09	63 823.4
1993-03	6 803.1	1995-06	26 793.8	1997-09	56 259.6	1999-12	90 564.38
1993-06	15 219.3	1995-09	42 829.1	1997-12	79 715.04	2000-03	21 215.5
1993-09	24 524.6	1995-12	61 339.89	1998-03	17 976.7	2000-06	45 344.3
1993-12	35 673.23	1996-03	14 572.6	1998-06	38 404.6	2000-09	70 836.2
1994-03	9 337.8	1996-06	31 858.8	1998-09	60 011.4	2000-12	100 280.14

续表

季度	国内生产 总值/亿元	季度	国内生产 总值/亿元	季度	国内生产 总值/亿元	季度	国内生产 总值/亿元
2001-03	23 950.3	2006-06	99 238.7	2011-09	347 201.2	2016-12	746 395.06
2001-06	50 746.1	2006-09	154 706.5	2011-12	487 940.18	2017-03	180 682.7
2001-09	78 832.3	2006-12	219 438.47	2012-03	116 147.9	2017-06	381 490
2001-12	110 863.12	2007-03	56 686.6	2012-06	246 913.7	2017-09	593 288.1
2002-03	26 132.9	2007-06	121 335.5	2012-09	383 636.6	2017-12	832 035.95
2002-06	55 378.5	2007-09	190 125	2012-12	538 579.95	2018-03	198 783.1
2002-09	86 349.9	2007-12	270 092.32	2013-03	128 083.5	2018-06	418 961.1
2002-12	121 717.42	2008-03	68 778.4	2013-06	271 115.3	2018-09	650 898.8
2003-03	29 631.1	2008-06	147 316	2013-09	421 835.1	2018-12	919 281.13
2003-06	62 194.1	2008-09	228 935.4	2013-12	592 963.23	2019-03	218 062.8
2003-09	97 162.5	2008-12	319 244.61	2014-03	138 738	2019-06	460 636.7
2003-12	137 422.03	2009-03	73 283.6	2014-06	293 939	2019-09	712 845.4
2004-03	34 290.6	2009-06	156 897.8	2014-09	457 405.9	2019-12	990 865.1
2004-06	73 003.7	2009-09	245 821.3	2014-12	643 563.1	2020-03	206 504.3
2004-09	114 439.5	2009-12	348 517.74	2015-03	147 961.8	2020-06	456 614.4
2004-12	161 840.16	2010-03	86 684.3	2015-06	314 178.2	2020-09	722 786.4
2005-03	40 130.9	2010-06	185 744.2	2015-09	487 773.5	2020-12	1 015 986.2
2005-06	84 879.1	2010-09	290 694.8	2015-12	688 858.22	2021-03	249 310.1
2005-09	132 429.3	2010-12	412 119.26	2016-03	158 526.4	2021-06	532 167.5
2005-12	187 318.9	2011-03	103 456.9	2016-06	340 636.8	2021-09	823 131.3
2006-03	46 678.3	2011-06	221 921.9	2016-09	529 971.2		

6.5.4　数据分析

（1）定义时间变量：将文件导入后，进入 SPSS 数据编辑窗口，选择"数据"→"定义时间和日期"，打开"定义日期"对话框，在"个案是"中选择"年，季度"后，在"第一个个案是"选项中输入数据开始的时间"1992 年 1 季度"，单击"确定"按钮，完成时间变量的定义。

（2）进行数据分析和季节分解：对 GDP 绘制折线图如图 6-12 所示，由图可知 GDP 波动受季节影响，因此进行季节分解来消除季节因素的影响。在数据编辑框中，执行"分析"→"时间序列预测"→"季节性分解"，在打开的"季节性分解"框中，将"国内生产总值/亿元"拖入"变量"列表中，"模型类型"设置"乘性"，"移动平均在权重"选择"端点按 0.5 加权"，单击"确定"按钮。

结果多了 4 个变量：ERR 表示的是误差分析；SAS 表示的是季节因素校正后序列；SAF 表示的是季节因子；STC 表示的是长期趋势和循环变动序列。

将季节调整后的序列和原时间序列显示在同一张序列图中，如图 6-13 所示，可以发现 GDP 的整体趋势是上升的。

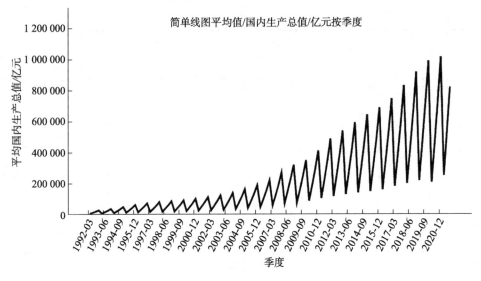

图 6-12 GDP 折线图

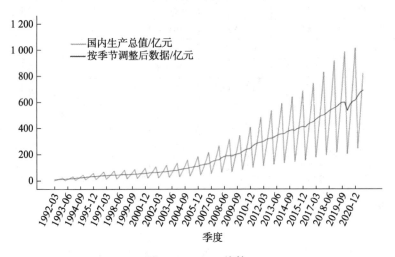

图 6-13 GDP 趋势

（3）创建模型：在数据编辑框中，执行"分析"→"时间序列预测"→"创建传统模型"，在打开的"时间序列建模器"中，将"变量"列表中"国内生产总值调整后数据_SAS1"拖动到"因变量"列表中。在"变量"选项卡中，单击"方法"选择"专家建模器"选项，再单击"条件"按钮，选择"所有模型""专家建模器考虑季节性模型"，单击"继续"按钮。设置统计选项：打开"统计"选项卡，选择"平稳 R 方""拟合优度""参数估算值"和"显示预测值"，单击"确定"按钮。设置保存：在"保存"选项卡内，保存"预测值"变量。设置图表：在"图"选项卡中，启用"序列""实测值""预测值"和"拟合值"。设置预测时间：在"选项"选项卡中单击"评估期结束后的第一个个案到指定日期之间的个案"，在"日期"框内输入"2022 年 4 季度"，单击"确定"按钮。

结果得到表 6-12 的模型参数表，为指数平滑模型，且在水平趋势下显著性高，相关性较高。表 6-13 为预测值表，显示了后 5 个季度的我国 GDP 预测值。图 6-14 为模型拟合图，由图可以看出模型拟合很好。

表 6-12　模型参数

模　　型			估算	标准误差	t	显著性
国内生产总值经季节性调整后系列，MOD_1，MUL CEN 4-模型_1	不转换	alpha（水平）	0.852	0.086	9.903	0.000
		gamma（趋势）	0.077	0.044	1.750	0.083
		delta（季节）	0.275	0.176	1.559	0.122

表 6-13　模型预测表　　　　　　　　　　单位：亿元

模　　型		2021 年第四季度	2022 年第一季度	2022 年第二季度	2022 年第三季度	2022 年第四季度
国内生产总值经季节性调整后系列，MOD_1，MUL CEN 4-模型_1	预测	692 819.493 65	697 279.080 41	725 801.817 06	741 516.730 99	739 713.660 48
	UCL	709 985.912 53	720 468.754 98	754 913.749 23	775 925.339 92	778 909.979 37
	LCL	675 653.074 77	674 089.405 85	696 689.884 90	707 108.122 06	700 517.341 60

对于每个模型，预测从所请求估算期范围内的最后一个非缺失值之后开始，并结束于最后一个所有预测变量都有可用的非缺失值的周期，或者在所请求预测期的结束日期结束，以较早者为准。

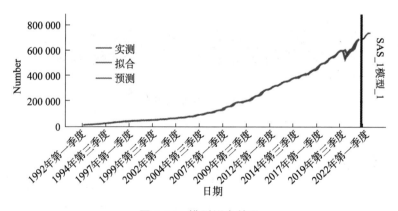

图 6-14　模型拟合效果

（4）模型拟合结果评价：将模型的预测值乘以季节因子（SAF_1）即可得到最终的预测值和与实际值的残差，如表 6-14 所示。

将最终预测值和实际值做序列图 "分析" → "时间序列预测" → "序列图"，如图 6-15 所示。并对残差进行绘图，如图 6-16 所示。从两张图可以看出，模型拟合得比较好，只有个别偏移很大

表 6-14　GDP 后 5 个季度最终预测值

时间	最终预测值/亿元
2021-12	1 141 309.265
2022-03	267 204.316 4
2022-06	568 114.114 3
2022-09	879 965.319 8
2022-12	1 218 559.901

的点，因此可以说明对于 GDP 数据，季节分解可以比较准确地预测 GDP。

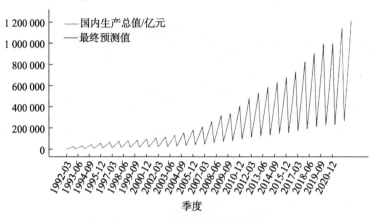

图 6-15　GDP 分解预测结果

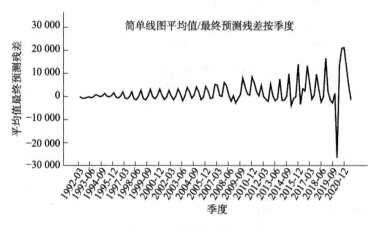

图 6-16　预测残差分布

6.5.5　问题延伸

（1）除了季节分解法，还有哪些方法可以消除季节性因素的影响？

（2）根据 GDP 的特点，对本案例中 2020 年以后预测模型的预测值和实际值残差明显增大的原因进行解释。并思考，针对这种特殊情况应该如何提高模型的拟合能力？

◆　**实践训练**

1. 表 6-15 是我国近几年每月网上零售额的统计值，它在一定程度上反映了我国电子商务零售额每个月的变化规律，数据来自国家统计局网站。回答以下问题。

（1）综合分析解释零售额变化的原因，采用指数平滑法拟合其长期的趋势，并预测 2021 年 12 月到 2022 年 3 月这 4 个月的每月零售额。

（2）绘制指数平滑法的拟合图和观测值图表。

表 6-15 电子商务月零售额

统计月度	网上零售额累计值/亿元	统计月度	网上零售额累计值/亿元
2018-02	12 271.3	2020-02	13 712
2018-03	19 318.5	2020-03	22 168.8
2018-04	25 791.5	2020-04	30 698
2018-05	32 690.6	2020-05	40 175.8
2018-06	40 810	2020-06	51 501
2018-07	47 862.7	2020-07	60 785.1
2018-08	55 195.5	2020-08	70 326
2018-09	62 784.6	2020-09	80 064.7
2018-10	70 539.1	2020-10	91 275.3
2018-11	80 688.6	2020-11	105 374.1
2018-12	90 065	2020-12	117 601.3
2019-02	13 982.8	2021-02	17 586.8
2019-03	22 378.7	2021-03	28 092.7
2019-04	30 439.3	2021-04	37 638.1
2019-05	38 641.3	2021-05	48 239
2019-06	48 160.6	2021-06	61 132.5
2019-07	55 972.5	2021-07	71 108.1
2019-08	64 393	2021-08	81 226.7
2019-09	73 237	2021-09	91 871
2019-10	82 307.1	2021-10	103 765.4
2019-11	94 957.8	2021-11	118 749.2
2019-12	106 324.2		

2. 2020 年我国脱贫攻坚战取得全面胜利，标志着我国 9 899 万名农村贫困人口全部脱贫，832 个贫困县全部摘帽，我国各个方面都发生了翻天覆地的变化，这些都是中国特色社会主义建设的伟大成就。自改革开放以来，农村居民收入不断提高，表 6-16 是我国的农村居民家庭人均纯收入的年度数据，数据来自国家统计局网站。回答以下问题。

表 6-16 我国的农村居民家庭人均纯收入

统计年度	人均纯收入/元	统计年度	人均纯收入/元
1978	133.57	1987	462.55
1979	160.17	1988	544.94
1980	191.33	1989	601.51
1981	223.44	1990	686.31
1982	270.11	1991	708.6
1983	309.77	1992	784
1984	355.33	1993	921.6
1985	397.6	1994	1 221
1986	423.76	1995	1 577.74

续表

统计年度	人均纯收入/元	统计年度	人均纯收入/元
1996	1 926.1	2009	5 435.129
1997	2 090.1	2010	6 272.443 9
1998	2 162	2011	7 393.915 2
1999	2 210.3	2012	8 389.284
2000	2 282.120 1	2013	9 429.563 2
2001	2 406.915 3	2014	10 488.882 6
2002	2 528.876 3	2015	11 421.706 6
2003	2 690.337 8	2016	12 363.409 3
2004	3 026.567 5	2017	13 432.425 7
2005	3 370.212 9	2018	14 617.030 3
2006	3 730.962 9	2019	16 020.667 6
2007	4 326.982 5	2020	17 131.471 1
2008	4 998.790 5		

（1）采用 ARIMA 模型分析每年的农村家庭人均纯收入，并预测 2021 年的农村家庭人均纯收入。

（2）将实际值和预测值绘制图形进行比较。

3. 表 6-17 是我国河北省 2006—2012 年每月的旅游接待人数，反映了每月的游客旅游的规律。数据来自国家统计局网站。回答以下问题。

表 6-17　河北省旅游接待人数表

统计月度	接待人数/人	统计月度	接待人数/人	统计月度	接待人数/人
2006-01	24 209	2007-07	437 788	2009-01	47 440
2006-02	58 180	2007-08	538 946	2009-02	89 823
2006-03	102 958	2007-09	618 568	2009-03	145 281
2006-04	165 013	2007-10	702 643	2009-04	211 134
2006-05	258 843	2007-11	772 339	2009-05	289 734
2006-06	322 002	2007-12	817 599	2009-06	358 791
2006-07	394 337	2008-02	90 359	2009-07	449 113
2006-08	481 459	2008-03	149 330	2009-08	551 066
2006-09	546 048	2008-04	226 666	2009-09	634 126
2006-10	623 154	2008-05	319 987	2009-10	730 295
2006-11	681 818	2008-06	375 692	2009-11	797 909
2006-12	724 838	2008-07	437 770	2009-12	842 185
2007-02	66 549	2008-08	502 906	2010-01	47 606
2007-03	112 858	2008-09	573 429	2010-02	95 177
2007-04	180 157	2008-10	655 268	2010-03	159 229
2007-05	280 391	2008-11	715 607	2010-04	235 186
2007-06	352 677	2008-12	750 182	2010-05	328 529

续表

统计月度	接待人数/人	统计月度	接待人数/人	统计月度	接待人数/人
2010-06	410 888	2011-06	483 862	2012-05	431 893
2010-07	522 618	2011-07	610 904	2012-06	546 059
2010-08	638 807	2011-08	741 951	2012-07	691 605
2010-09	733 045	2011-09	853 631	2012-08	842 331
2010-10	838 270	2011-10	985 184	2012-09	968 571
2010-11	921 210	2011-11	1 070 610	2012-10	1 118 085
2010-12	977 447	2011-12	1 141 439	2012-11	1 226 126
2011-03	186 004	2012-02	126 627	2012-12	1 293 201
2011-04	276 091	2012-03	211 414		
2011-05	384 300	2012-04	313 656		

（1）分别采用 Winter 指数平滑模型和分解法预测 2013 年各月份的接待人数。

（2）将实际值和预测值绘制图形进行比较。

第 7 章
指 数 分 析

想一想

➤ 如果让你分析比较"一带一路"沿线国家基础设施的发展状况,你该如何比较?

➤ 在全球气候变暖和经济快速发展时期,如何来量化空气质量?

➤ 如何衡量公众对气象服务的满意程度?

7.1 理论基础

7.1.1 指数的概念

指数，又称统计指数，是测定多项内容数量综合变动的相对数。指数方法论研究的是如何将多项内容综合在一起，以总体上反映其变动情况。指数是一种重要的相对数指标，它选取特定时期作为参照标准，以动态反映统计对象在不同时期的相对变化。指数分析法是统计学中的关键方法之一，它运用指数这一工具，系统地考察和揭示自然和人文社会现象的变化特征与发展规律。目前该方法已广泛运用于经济分析、市场决策等研究领域。

指数的含义可以从广义和狭义两个方面理解。广义上，指数指一切说明自然社会经济现象数量变动或差异程度的相对数，如动态相对数、比较相对数、计划完成相对数等。狭义上，指数则是一种特殊的相对数，专门用于表示那些不能直接相加和对比的复杂自然和社会经济现象的综合变动程度。例如：气象指数，是气象部门根据气象预测而发布的为居民生活出行提供参考依据的相对数；物价指数，是说明商品价格总变动的相对数；工业产品产量指数，是说明一定范围全部工业产品实物量总变动的相对数等。统计分析中的指数，常常指这种狭义的指数。

7.1.2 指数的作用

1. 综合反映变动方向和程度

指数通常是指用百分比表示的相对指数。指数以 100% 为基准点，高于 100% 表示增长，低于 100% 表示下降，与 100% 的差值则反映了相应指标变动的幅度。例如，物价指数 110%，说明商品价格涨了 10%。由于指数的分子项和分母项是两个总量指标，所以既可以计算经济指标的变动程度，也可以计算分子项和分母项两个总量指标之差，表示绝对变动。

2. 分析各因素在总变动中的影响大小和程度

总指标是若干因素的乘积，例如，商品销售额 = 商品销售量 × 单位商品价格；单个指标又受多个因素影响，例如，产品总成本 = 产品生产量 × 单位产品成本。这种影响可以从相对数和绝对数两个方面来分析，以确定各因素的影响方向和影响程度。

3. 研究事物在长时间内的变动趋势

由连续的动态数列形成的指数数列，可以反映事物的发展变化趋势。该方法能够将不同性质但存在关联的动态数列转化为可比较的相对数，突破了它们之间因计量单位不同而难以直接对比的局限，从而有效揭示数列间的变动关系。

7.1.3　指数的分类

1. 根据性质不同，指数可以分为数量指标指数与质量指标指数

数量指标指数是反映数量指标（即现象总体规模）综合变动程度的相对数，如产品产量指数、商品销售量指数、工人人数指数等。质量指标指数是反映质量指标（即总体质量和效果）综合变动程度的相对数，如商品价格指数、产品成本指数、工人劳动生产率指数等。

此外，商品销售额指数、产品总成本指数以及总产值指数等，也属于数量指标指数（销售额、总成本、总产值等都是数量指标），但它们反映的总量具有价值量特征，属于价值总量。我们通常不把它们归入数量指标指数，而是把它们单独分为一类——价值指数。在进行指数因素分析时，这些价值指数往往被分解为数量指标指数和质量指标指数的乘积来进行研究。

2. 根据研究对象的范围，可以分为个体指数与总指数

个体指数是反映单一现象或个别指标变动情况的指数。例如，市场上某种商品的价格指数或销售量指数。个体指数的实质就是一般意义的相对数。总指数是反映复杂现象总体的数量综合（平均）变动情况的相对数，由于复杂现象总体中往往有个别现象的数值不能直接相加或不能简单综合对比，因此总指数与个体指数在考察范围和计算方法上存在差异。

介于个别现象和总体现象之间，当需要分析某一组或某一类现象的变动情况时，应计算组指数或类指数。它是由某一类相同事物中的个体指数加权平均得到。个体指数和类指数是相对的，小类指数相对中类指数是个体指数。类指数和总指数都是综合指数，编制方法相同，只是计算的范围不同而已。

3. 根据时间状态分类，可以分为动态指数与静态指数

动态指数又称时间指数，它是在不同时间对同类现象水平进行对比，分析现象在时间范围内的变化过程及变化程度。常见的物价指数、股票价格指数、工业生产指数等，都属于动态指数。统计指数原本就是指动态指数，它是最重要的指数类型，而静态指数的引入，则是为了应用动态指数的分析原理和方法，对非动态的现象进行分析和研究。

静态指数包括空间指数和计划完成情况指数两种。空间指数是对不同空间的同类现象水平进行比较得到的结果，反映现象在空间上的差异程度。例如，地区间的价格比较指数，国际对比的购买力评价指数和人均 GDP 指数，等等。计划完成情况指数则是将某种现象的实际水平与计划目标对比的结果，反映计划的执行情况或完成与未完成的程度，如产品成本计划完成情况指数。

4. 根据对比的基期分类，可以分为定基指数和环比指数

定基指数指在指数数列中均以某一固定的时期作为基期计算的指数，用来说明现象在较长时期内的变动情况。环比指数指在指数数列中均以相邻前期作为基期计算的指数，用来说明现象在相邻两期中的变动情况。对于总指数，按照指数编制的方法，还可以进一步分为综合指数与平均指数，以及简单指数与加权指数。

7.1.4 指数的编制

总指数的编制有两种基本思路。

（1）先将指数化指标的值相加，然后进行对比，求总指数。然而，复杂现象总体的标志值不能直接相加。因为不同商品的销售量或价格不具有"同度量"的特点，它们属于不同度量的现象。为解决这个问题，需要先将不能直接相加的现象转化为相同度量，然后再进行相加和对比，以求得总指数。

（2）先求出各个个别现象的个体指数，然后求个体指数的平均数，用这个平均数作为复杂现象的总指数。最早采用的就是求个体指数的简单平均数，也就是简单平均指数。然而，在复杂现象总体中个体对总体变动的影响程度并不相同，直接采用简单平均指数法不能反映个体重要性程度的差异。为此，必须选择适当的权重，计算个体指数的加权的平均数，也就是编制加权平均指数。

7.1.5 常用指数

1. 综合指数

（1）拉氏指数。拉氏指数是重要的加权综合指数之一。拉氏价格指数是由德国经济统计学家埃蒂埃内·拉斯佩雷斯（E. Laspeyres）在 1864 年提出的，他在计算一组商品价格的综合指数时，把同度量因素商品的销售量固定在基期水平。拉氏指数将同度量因素固定在基期水平之上，故又称为"基期加权综合指数"。用字母 L 表示拉氏指数，相应的数量指标指数和质量指标指数的公式分别为

$$L_q = \frac{\sum q_1 p_0}{\sum q_0 p_0}, \quad L_p = \frac{\sum q_0 p_1}{\sum q_0 p_0}$$

式中，q_0 为基期商品的销售量；q_1 为报告期商品的销售量；p_0 为基期商品的价格；p_1 为报告期商品的价格。

（2）帕氏指数。与拉氏指数一样，帕氏指数也是重要的加权综合指数之一。帕氏指数是在 1874 年由德国另一位经济统计学家赫尔曼·帕舍（H. Paasche）提出的，他在计算一组商品价格的综合指数时，把同度量因素商品的销售量固定在报告期水平。帕氏指数将同度量因素固定在报告期水平之上，故又称为"报告期加权综合指数"，将帕氏指数简记为 P，相应的数量指标指数和质量指标指数的公式分别为

$$L_q = \frac{\sum q_1 p_1}{\sum q_0 p_1}, \quad L_p = \frac{\sum q_1 p_1}{\sum q_1 p_0}$$

2. 平均指数

（1）算术平均指数。在掌握复杂总体中各个别事物的个体指数，以及基期价值总量指标时，可以编制算术平均指数。算术平均指数的实质就是以个体指数为变量，以基期的价

值指标为权数，计算个体指数加权的算术平均数。因此，严格地说，算术平均指数应称为基期价值加权算术平均指数，其计算公式为

设个体数量指数 $k_q = \dfrac{q_1}{q_0}$，个体质量指数 $k_p = \dfrac{p_1}{p_0}$，权数为 $q_0 p_0$。

数量指标的算术平均指数为 $A_q = \dfrac{\sum k_q(q_0 p_0)}{\sum q_0 p_0} = \dfrac{\sum \dfrac{q_1}{q_0}(q_0 p_0)}{\sum q_0 p_0}$

质量指标的算术平均指数为 $A_p = \dfrac{\sum k_p(q_0 p_0)}{\sum q_0 p_0} = \dfrac{\sum \dfrac{p_1}{p_0}(q_0 p_0)}{\sum q_0 p_0}$

（2）调和平均指数。在掌握各个别事物的个体指数，以及报告期价值总量指标时，可以编制调和平均指数。调和平均指数的实质就是以个体指数为变量，以报告期的价值指标为权数，计算个体指数加权的调和平均数。因此，严格地说，调和平均指数应称为报告期加权调和平均指数。

设个体数量指数 $k_q = \dfrac{q_1}{q_0}$，个体质量指数 $k_p = \dfrac{p_1}{p_0}$，权数为 $q_1 p_1$。

数量指标的调和平均指数为 $H_q = \dfrac{\sum q_1 p_1}{\sum \dfrac{1}{k_q} q_1 p_1} = \dfrac{\sum q_1 p_1}{\sum \dfrac{q_0}{q_1}(q_1 p_1)}$

质量指标的调和平均指数为 $H_p = \dfrac{\sum q_1 p_1}{\sum \dfrac{1}{k_p} q_1 p_1} = \dfrac{\sum q_1 p_1}{\sum \dfrac{p_0}{p_1}(q_1 p_1)}$

本章后续几节介绍几种当下较经典的指数，结合案例，说明其指标体系的构建过程及算法，并分析其结果。

7.2 "一带一路"国家基础设施发展指数分析

7.2.1 背景介绍

2019 年 4 月 26 日，习近平主席出席第二届"一带一路"国际合作高峰论坛开幕式并发表主旨演讲，系统总结近 6 年来共建"一带一路"取得的丰硕成果，指明共建"一带一路"向着高质量发展方向不断前进的实践路径，宣示了新时代中国深化改革开放的坚定决心和务实举措，为"一带一路"建设从"大写意"迈向"工笔画"注入了强大动力。习近平主席指出，共建"一带一路"，关键是互联互通。基础设施是互联互通的基石，也是许多国家发展面临的瓶颈。建设高质量、可持续、抗风险、价格合理、包容可及的基础设施，有利于各国充分发挥资源禀赋，更好地融入全球供应链、产业链、价值链，实现联动发展。

然而，"一带一路"国家基础设施发展水平不同，政治经济背景差异较大，参与企业面临诸多不确定因素，尤其在当前单边主义和贸易保护主义抬头、经济逆全球化趋势兴起的背景下，各方参与"一带一路"国家基础设施建设面临更大风险和更多挑战。

为研究"一带一路"国家基础设施发展形势和特征，把握行业发展趋势，发现投资机遇并应对潜在挑战，在澳门贸易投资促进局的支持下，对外承包工程行业唯一的全国性行业组织——中国对外承包工程商会联合中国唯一政策性保险机构——中国出口信用保险公司共同开展了 2019 年"一带一路"国家基础设施发展指数研究工作，并第三次发布《"一带一路"国家基础设施发展指数报告》，旨在为各方深度参与"一带一路"基础设施投资与建设提供参考，助力各国企业共创"一带一路"互联互通新局面，努力实现人类命运共同体的美好未来。（资料来源：《"一带一路"国家基础设施发展指数报告（2019）》，中国对外承包工程商会，中国出口信用保险公司，2019 年 5 月）

需要哪些指标来反映基础设施的发展状况和特征呢？

如何构建基础设施发展指数的指标体系呢？

如何将这些指标进行综合，来从整体上把握行业的发展趋势能？

7.2.2 数据及指标体系构建

指标选取采取科学性、系统性、代表性、可操作性及数据的可得性等原则。本案例从多个维度选取"一带一路"国家基础设施发展水平指标[1]。具体指标如表 7-1 所示。

表 7-1 "一带一路"国家基础设施发展水平指标集

一级指标	二级指标	三级指标
基础设施发展水平指数	交通基础设施	铁路路网密度（千米/平方千米）
		公路路网密度（千米/平方千米）
		航空客运量（人）
		港口基础设施质量 （1 十分欠发达～7 十分发达，国际标准）
	能源基础设施	人均石油使用量（千克）
		人均耗电量（千瓦时）
		燃气普及率
	通信基础设施	固定电话用户数（每百人）
		移动电话用户数（每百人）
		安全互联网服务器（每百万人）
	教育基础设施	人均教育开支额
		高等院校入学率
		平均初等教育教师数目（万人）

---

① 李雪梅，彭洁，赵晓军."一带一路"基础设施发展指数与中国对外直接投资影响研究[R]. 珠海：经济商务管理与企业社会责任国际学术会议，2018.

其中，不同维度基础设施发展指标数据来自世界银行数据库、国际贸易组织等。由于我国对"一带一路"沿线国家直接投资数据缺失较为严重，最终选择了 42 个国家作为样本数据进行计算。在数据采集过程中，不同的指标存在统计口径不一致、数据不公开等因素，会导致指标间几个数量级之间的差异，因此，在计算基础设施发展指数之前，需要对原始数据进行归一化。运用熵权法，算出不同维度下"一带一路"沿线各国基础设施发展指数并进行排名。具体步骤如下。

首先，整理各项指标，得到初始数据矩阵。

$$A = \begin{pmatrix} x_{11} \cdots x_{1m} \\ \vdots \quad \vdots \quad \vdots \\ x_{n1} \cdots x_{nm} \end{pmatrix}$$

其中：$x_{ij}(i=1,2,\cdots n, j=1,2,\cdots m)$ 表示矩阵中第 i 个组成部分的第 j 个指标。

由于本案例使用的指标都是正向性指标，采用的数据归一化方法如下：

$$x_{ij} = \frac{\text{Max}(x_j) - x_{ij}}{\text{Max}(x_j) - \text{Min}(x_j)}$$

其中：x_{ij} 表示第 j 列的第 i 行的指标值；$\text{Max}(x_j)$ 表示第 j 列指标的最大值；$\text{Min}(x_j)$ 表示第 j 列指标的最小值。

然后，分别计算第 j 列指标下第 i 行值占该指标的比重：

$$P_{ij} = \frac{x_{ij}}{\sum\limits_{i=1}^{n} x_{ij}}$$

第 j 项指标的熵值为

$$e_j = -k \times \sum_{i=1}^{n} P_{ij} \log(P_{ij})$$

其中：$e_j \geq 0$，一般令 $k = \dfrac{1}{\ln m}$，则 $0 \leq e \leq 1$。

第 j 项一级指标的差异系数为 $g_j = 1 - e_j$，g_j 越大，则指标权重越高，所得权重为

$$W_j = \frac{g_j}{\sum\limits_{j=1}^{m} g_j}$$

最后，各国的综合发展指数为

$$S_i = \sum_{j=1}^{m} W_j \times x_{ij}$$

7.2.3 综合指数分析

通过计算，"一带一路"沿线 42 个国家的能源、交通、通信、教育基础设施得分排名

前 10 的情况如表 7-2 所示。从能源基础设施发展情况来看，排名前 10 的国家包括西亚北非地区的阿拉伯国家 2 个（科威特，卡塔尔），这部分国家能源资源丰富，石油、天然气工业为国民经济的支柱型产业。中东欧国家 4 个（波兰、捷克、俄罗斯、保加利亚），这部分国家石油资源相对丰富，天然气资源较少，人均耗电量也仅次于阿拉伯国家。中亚及蒙古地区国家 2 个（蒙古国，哈萨克斯坦共和国），蒙古国和哈萨克斯坦煤炭资源丰富，已探明的煤炭存储量分别位列全球第 7 与第 8，且 2016 年煤炭量发电的比例分别占总发电比例的 94.89%和 73.13%。从交通基础设施来看，中东欧发达国家在前 10 排名占据 4 位，包括捷克、匈牙利、波兰。中东欧国家经济发达，铁路建设完善，铁网密度很大，航空客运量也位居前列。东南亚国家则包括印度尼西亚、泰国、马来西亚等国，这部分国家注重旅游业的发展，吸引国外游客发展经济，其航空客运量人数较多，并且其港口基础设施的质量也较好。对于通信基础设施，以新加坡为首的发达国家占据了大多数，包括捷克、以色列、文莱、匈牙利、波兰等。这些国家的安全互联网普及率高，通信设备完善，移动电话每百人普及率基本超过了 50%。最后，关于教育基础设施，西亚北非 4 国占据了教育基础设施的前 4 名，最重要的原因是这些国家的人均教育投资额远远高于其他国家，达到了 1 404.23 美元/人。教育基础设施发展较好的国家还包括新加坡、波兰、文莱等国，说明经济实力雄厚的发达国家对于教育方面的重视程度要高于东南亚、南亚及中亚地区的发展中国家。

表 7-2 "一带一路"沿线 42 个国家不同维度下基础设施发展指数得分前 10 名

排名	能源基础设施		交通基础设施		通信基础设施		教育基础设施	
	国家	得分	国家	得分	国家	得分	国家	得分
1	卡塔尔	100.00	捷克	100.00	新加坡	100.00	卡塔尔	100.00
2	波兰	77.61	俄罗斯	93.78	捷克	73.66	以色列	83.65
3	捷克	72.56	印度	86.30	以色列	68.37	科威特	66.92
4	哈萨克斯坦	72.40	匈牙利	76.81	波兰	48.41	沙特阿拉伯	60.56
5	蒙古国	70.02	印度尼西亚	64.38	匈牙利	41.58	文莱	52.30
6	科威特	66.08	波兰	63.70	卡塔尔	32.80	新加坡	43.71
7	文莱	63.17	土耳其	62.96	保加利亚	32.37	波兰	42.20
8	以色列	57.79	马来西亚	53.13	科威特	31.84	俄罗斯	39.20
9	俄罗斯	52.41	泰国	51.16	文莱	26.68	匈牙利	38.65
10	保加利亚	50.98	以色列	43.38	俄罗斯	23.60	捷克	38.07

7.3　空气质量指数分析

7.3.1　背景介绍

空气质量的好坏是依据空气中污染物浓度的高低来判断的，它直接反映了空气污染的程度。空气污染是一个复杂的现象，在特定时间和地点空气污染物浓度受到诸多因素影响。固定和流动污染源的人为污染物排放大小是影响空气质量的最主要因素之一，其中包括车辆、船舶、飞机的尾气、工业污染、居民生活和取暖、垃圾焚烧等。城市的发展密度、地形地貌和气象等也是影响空气质量的重要因素。

那么，如何来量化空气质量的好坏呢？

我们可以通过构建空气质量指数（air quality index，AQI）来反映空气质量的状况。简单地说，就是根据空气中的各种成分占比，将监测的空气浓度简化成为单一的概念性指数值形式，它对空气污染程度和空气质量状况进行分级表示，反映了城市短期的空气质量状况和变化趋势。

7.3.2　数据及指标体系构建

AQI 计算与评价的过程大致可分为 3 个步骤。

（1）对照各项污染物的分级浓度限值〔AQI 的浓度限值参照（GB 3095—2012），API 的浓度限值参照（GB 3095—1996）〕，以细颗粒物（$PM_{2.5}$）、可吸入颗粒物（PM_{10}）、二氧化硫（SO_2）、二氧化氮（NO_2）、臭氧（O_3）、一氧化碳（CO）等各项污染物的实测浓度值（其中 $PM_{2.5}$、PM_{10} 为 24 小时平均浓度）分别计算得出空气质量分指数（individual air quality index，IAQI）。

（2）从各项污染物的 IAQI 中选择最大值确定为 AQI，当 AQI 大于 50 时将 IAQI 最大的污染物确定为首要污染物。

（3）对照 AQI 分级标准，确定空气质量级别、类别，以及表示颜色、健康影响与建议采取的措施。

简言之，AQI 就是各项污染物的 IAQI 中的最大值，当 AQI 大于 50 时，对应的污染物即为首要污染物。

算例如表 7-3 所示。

表 7-3　污染物指标浓度限值

空气质量分指数（IAQI）	污染物项目浓度限值									
	二氧化硫（SO_2）		二氧化氮（NO_2）		颗粒物（PM_{10}）	一氧化碳（CO）		臭氧（O_3）		颗粒物（$PM_{2.5}$）
	24 小时平均/（μg/m³）	1 小时平均/（μg/m³）	24 小时平均/（μg/m³）	1 小时平均/（μg/m³）	24 小时平均/（μg/m³）	24 小时平均/（μg/m³）	1 小时平均/（μg/m³）	1 小时平均/（μg/m³）	8 小时滑动平均/（μg/m³）	21 小时平均/（μg/m³）
0	0	0	0	0	0	0	0	0	0	0
50	50	150	40	100	50	2	5	160	100	35
100	150	500	80	200	150	4	10	200	160	75
150	475	650	180	700	250	14	35	300	215	115
200	800	800	280	1 200	350	24	60	400	265	150
300	1 600		565	2 340	420	36	90	800	800	250

续表

空气质量分指数（IAQI）	污染物项目浓度限值									
	二氧化硫（SO$_2$）		二氧化氮（NO$_2$）		颗粒物（PM$_{10}$）	一氧化碳（CO）		臭氧（O$_3$）		颗粒物（PM$_{2.5}$）
	24 小时平均/（μg/m^3）	1 小时平均/（μg/m^3）	24 小时平均/（μg/m^3）	1 小时平均/（μg/m^3）	24 小时平均/（μg/m^3）	24 小时平均/（μg/m^3）	1 小时平均/（μg/m^3）	1 小时平均/（μg/m^3）	8 小时滑动平均/（μg/m^3）	21 小时平均/（μg/m^3）
400	2 100		750	3 090	500	48	120	1 000		350
500	2 620		940	3 840	600	60	150	1 200		500
说明	（1）二氧化硫（SO$_2$）、二氧化氮（NO$_2$）和一氧化碳（CO）的 1 小时平均浓度限值仅用于实时报，在日报中需使用相应污染物的 24 小时平均浓度限值。 （2）二氧化硫（SO$_2$）1 小时平均浓度值高于 800μg/m^3 的，不再进行其空气质量指数计算，二氧化硫（SO$_2$）空气质量分指数按 24 小时平均浓度计算的分指数报告。 （3）臭氧（O$_3$）8 小时平均浓度值高于 800μg/m^3 的，不再进行其空气质量指数计算，臭氧（O$_3$）空气质量分指数按 1 小时平均浓度计算的分指数报告									

根据表 7-3，若实际测得 PM$_{2.5}$ 浓度为 425(μg/m^3)，则 PM$_{2.5}$ 的 IAQI 为

$$IAQI(PM_{2.5}) = \frac{500-400}{500-350} \times (425-350) + 400 = 475$$

与此同时，如果其他污染物的 IAQI 值均小于 PM$_{2.5}$ 的 IAQI 值，则 AQI 取所有 IAQI 中的最大值，即 AQI 为 475。

7.3.3 综合指数分析

根据计算的空气质量指数，有对应的空气质量类别、空气质量描述、对健康的影响，以及相应的可采取的应对措施（表 7-4）。

表 7-4 空气质量指数等级表

空气质量指数 AQI	空气质量指数级别	空气质量指数及表示颜色		对健康的影响	建议采取的措施
0~50	I	优	绿色	空气质量令人满意，基本无空气污染	各类人群可正常活动
51~100	II	良	黄色	空气质量可接受，某些污染物对极少数敏感人群健康有较弱影响	极少数敏感人群应减少户外活动
101~150	III	轻度污染	橙色	易感人群有症状且轻度加剧，健康人群出现刺激症状	老人、儿童、呼吸系统等疾病患者减少长时间、高强度的户外活动
151~200	IV	中度污染	红色	进一步加剧易感人群症状，对健康人群的呼吸系统有影响	儿童、老人、呼吸系统等疾病患者及一般人群减少户外活动
201~300	V	重度污染	紫红色	心脏病和肺病患者症状加剧，运动耐受力降低，健康人群出现症状	儿童、老人、呼吸系统等疾病患者及一般人群停止或减少户外运动
>300	VI	严重污染	褐红色	健康人群运动耐受力降低，有明显强烈症状，可能导致疾病	儿童、老人、呼吸系统等疾病患者及一般人群停止户外活动

7.4 气象服务公众满意度指数分析

7.4.1 背景介绍

为客观评价公众气象服务效益，总结分析气象服务发展的经验和问题，提升气象服务水平，2011 年开始，中国气象局委托第三方评估机构——国家统计局社情民意调查中心开展公众气象服务评价。

公众气象服务评价采用问卷和电话调查方式，每年选取约 4 万个样本，从公众气象服务满意度、气象服务需求、气象灾害预警服务、气象服务传播渠道及公众气象服务经济效益 5 个方面进行调查与评估。

根据国家标准《全国气象服务满意度》（GB/T 35563）计算分析，2018 年中国公众气象服务满意度为 90.8 分，创历年新高。这一结果反映出社会对气象服务的需求快速增长，公众对气象服务的准确性、及时性、便捷性、实用性及预警服务的满意度均呈现明显上升趋势。

那么，如何进行公众气象服务评价呢？满意度指标是如何计算的呢？

7.4.2 数据及指标体系构建

根据国家标准 GB/T 35563—2017，气象服务公众满意度是指公众在使用气象服务产品或接受气象服务后，对服务内容的准确性、实用性、及时性、便捷性等方面的满意程度评价。

气象服务公众满意度计算公式为

$$S = \sum_{i=1}^{5} P_i L_i$$

其中：S 为气象服务公众满意度总分值；i 为公众对气象服务满意程度的定性评价，结果为满意、比较满意、一般、不太满意、不满意，取值分别为气象服务满意度结果通过调查取得；P_i 为公众对气象服务满意程度定性评价结果为 i 的样本数占总样本数的比例；L_i 为公众对气象服务满意程度定性评价结果为 i 的赋值。具体见表 7-5。

表 7-5 公众对气象服务定性评价结果的赋值表

i	1	2	3	4	5
L_i	100	80	60	40	20

算例如下。

如何进行公众气象服务满意度调查？

首先，需要明确公众气象服务满意度调查的目的，设计调查方案，包括调查对象、调查时间、调查范围、调查方式、调查主题内容等。其次，进行问卷设计，先确定评价指标，将调查主题内容逐级分解，直至形成系列可直接测评的指标。公众气象服务满意度调查指标包括：①气象服务内容的准确性，即调查公众对气象服务信息准确性的认可程度；②气象服务内容的及时性，即调查公众对气象服务信息发布及时性的认可程度；③气象服务内容的实用性，即调查气象服务信息对公众的有用程度；④气象服务内容的便捷性，即调查公众对气象服务信息接收方便性的认可程度。将可以直接测评的指标转化为问卷的具体问题和选项，与此同时，问卷设计应严格遵循科学性、针对性、可行性原则。问题设计要简短准确，要避免带有双重或多重含义、有倾向性或否定形式的提问。选项设计要遵循穷尽性和互斥性的原则。此外，还需要对问卷进行试验性调查，发现问题，修订问卷，直到最后确定问卷。最后，依据既定的调查方式和确定的问卷实施调查。

调查结果如表 7-6 所示。

表 7-6　公众气象服务满意度调查结果

满意程度	评价指标（比例%）			
	准确性（$S1$）	及时性（$S2$）	实用性（$S3$）	便捷性（$S4$）
满意	90	95	85	88
比较满意	8	4	8	6
一般	2	1	2	4
不太满意	0	0	5	1
不满意	0	0	0	1

根据表 7-6 中公众对气象服务满意程度定性评价结果的样本数占总样本数的比例，计算满意度分指数：

$S1 = 100 \times 90\% + 80 \times 8\% + 60 \times 2\% = 97.6$

$S2 = 100 \times 95\% + 80 \times 4\% + 60 \times 1\% = 98.8$

$S3 = 100 \times 85\% + 80 \times 8\% + 60 \times 2\% + 40 \times 5\% = 94.6$

$S4 = 100 \times 88\% + 80 \times 6\% + 60 \times 4\% + 40 \times 1\% + 20 \times 1\% = 95.8$

最终求算气象服务公众满意度总分值：

$S = (S1 + S2 + S3 + S4) /4 = (97.6 + 98.8 + 94.6 + 95.8) / 4 = 96.7$

7.4.3　综合指数分析

从满意度分指数分析可以发现，公众对于气象服务及时性的满意度最高，实用性满意度最低，整体满意度得分较高，为 96.7。公众对于气象服务总体上的评价是持肯定态度的。

第 8 章
逻 辑 回 归

想一想

➤ 什么是定性数据？主要有哪几种类型？

➤ 如何设计社会调查问卷？需要注意哪些问题？

➤ 如何用分类变量建立回归模型？常用的模型有哪些形式？

➤ 模型如何估计？如何解释系数的含义？

8.1 定性响应回归模型

8.1.1 定性响应概率模型的提出

在调查问卷中，大多数题目涉及定性数据，这些数据可通过分类变量（具体分为定类变量与定序变量）来表征。因此，在探讨各种因素间的不确定性因果关系时，因变量常以分类变量的形式出现。比如，你把统计学课程成绩是否及格看作一个随机变量，设为 y，则 y 取值有 2 个：$y=0$，表示不及格；$y=1$，表示及格。再比如，你认为统计学这门课程的难易程度如何？用 y 表示该随机变量，取值为 $y=1$、2、3、4、5，分别表示非常难、较难、一般、较容易、非常容易。

当我们想要研究哪些因素对我们的统计学成绩产生影响，以及哪些因素影响了我们对统计学课程的态度时，就需要构建定性因变量回归模型，也叫作定性响应回归模型。当被解释变量（回归子变量、因变量）是一个二值或二分变量（binary or dichotomous variable）时，为二值定性响应回归模型（binary response models）；当被解释变量是三分或多分的（polychotomous，multiple-category）时，为多分响应变量回归模型；当被解释变量是有顺序的（ordinal）定性变量时，称为多项有序回归模型。

结合大学阶段对统计学的教学要求，本章我们将重点讨论二元定性响应模型中的三种模型：线性概率模型（linear probability model，LPM）、Logit 模型以及 Probit 模型。对多分响应变量回归模型和多项有序回归模型只进行简单介绍。然后举例说明这些模型的应用。

8.1.2 二元定性响应模型

1. 线性概率模型

考虑如下回归模型：

$$Y = \beta_0 + \beta_1 X_1 + \beta_2 X_2 + \cdots + \beta_k X_k + \mu$$

当被解释变量是二分类变量时，这个线性回归模型也被称为线性概率模型。线性概率模型是最为常见的计量经济学模型，该模型的优点是系数有明确的含义：X 对 Y 的边际效应。

因为 Y 在给定 X 下的条件期望 $E(Y|X)$ 可解释为在给定 X 下事件发生的条件概率，即 $P(Y=1|X)$。假定 μ 的期望是 0，则有

$$E(Y|X) = P(Y=1|X) = \beta_0 + \beta_1 X_1 + \beta_2 X_2 + \cdots + \beta_k X_k + \mu$$

因为概率取值必须在 0 和 1 之间，所以线性概率模型存在约束条件 $0 \leqslant E(Y|X) \leqslant 1$。

是否可以直接用 OLS 方法对该模型进行估计呢？该模型有以下几个问题。

（1）干扰项 μ 的非正态性。OLS 方法并不要求干扰项是正态的，但对模型的统计推断

要求假定其是正态分布的。但在线性概率模型中，干扰项 μ 和被解释变量 Y 一样，是一个定性分类变量，也是只取 2 个值，因此 μ 的正态性假定便难以成立。

（2）干扰项 μ 的异方差性。由于干扰项 μ 也服从两点分布，其方差为

$$\mathrm{var}(\mu)=P(1-P)$$

但概率 P 是解释变量 X 的线性函数，所以概率必然依赖于 X 的具体数值，即意味着方差与解释变量 X 的取值有关，从而模型展现出异方差性的特征。

（3）不满足 $0 \leqslant E(Y\,|\,X) \leqslant 1$。在线性概率模型中，$E[Y|X]$ 度量在给定 X 的条件下，事件 Y 发生的条件概率，所以理论上必须在 0 和 1 之间。但实际上，对于线性概率模型，该期望的估计值 $\hat{Y}$ 可能不满足这一约束条件。

（4）逻辑上存在问题。线性概率模型假定 $E(Y\,|\,X) = P(Y=1\,|\,X)$ 是解释变量 X 的线性函数，即随 X 的变化而发生线性变化，X 的边际效应一直保持不变。这点一般不符合现实，实际中 P 和 X 之间的关系可能是非线性的，随 X 逐渐变小，估计概率趋于零的速度越来越慢，随着 X 增大，估计概率趋于 1 的速度也越来越慢。

对于以上问题，干扰项的非正态性和异方差性，借助于某些计量经济学手段可以解决。第 3 点和第 4 点是用 OLS 方法估计线性概率模型的真正问题所在，是线性概率模型无法克服的，因此，有理由发展其他更好的模型。

2. logit 模型和 probit 模型

为克服线性概率模型的缺陷，考虑如下模型：

$$P(Y=1\,|\,X) = G(\beta_0 + \beta_1 X_1 + \beta_2 X_2 + \cdots + \beta_k X_k)$$

函数 G 具有多种形式，可以将其视为某个随机变量的累积分布函数（cumulative distribution function，CDF），则该模型必然满足上面所提及的模型要求。在实践中，CDF 常用 2 种形式：logistic 和 normal，前者给出 logit 模型，后者给出 probit（或 normit）模型。由于 logit 模型具有易于解释的特点，其系数有明确的经济意义，因此在实践中应用较多。

（1）logit 模型。假设方程为

$$P = \frac{1}{1+\mathrm{e}^{-Z}} = \frac{\mathrm{e}^Z}{1+\mathrm{e}^Z}$$

其中，$Z = \beta_0 + \beta_1 X_1 + \beta_2 X_2 + \cdots + \beta_k X_k$。

即 logistic 分布函数（logistic distribution function）。

根据以上方程可以得到

$$1-P = \frac{1}{1+\mathrm{e}^Z}$$

由此可得

$$\frac{P}{1-P} = \frac{1+\mathrm{e}^Z}{1+\mathrm{e}^{-Z}} = \mathrm{e}^Z$$

上式左边的比值表示事件发生概率与未发生概率的比值，称之为机会比率（或发生比、相对风险）。

两边取对数，即进行 logit 变换，其取值范围为（ $-\infty$, $+\infty$ ）的整个实数区间。记机会比率的对数为 L ，则有

$$L = \log it(p) = \ln\left(\frac{P}{1-P}\right) = \frac{1+e^Z}{1+e^{-Z}} = Z = \beta_0 + \beta_1 X_1 + \beta_2 X_2 + \cdots + \beta_k X_k$$

因此，机会比率的对数 L 不仅是 X 的线性函数，也是参数的线性函数。此时称 L 为 logit，而基于这种特性的模型就称为 logit 模型。与线性概率模型不同的是，logit 模型假定机会比率的对数与解释变量 X 有线性关系。

（2）probit 模型

当假定函数 G 为正态 CDF 时，模型就被称为 probit 模型，或 normit 模型。此时，

$$P(Y=1\,|\,X) = P(Z \leqslant \beta_0 + \beta_1 X_1 + \beta_2 X_2 + \cdots + \beta_k X_k) = F(\beta_0 + \beta_1 X_1 + \beta_2 X_2 + \cdots + \beta_k X_k)$$

$P(Y=1\,|\,X)$ 表示给定解释变量 X 值时一个事件发生的概率；Z 是标准正态分布变量。F 是标准正态分布 CDF。因此事件发生的概率可由标准正态分布概率来度量。

probit 模型与 logit 模型都很常用，二者的估计结果（比如边际效应）通常很接近。logit 模型的优势在于，逻辑分布的 CDF 有解析表达式（标准正态没有），故计算 logit 模型更为方便；而且 logit 模型的回归系数更易解释其经济意义。

3. 模型解释

在线性回归模型中，斜率系数度量的是，在所有其他变量都保持不变的情况下，一个解释变量的单位变化所引起的被解释变量的平均变化；在线性概率模型中，斜率系数直接度量了在所有其他变量的影响保持不变情况下，某解释变量的单位变化导致一个事件发生的概率的变化。在 logit 模型中，变量的斜率系数给出了在保持其他变量不变的情况下，该变量的单位变化导致的对数机会比率的变化；在 probit 模型中，概率的变化率要复杂一些，由 $\beta_j f(Z_i)$ 给出。在 logit 和 probit 模型中，概率变化的计算涉及所有解释变量，而在线性概率模型中仅涉及第 j 个解释变量。

对模型有关的其他问题，如模型系数的最大似然估计、模型的拟合优度与统计检验等问题，请参考相应的计量经济学教材和专业定性变量回归分析等书籍，本章参考文献中也列出了部分书目，可供参考。

4. 方程检验

建立 logistic 回归方程之后，需要对方程、系数、拟合优度等进行检验，logistic 回归方程的统计检验与一般多元线性回归模型不同。主要的方法有如下 3 种。

（1）方程显著性检验——似然比检验。对回归方程的显著性检验的假设为

H_0：方程中的所有回归系数等于 0。

H_1：方程中的回归系数不全为 0。

似然比检验（likelihood ratio test）的统计量为似然比卡方，似然比的值小于 1，习惯上用"−2 倍对数似然值（−2log likelihood）"（记为 −2LL）表示。似然比的值反映了自变量 x 引入回归方程前后对回归系数的影响，其值越大，−2LL 越小，x 引入回归方程后模型的预测效果越好，如果模型 100% 完美，似然比的值等于 1，−2LL = 0。当似然比卡方的观

测值对应 p 值小于给定的显著性水平时，拒绝原假设，建立的 logistic 回归方程才有意义。

（2）系数显著性检验——沃尔德检验（Wald test）。

对回归系数的显著性检验的目的是考查自变量 x 是否与 logit(P)有线性关系，对解释 logit(P)是否有重要贡献。假设如下。

H_0：方程中的回归系数 $\beta = 0$。

H_1：方程中的回归系数 $\beta \neq 0$。

在 SPSS 的输出结果中，关于 β 的所有检验以及置信区间的估计都是基于沃尔德检验（Wald test）。当沃尔德的观测值对应 p 值小于给定的显著性水平时，拒绝零假设，认为 β 与零有显著性差异，与 logit(P)有线性关系，应保留在 logistic 回归方程中。

需要注意的是，当各个自变量之间具有共线性时，沃尔德检验的结果将变得不可靠。具体来说，若回归系数的绝对值较大，沃尔德统计量的值会相应减小，导致无法有效地拒绝零假设，进而可能造成本应进入方程的变量被错误地排除在外。所以，此时不应依据沃尔德进行检验。建议的做法是应该建立包含和不包含要检验变量的 2 个回归方程，并在建模过程中采用"向后：LR(backward:LR)"方式作为选择变量的方法，利用对数似然比的变化值进行检验。也有人建议在建立方程的过程中，筛选变量时最好用比分检验（score test）。比分检验的意义在于，当向当前模型中引入某个变量（如性别）时，检验该变量的回归系数是否为零，如果对应的 p 值大于给定的显著性水平，该变量就不应引入方程中。

（3）模型的拟合优度检验。

对模型的拟合优度检验除应用"–2 倍对数似然值"外，还有以下几种方法。

①伪决定系数。伪决定系数与线性回归分析决定系数的作用相同，反映的是当前模型中的自变量能够解释因变量变异的程度，即对因变量所解释的变异占因变量总变异的比例。具体地，二项 logistic 回归给出了 2 种伪决定系数：考克斯-斯奈尔 R 平方（Cox& SnellR^2）和内戈尔科 R 平方（NegelkerkeR^2），后者是对前者的改进，前者取值范围不易确定，后者取值范围在 0 与 1 之间，越接近于 1，说明模型的拟合度越好，越接近于 0，拟合度就越差。对于多项 logistic 回归还包括了麦克法登 R 平方（McFadden R^2），理想取值范围为 0.3～0.5。但是就 logistic 回归而言，通常模型的伪决定系数都不高，有人认为达到 0.3 就可以了。

②模型预测的正确率。对因变量预测结果的准确程度反映了模型的拟合程度。logistic 回归方程预测的分类结果与原始的分类结果组成列联表，就可以非常直观地看到模型的拟合程度如何，在 SPSS 中以"分类表（classification table）"展示结果，给出了预测的正确率。

③霍斯默-莱梅肖（Hosmer-Lemeshow）检验。该检验是将所有的观测值根据模型预测概率的大小分为样本数大致相等的 10 个组，如果模型拟合得好，那么每组的观测值与期望值的差异应该比较小，于是该检验的零假设是观测频数的分布与期望频数的分布无显著性差异。当卡方值对应的概率 p 小于给定的显著性水平时，拒绝零假设，说明模型拟合得不好，反之，则接受零假设，模型拟合得比较好。

使用 Hosmer-Lemeshow 检验时，要求样本量相当大，以确保在大多数组别中至少有 5 个以上的样本点，并且所有组别的预测概率值均大于 0 且小于 1。这种检验方法较多地应用于自变量多，或自变量中包括连续变量的情况，以及各自变量组合的样本量足够大的情况。

最后需要指出的是，在建立回归方程之后，需要进行残差分析和多重共线性识别。实际中用的比较多的残差是学生化（studentized）残差和偏差（deviate），当残差的绝对值大于 2 个标准差时，通常提示该样本点可能是多维空间中的一个异常点。此外，在进行 logistic 回归分析时，特别是在引入变量间的交互作用后，如果方程出现了反常的结果，就需要考虑是否存在多重共线性的问题。

8.1.3 多项响应变量回归模型

调查问卷中大量题目的答案为多选项，因此实践中会遇到因变量是多分类变量的情况。如果各个分类间不存在顺序关系，可以采用多项 logistic 回归分析来考察变量之间的不确定性因果关系，其原理与二项模型基本相同。

二项 logistic 回归方程为

$$L = \ln\left(\frac{P}{1-P}\right) = \frac{1+e^{Z}}{1+e^{-Z}} = Z = \beta_0 + \beta_1 X_1 + \beta_2 X_2 + \cdots + \beta_k X_k$$

因变量只有 2 个分类，P 是因变量 $y=1$ 的概率，$1-P$ 是 $y=0$ 的概率，因此，可以写为

$$L = \ln\left(\frac{P}{1-P}\right) = \ln\frac{P(Y=1)}{P(Y=0)}$$

多类别 logistic 回归分析中，是将因变量的某一类别作为参照类别，再分析参照类别与其他类别的对比情况。例如，因变量 y 有三个类别 A、B、C，以 C 为参照类别，则有 2 个类似的方程

$$L = \ln\frac{P(Y=a)}{P(Y=c)} = \beta_0 + \beta_1 X_1 + \beta_2 X_2 + \cdots + \beta_k X_k$$

$$L = \ln\frac{P(Y=b)}{P(Y=c)} = \gamma_0 + \gamma_1 X_1 + \gamma_2 X_2 + \cdots + \gamma_k X_k$$

一般地，如果因变量有 m 个分类，取其中一个分类为参照类别，就要建立 $m-1$ 个方程，这些方程构成的模型也被称为广义 logit 模型。

8.1.4 多项有序回归模型

调查问卷中可能会有定序变量的题目，如本章提到的学生对统计学课程难易程度的认识，其多个类别之间有着明显的顺序关系，将其称为有序多分类变量。当考察其因果关系时，可采用多项有序回归模型进行分析。因为因变量的各个类别是有序的，所以这些类别的概率具有可累计性。多项有序回归模型的思路便是基于概率的可累计性，通过不同的连接函数来进行模型构建。

假设因变量有 k 个类别，最后一个类别往往可作为参照类别。多项有序回归模型基于概率的可累计性原理，建立 $k-1$ 个模型，这 $k-1$ 个模型，除常数项外，应具有相同的回

归系数。这样的多项有序回归模型也被称为位置模型。

8.2 调查问卷设计与分析

8.2.1 问卷设计

1. 问卷的结构

抽样调查（sampling survey）是从全体研究对象（称为总体）中，按一定方式选择或抽取一部分作为样本，调查工作仅在样本中进行，是一种非全面调查。从研究范式上看属于定量研究，抽样调查有一套完备的操作技术，包括抽样方法、资料收集和统计分析方法等。抽样调查的标准化工具就是问卷，抽样调查有时也称为问卷调查。

问卷一般由标题、封面信、指导语、问题与选项、编码、结束语等部分组成。问卷的标题向调查对象概括地说明了调查的主题，起到画龙点睛的作用。标题的结构一般是：调查对象＋调查内容＋调查问卷，例如，"南京市居民住房状况调查问卷"等。标题之后是给调查对象的一封短信，通常称为封面信或封面语，说明调查的目的和价值、调查对象的范围、做出回答的重要性、调查的秘密性等，并对调查对象表示感谢。指导语类似使用说明书，向调查对象说明填答问卷的方法、要求和注意事项。

问题与选项是问卷的主体，一般包括调查所要询问的问题、回答问题的选项和方式，以及对回答方式的说明等。问卷中的问题从不同的视角可以做不同的分类，按问题的方式可分为开放式问题和封闭式问题。开放式问题（open-ended question）是调查者对所提出的问题没有规定答案的选择范围，调查对象可以按照自己的意愿自由回答。封闭式问题（close-ended question）也称为选择题，是调查者将问题的内容和可选择的答案做了精心设计后编制的题目，调查对象只能根据自己的实际情况，从所给的若干个可能的答案中进行选择，无法自由发挥。

编码是将文字答案转化为数字代号的过程，以便于计算机进行数据处理，可以给每道题目、每一道题目的选项一个一个编码。问卷的结束语中可以放置一个开放式的问题，也可以对调查对象表示真诚的感谢。

2. 问卷的编制过程

形成一份问卷主要是通过以下几个步骤：准备工作，探索性研究，编制问卷初稿，根据专家调查和试测的结果修改问卷，形成最后的正式问卷。

问卷的准备工作包括：明确调查目的与主题，查阅文献资料，明确问卷调查收集资料的方式（采用自填式还是访谈式），分析调查对象特征和初步界定概念的操作定义。概念的操作定义就是用一系列可以观察、可以测量的事物、现象和方法，对抽象概念做出界定和说明。例如，"发散思维"概念的操作定义为：在限定的时间内，学生列举出砖的各种用途，所得到的测试分数。

探索性研究主要包括：进行开放式问卷调查，召开座谈会，个别访谈及实地考察。通过这些工作：能够帮助我们弄清楚对某个指标可以提出哪些问题，某个问题可能会有多少种回答，经过归纳便可以设计出这个问题的选择项；还能够对各种问题的提法，不同类型的回答者所使用的语言，对不同问题的关注程度等获得第一手资料，有利于操作定义的完善，并将问题编写得更加清晰、选项更加客观具体，为开放式问卷转化为封闭式问卷奠定基础。

编制问卷初稿可以直接在计算机上操作：首先，将所有问题整理出来并录入计算机，不必考虑题目的顺序，但要注意问题的提法和答案的设计；其次，将一个个问题分别嵌入相关的主题中，并对每一部分的题目进行排序，形成问卷的主体；最后，写好封面信、指导语和编码等内容。

问卷初稿完成后，要在听取专家对问卷的意见和建议的基础上修改问卷，然后进行小范围的试测，从 3 个方面发现问卷中的问题：一是对回收问卷的填答情况进行考查；二是对题目进行项目分析，删去鉴别度低的题目；三是进行信度效度分析，以便对问卷进行再修改，形成最终问卷。

8.2.2　问卷案例

气象减灾防灾数据管理相关情况调查问卷

您好！

欢迎参加调查工作！此次调查的目的是提出防灾减灾政策建议。这些建议旨在提升防御气象灾害的能力、减少灾害损失和提高服务水平等，从而更好满足人们共建美好生活的需要。感谢您支持我们的工作，谢谢！

说明：本调查问卷由国家社科重大项目"基于大数据融合的气象灾害应急管理研究"课题组设计，本次调查采用匿名形式，调查信息完全用于科研，请放心！

1. 基本信息

（1）您的年龄

A. 18 岁以下	B. 18～30 岁	C. 30～40 岁
D. 40～50 岁	E. 50～60 岁	F. 60 岁以上

（2）性别

A. 男性　　　　　　　B. 女性

（3）最高学历为

A. 初中及以下　　　　B. 高中/中专

C. 大专/本科　　　　　D. 硕士及以上

（4）居住的地区为

A. 华北	B. 东北	C. 华东	D. 华中
E. 华南	F. 西南	G. 西北	H. 港澳台地区

（5）居住的地方为

A. 直辖市　　　　　　B. 省会城市　　　　　C. 地级市

    D. 县（县级市）   E. 乡镇   F. 村庄

（6）职业为

    A. 机关、企事业负责人   B.专业技术、办事人员

    C. 商业、服务业人   D. 农、林、牧、渔、水利业生产人员

    E. 生产、运输设备操作人员   F. 军人   G. 其他

2. 气象灾害对您产生的影响

（1）您担心台风/暴雨灾害会给你带来不利影响吗？

    A. 非常担心   B. 比较担心   C. 一般   D. 不太担心   E. 不担心

（2）您每年因为台风/暴雨等灾害受到过的损失有？（可多选）

    A. 受到伤害   B. 车辆受损   C. 房屋破损（玻璃破碎等）

    D. 心情焦虑（或生病）   E. 农田受淹等

（3）您每年因为台风/暴雨等灾害受到的经济损失大约是？

    A. 1 000 元以内   B. 1 001～3 000 元   C. 3 001～5 000 元

    D. 5 001～10 000 元   E. 10 000 元以上

（4）如果您参加台风/暴雨灾害的保险，大部分损失都可获赔，您每年愿意投保多少钱？

    A. 100 元以内   B. 101～300 元   C. 301～500 元

    D. 501～1 000 元   E. 1 000 元以上   F. 不愿意

（5）假如推出一种类似股票的天气指数金融产品（有可能亏损，有可能赚钱），您愿意购买吗？

    A. 非常愿意   B. 比较愿意   C. 愿意   D. 不太愿意   E. 不愿意

（6）假如发行天气彩票（可能没有获奖，可能获得大奖），您愿意购买吗？

    A. 非常愿意   B. 比较愿意   C. 愿意   D. 不太愿意   E. 不愿意

（7）若发生台风/暴雨等气象灾害，您愿意捐款吗？

    A. 非常愿意   B. 比较愿意   C. 愿意   D. 不太愿意   E. 不愿意

3. 气象灾害信息获取

（1）您认为预报/预警信息，是否能减少您的损失？

    A. 减少很多   B. 减少较多   C. 一般   D. 减少一点   E. 没有减少

（2）您主要通过下列哪些途径得到气象灾害的预报/预警及防范知识？（多选）

    A. 学校教育   B. 宣传栏   C. 电视   D. 网络

    E. 广播   F. 报纸   G. 工作人员   H. 其他

（3）灾前，您最希望获得哪些信息？（限选 3 个）

    A. 灾害预警等级   B. 灾害发生时间   C. 气象灾害持续时间

    D. 应对建议   E. 对所在地的影响程度   F. 其他

（4）灾中，您最希望获得哪些信息？（限选 3 个）

    A. 灾害等级   B. 持续时间   C. 政府采取的行动

    D. 家庭（个人）应当采取措施的（行动）建议   E. 避难场所情况

F. 撤离方式　　　　　　　G. 其他

（5）灾后，您最希望获得哪些信息？（限选3个）

　　A. 食宿信息　　　　　B. 医疗信息　　　　　C. 心理辅导　　　　　D. 疫情防控

　　E. 交通、电力、通信等基础设施状况　　　F. 救灾物资　　　　　G. 其他

（6）在灾后恢复与重建阶段，您希望获得以下信息？（限选3个）

　　A. 灾害损失政府帮扶程度　　　　　　　B. 可能获得的社会捐助

　　C. 可能获得的保险赔付　　　　　　　　D. 各类损失分担资金的申请方法

　　E. 可能多长时间会恢复以前的生活　　　F. 其他

（7）当您得到灾害预警信息时，您愿意分享给亲朋好友吗？

　　A. 迅速告知　　　　　　B. 比较迅速地告知　　　　　　C. 一般

　　D. 有时间就告知　　　　E. 不告知

（8）您会选择哪种渠道将减灾经验告诉给大家？

　　A. 在朋友圈、微博、微信公众号上发布

　　B. 告诉社区或政府工作人员

　　C. 申请专利

　　D. 通过政府应急管理专门反馈通道反映

　　E. 在报纸或杂志上发表

（9）有灾害预警时，您愿意向政府的减灾系统提供您个人的定位信息吗？

　　A. 非常愿意　　B.比较愿意　　C. 一般　　D. 不太愿意　　E. 不愿意

（10）政府部门统计您家庭的物质财产，以便核定和弥补部分灾害损失，您愿意吗？

　　A. 非常愿意　　B.比较愿意　　C. 一般　　D. 不太愿意　　E. 不愿意

（11）暴雨来临时，有广播或手机信息提示您绕行低注路段吗？

　　A. 有实时提醒，并绕行

　　B. 有实时提醒，但不愿绕行

　　C. 没有注意

　　D. 没有实时提醒，自己绕行

　　E. 没有实时提醒，也没有绕行

（12）台风/暴雨灾害给您带来了损失，您觉得是以下原因造成的吗？

　　①没有获得气象预报预警信息

　　A. 完全赞同　　B. 赞同　　　　C. 一般　　　　D. 不赞同　　　E. 非常不赞同

　　②获得了气象预报预警信息，但个人没有采取相应的行动

　　A. 完全赞同　　B. 赞同　　　　C. 一般　　　　D. 不赞同　　　E. 非常不赞同

　　③个人采取了相关行动，但灾害无法避免

　　A. 完全赞同　　B. 赞同　　　　C. 一般　　　　D. 不赞同　　　E. 非常不赞同

　　④气象预报预警信息不准确

      A. 完全赞同   B. 赞同   C. 一般   D. 不赞同   E. 非常不赞同

（13）收到台风预警后，您会将车驶离地下车库停至路边吗？

      A. 完全赞同   B. 赞同   C. 一般   D. 不赞同   E. 非常不赞同

4. 大数据应用于减灾

（1）大数据具有 5V 特点，您知道 5V 指的是什么吗？

      A. 完全了解   B. 了解   C. 一般   D. 不太了解   E. 不了解

（2）您认为"大数据技术能够用来帮助人们防灾减灾吗"？

      A. 帮助非常大   B. 帮助比较大   C. 一般   D. 帮助较小   E. 不了解

（3）法律或部门规定的数据保密级别限制减灾成效，您赞成适度放宽吗？

      A. 非常赞同   B. 比较赞同   C. 一般   D. 不太赞同   E. 非常不赞同

5. 社区与志愿者

（1）您赞同社区应当承担起防灾自救和互救工作吗？

      A. 非常赞同   B. 比较赞同   C. 一般   D. 不太赞同   E. 非常不赞同

（2）您赞同社区承担风险评估和防灾信息发布工作吗？

      A. 非常赞同   B. 比较赞同   C. 一般   D. 不太赞同   E. 非常不赞同

（3）台风/暴雨预警后，您是否愿意参与社区减灾工作？

      A. 非常愿意   B. 比较愿意   C. 一般   D. 不太愿意   E. 不愿意

（4）在其他地区受灾时，您愿意成为一名救灾志愿者帮助大家吗？

      A. 非常愿意   B. 比较愿意   C. 愿意   D. 不太愿意   E. 不愿意

（5）您了解救灾志愿者的相关法律法规吗？

      A. 完全了解   B. 了解   C. 一般   D. 不太了解   E. 不了解

（6）您了解救灾志愿者应该具备的减灾救援基本技能吗？

      A. 完全了解   B. 了解   C. 一般   D. 不太了解   E. 不了解

（7）您愿意在业余时间参加救灾志愿者培训吗？

      A. 非常愿意   B. 比较愿意   C. 愿意   D. 不太愿意   E. 不愿意

8.2.3　问卷分析

    该调查问卷主要采用网上问卷的形式。2017 年 11 月发放问卷，共回收问卷 62 903 份问卷。发布的问卷主要集中在华北、华东、华南和华中地区，样本分布在全国 8 个区域，分布广，各个地方、职业都有涉及，体现了问卷具有广泛的社会代表性。

1. 基本情况分析

首先对样本进行频率分析，了解样本的构成频率，SPSS 23 操作步骤如下。

（1）依次选择"分析"→"描述统计"→"频率"。

（2）点选左侧的各项 A1-A6 指标，单击添加到右侧的"变量"中。

（3）单击"确定"按钮，即可显示各变量的频率分布表。

根据输出结果，样本数据统计结果如表 8-1 所示。

2. 信度与效度分析

问卷设计是进行抽样调查的基础性工作，问卷的质量直接关系到调查所获得的信息是否可靠、是否有效。衡量问卷质量的关键指标是问卷的信度和效度，进行信度和效度分析是调查研究工作中一个重要环节。

表 8-1　样本数据统计分析表

调查信息	选项	有效比例/%
性别	男	66.9
	女	33.1
年龄段	18 岁以下	4.7
	18～30 岁	40.1
	30～40 岁	30.1
	40～50 岁	20.6
	50～60 岁	3.8
	60 岁以上	0.6
文化程度	初中及以下	18.0
	高中/中专	28.7
	大专/本科	45.8
	硕士及以上	7.5
居住地区	华北	21.4
	东北	6.1
	华东	25.8
	华中	11.2
	华南	24.1
	西南	5.6
	西北	5.7
	港澳台地区	0.2
居住地方	直辖市	7.5
	省会城市	14.4
	地级市	31.8
	县（县级市）	20.2
	乡镇	11.2
	村庄	14.9
从事职业	机关、企事业单位负责人	6.2
	专业技术、办事人员	18.0
	商业、服务业人	11.6
	农、林、牧、渔、水利业生产人员	21.6
	生产、运输设备操作人员	8.0
	军人	0.5
	其他	34.0

（1）数据的信度分析。信度（reliability）即可靠性（trustworthiness），是反映测量的稳定性（stability）与一致性（consistency）的一个指标。调查问卷的信度，就是指问卷调查结果的稳定性和一致性。研究者对于相同或相似的现象、群体进行不同的测量（不同形式的或不同时间的），其所得的结果一致的程度。任何测量的观测值均包含实际值与误差值两部分，而信度越高，意味着误差值越低，所得观测值不会因测量形式或时间的改变而显著变动，展现出相当的稳定性。衡量信度的高低是通过信度系数的大小来估计，信度系数包括再测信度、折半信度、克朗巴哈 α 系数，复本信度和评分者信度。社会调查中主要采用前三个，后两个使用较少。

其中克朗巴哈 α 系数是描述问卷的内部一致性的信度系数，反映了问卷中项目之间的相互关联程度，是目前计算利克特量表信度系数的最常用的方法。在计算总量表的系数时，若问卷由多个维度构成，应分别计算各个维度的 α 系数。计算公式为

$$\alpha = \frac{k}{k-1}\left(1 - \frac{\sum\limits_{i=1}^{k} S_i^2}{S_T^2}\right)$$

其中：k 为问卷或量表中项目的总数；S_T^2 是总得分的方差；S_i^2 是第 i 题得分的方差。

信度分析的 SPSS 操作步骤如下：

①依次选择"分析"→"标度"→"可靠性分析"。

②单击左侧的各项指标，添加到右侧的"项"选项中。

③单击"统计"，进入"统计"设置界面。

④依次勾选"项""相关性""平均值"，完成后单击"继续"按钮。

⑤在"模型"的下拉选框中选择"Alpha"，设置完成后单击"确定"按钮。

结果显示，克朗巴哈 α 系数（Cronbach coefficient）值为 0.706，大于 0.7，说明潜变量的测量项具有比较高的可靠性，可以进行深入的研究和探讨。

（2）数据的效度分析。效度（validity）是指测量的有效性，即"准确地测出它所要测量的特性或功能的程度"。问卷的效度，即问卷的有效性，指问卷在多大程度上能够准确测出研究者想要测量的内容（如态度、行为等），以及所测结果是否正确且有效地反映了所要研究的现象。效度包含有 2 个条件：第一个条件是该测量工具确实是在测量其所要探讨的观念，而非其他观念（测量"智力"的工具，就是测量智力，而不是测量忠诚、信念等其他观念）；第二个条件是能正确地测量出该观念（智商 100 的人，通过测量工具所测得的智商就是 100）。效度可以分为内容效度、效标关联效度和结构效度。

效度分析的 SPSS 操作步骤如下。

①依次选择"分析"→"降维"→"因子分析"。

②将 B1-B30 指标选入"变量"框。

③在"描述"对话框中，选中"相关系数"选项组中的"系数"和"KMO 和巴特利特球形度检验"复选框。

④在"提取"对话框中，"方法"选择"主成分"选项，"分析"选择"相关性矩阵"

选项，"提取"选择"基于特征值，特征值大于 1"选项。

⑤在"旋转"对话框中，"方法"选择"最大方差法"选项。

⑥单击"确定"按钮。

结果显示，KMO 值为 0.601，大于 0.6，通过巴特利特球形检验，意味着数据具有效度（表 8-2）。同时，旋转后累积方差解释率为 57.986%>50%，说明研究项的信息量可以有效地提取出来。

表 8-2　KMO 和巴特利特球形特检验

KMO 和巴特利特球形检验		
KMO 取样适切性量数		0.601
巴特利特球形检验	近似卡方	1 559 187.822
	自由度	2 016
	显著性	0.000

8.3　防灾减灾公众参与意愿影响因素研究

8.3.1　前言

我国地域辽阔，东部处于东亚季风区，而西部地处内陆，气候复杂，是世界上受气象灾害影响最严重的国家之一。中华人民共和国应急管理部等部门联合发布的《2019 年全球自然灾害评估报告》显示，尽管与近 10 年相比，我国自然灾害造成的损失总体偏轻，但在全球排名仍位于前列，其中灾害发生频次、直接经济损失在全球的排名分别位居第 2 和第 3。

中国政府十分重视防灾减灾能力的提升，以习近平同志为核心的党中央高度重视防灾减灾救灾工作。十九大后国务院成立新的部委——应急管理部，通过进一步完善我国应急管理体制、集中管理应急救援力量和相对集中应急救援指挥权，提升了我国应急管理水平。《2019 年全球自然灾害评估报告》以国家为单元，分析了百万人口死亡数以及直接经济损失占 GDP 的比例。分析结果表明，自改革开放 40 多年来，我国在全球和亚洲的综合防灾减灾能力排名均有所提升。

增强全民防灾减灾意识，提高公民在危急时刻的自救互救能力，是有效应对气象灾害的重要手段，也成为应急管理领域的重要组成部分。综合减灾能力建设方面，社区在减少人员伤亡、减轻灾害损失方面扮演着独特且重要的角色，发挥着特殊且重要的作用。因此，了解我国公众参与应急管理的程度以及影响公众参与意愿的因素，是一个具有重要实践意义的问题。由南京信息工程大学李廉水教授主持的国家社科重大项目"基于大数据融合的气象灾害应急管理研究"项目组，对该问题进行了问卷调查，本章采用该次调查所获得的信息，建立定性响应回归模型，对防灾减灾公众参与意愿的气象影响因素进行了研究。

8.3.2 模型与变量说明

1. 模型说明

本文采用上述几种在实践中常被用到的模型——二项选择模型、多项选择模型、多项有序模型，分析公众防灾减灾参与意愿的影响因素。因为问卷采用利克特量表形式，参与意愿分为 5 个等级，为构建模型，本章做如下处理。

（1）将参与意愿的 5 个等级划分为 2 类，同意 = "非常愿意、比较愿意"，不同意 = "一般、不太愿意、不愿意"，建立二元响应模型。

（2）将参与意愿看成分类变量，取值有 5 个值，建立多项选择模型。

（3）将参与意愿变量的取值看成有序的，建立多项有序模型。

2. 变量说明

为了分析防灾减灾公众参与意愿的影响因素，结合调查问卷题项，经过多次调整，本章选定自变量为个人因素，如年龄、性别、学历、职业、居住地区等因素。其他因素包括以下几个方面。①灾害影响程度：您担心台风/暴雨灾害会给你带来不利影响吗？您每年因为台风/暴雨等灾害受到的经济损失大约是？②预警信息信任程度：您认为预报预警信息是否能减少您的损失？收到台风预警后，您会将车驶离地下车库停至路边吗？③参与能力因素：您了解救灾志愿者的相关法律法规吗？您了解救灾志愿者应该具备的减灾救援基本技能吗？变量具体信息见表 8-3。

表 8-3　变量定义及描述

变　　量	取　　值	含　　义
因变量		
台风/暴雨预警后，您是否愿意参与社区减灾工作	1；0	1 = 愿意；0 = 不愿意
台风/暴雨预警后，您是否愿意参与社区减灾工作	1；2；3；4；5	1 = 非常愿意；2 = 比较愿意；3 = 一般；4 = 不太愿意；5 = 不愿意
自变量		
您的年龄	1；2；3；4；5；6	1 = 18 岁以下；2 = 18～30 岁；3 = 30～40 岁；4 = 40～50 岁；5 = 50～60 岁；6 = 60 岁以上
性别	1；2	1 = 男性；2 = 女性
最高学历为	1；2；3；4	1 = 初中及以下；2 = 高中/中专；3 = 大专/本科；4 = 硕士及以上
居住的地区为	1；2；3；4；5；6；7；8	1 = 华北；2 = 东北；3 = 华东；4 = 华中；5 = 华南；6 = 西南；7 = 西北；8 = 港澳台地区
居住的地方为	1；2；3；4；5；6	1 = 直辖市；2 = 省会城市；3 = 地级市；4 = 县（县级市）；5 = 乡镇；6 = 村庄
职业为	1；2；3；4；5；6；7	1 = 机关、企事业单位负责人；2 = 专业技术、办事人员；3 = 商业、服务业人员；4 = 农、林、牧、渔、水利业生产人员；5 = 生产、运输设备操作人员；6 = 军人；7 = 其他
您担心台风/暴雨灾害会给你带来不利影响吗	1；2；3；4；5	1 = 非常担心；2 = 比较担心；3 = 一般；4 = 不太担心；5 = 不担心

续表

自变量		
您每年因为台风/暴雨等灾害受到的经济损失大约是	1；2；3；4；5	1 = 1 000 元以内；2 = 1 001～3 000 元；3 = 3 001～5 000 元；4 = 5 001～10 000 元；5 = 10 000 元以上
您认为预报预警信息，是否能减少您的损失	1；2；3；4；5	1 = 减少很多；2 = 减少较多；3 = 一般；4 = 减少一点；5 = 没有减少
收到台风预警后，您会将车驶离地下车库停至路边吗	1；2；3；4；5	1 = 完全赞同；2 = 赞同；3 = 一般；4 = 不赞同；5 = 非常不赞同
您了解救灾志愿者的相关法律法规吗	1；2；3；4；5	1 = 完全了解；2 = 了解；3 = 一般；4 = 不太了解；5 = 不了解
您了解救灾志愿者应该具备的减灾救援基本技能吗	1；2；3；4；5	1 = 完全了解；2 = 了解；3 = 一般；4 = 不太了解；5 = 不了解

注：自变量选择对应题项为 A1—A6、B1、B3、B8、B20、B28、B29。

8.3.3 实证结果及分析

本文应用 SPSS 23 统计软件对样本数据处理。

1. 二值响应模型

首先对样本进行二元 logit 回归处理，结果列于表 8-4 中。为了进行对比，也将 OLS 回归结果列入表格中。SPSS 进行 OLS 回归的操作步骤为以下几个方面。

（1）依次选择"分析"→"回归"→"线性"选项。

（2）单击左侧的 B26.1："台风/暴雨预警后，您是否愿意参与社区减灾工作？"，添加到右侧的"因变量"中。

（3）单击左侧的 A1—A6，B1、B3、B8、B20、B28、B29，添加到右侧的"自变量"框中。

（4）单击"确定"按钮，即可给出回归结果。

（5）输出结果左侧单击"回归"—"系数"，可得各变量的回归系数及其显著性结果。

Logit 回归的操作步骤为以下几方面。

（1）单击"分析"→"回归"→"二元 logistic"按钮，执行命令弹出"logistic 回归"主对话框。

（2）单击左侧的 B26.1："台风/暴雨预警后，您是否愿意参与社区减灾工作？"，添加到右侧的"因变量"选项区域中。

表 8-4 二元线性模型回归结果

	模型 1（OLS）	模型 2（logit）
您的年龄	0.013***	0.145***
性别	0.022***	0.199***
最高学历为	0.010***	0.096***
居住的地区为	−0.006***	0.052***
居住的地方为	0.010***	0.101***
职业为	−0.003***	−0.034***

续表

	模型 1（OLS）	模型 2（logit）
您担心台风暴雨灾害会给你带来不利影响吗	−0.007***	−0.073***
您每年因为台风暴雨等灾害受到的经济损失大约是	0.020***	0.215***
您认为预报预警信息，是否能减少您的损失	−0.052***	−0.446***
收到台风预警后，您会将车驶离地下车库停至路边吗	−0.009***	−0.093***
您了解救灾志愿者的相关法律法规吗	0.001	−0.007
您了解救灾志愿者应该具备的减灾救援基本技能吗	−0.020***	−0.218***
R^2	0.055	
F	304.710***	
预测准确率		88.317
−2 倍对数似然值		41 871.932
Nagelkerke R Square		0.101
Chi-square		3 357.387***

（3）单击左侧的 A1—A6，B1、B3、B8、B20、B28、B29，添加到右侧的"协变量"（SPSS 软件称自变量为"协变量"，且仅显示名称编号，并不显示具体名称）框中。

（4）单击主对话框中的"选项"按钮，打开"logistic 回归：选项"对话框，选择"分类图""Hosmer～Lemeshow 拟合优度"和"Exp(B)的 CI(X)"3 个复选项作为输出内容，其他选项和参数取默认值。单击"继续"按钮，返回主对话框。

（5）单击"确定"按钮，输出 logit 模型的回归结果。

从各统计检验结果看，模型可以较好地进行拟合，也表明模型的估计结果是稳健的。从回归结果可知，除"您了解救灾志愿者的相关法律法规吗"外，其他自变量显著性检验的 p 值为 0.000，表明变量对参与意愿的影响是高度显著的。

从公众个人因素来看：年龄因素的系数为正，表明年龄越大，公众的参与意愿越强烈；性别因素的系数为正，表明女性的参与意愿相较于男性更为强烈；学历因素的系数为正，表明学历越高，公众的参与意愿越强烈；居住的地区因素的系数为负，表明东北部地区居民的参与意愿强于西南部；居住的地方因素的系数为正，表明居住地城市规模越小，公众的参与意愿越强烈；职业因素的系数为负，表明机关、企事业负责人与专业技术、办事人员等参与意愿强于其他职业群体。

从灾害对公众的影响来看："您担心台风/暴雨灾害会给你带来不利影响吗"的系数是负的，表明越担心灾害对自身危害越大，越不愿意参与防灾减灾，可能是当灾害来临时忙于自救，从而担心无暇作为志愿者参与；受到的损失的系数是正的，即损失越大，从而参与意愿越强烈，这与上一因素并不矛盾，因为较大的损失，往往使得公众意识到灾害的危害性，从而参与意愿就强烈。

从对预警信息的信任程度看，系数都是负的，表明认为预警信息会减少自己的损失，并且会采取适当的行动，则参与意愿就越强烈；从参与能力看，是否了解防灾减灾基本技能，影响系数是负的，越是了解，参与意愿越是强烈。

2. 多项分类 logit 模型

调查问卷中题目"在其他地区受灾时，您愿意成为一名救灾志愿者帮助大家吗"有 5

个选项：非常愿意、比较愿意、一般、不太愿意、不愿意。本小节把该变量看作有 5 个类别的分类变量，这样做是为了起到演示作用。在实践中这类变量一般作为定序变量出现。采用多项 logistic 回归模型分析防灾减灾参与意愿的影响因素，SPSS 操作步骤为"分析-回归-多元 logistic"，然后调入变量进行回归，如表 8-5 所示，回归和检验结果见表 8-6 和表 8-7。

表 8-5　模型拟合信息

	模型拟合信息			
模型	模型拟合条件	似然比检验		
	-2 对数似然	卡方	自由度	显著性
仅截距	120 586.132			
最终	110 732.784	9 853.348	204	0.000

表 8-6　伪 R^2

伪 R^2	
考克斯-斯奈尔	0.145
内戈尔科	0.170
麦克法登	0.081

表 8-7　自变量似然比检验

	似然比检验			
效　　应	模型拟合条件	似然比检验		
	简化模型的-2 对数似然	卡方	自由度	显著性
截距	110 732.784[a]	0.000	0	—
您的年龄	110 427.501[b]	—	20	—
性别	110 695.797[b]	—	4	—
最高学历为	111 923.157[b]	1 190.373	12	0.000
居住的地区为	113 967.334[b]	3 234.550	28	0.000
居住的地方为	113 650.820[b]	2 918.036	20	0.000
职业为	113 542.150[b]	2 809.366	24	0.000
您担心台风暴雨灾害会给你带来不利影响吗	113 551.836[b]	2 819.052	16	0.000
您每年因为台风暴雨等灾害受到的经济损失大约是	110 777.166[b]	44.382	16	0.000
您认为预报预警信息，是否能减少您的损失	107 552.620[b]	—	16	—
收到台风预警后，您会将车驶离地下车库停至路边吗	112 243.062[b]	1 510.278	16	0.000
您了解救灾志愿者的相关法律法规吗	112 348.893[b]	1 616.109	16	0.000
您了解救灾志愿者应该具备的减灾救援基本技能吗	110 212.336[b]	—	16	—

Logit 回归的操作步骤为以下几方面。

（1）单击"分析"→"回归"→"多元 logistic"按钮，执行命令弹出"多元 logistic 回归"主对话框。

（2）单击左侧的 B26："台风/暴雨预警后，您是否愿意参与社区减灾工作？"，添加到右侧的"因变量"中。

（3）单击左侧的 A1—A6、B1、B3、B8、B20、B28、B29，添加到右侧的"因子"框中，若有数值型变量，可以添加到"协变量"框中。

（4）单击主对话框中的"统计"按钮，打开"多元 logistic 回归：统计"次对话框，除默认外，单击"分类表"选项。单击"继续"按钮，返回主对话框。

（5）单击"确定"，输出 logit 模型的回归结果。

模型似然比卡方值为 110 732.784，似然比检验 p 值为 0，表明模型具有合理性。3 个伪 R^2，考克斯-斯奈尔、内戈尔科、麦克法登的值均小于 0.2。根据自变量似然比检验结果，除年龄和性别外，其他特征是显著的。其他变量中，"您认为预报预警信息，是否能减少您的损失""您了解救灾志愿者应该具备的减灾救援基本技能吗"2 个变量不显著，其他变量都是显著的，并且都是在 1%的显著性水平上显著。也即这些变量对参与意愿有非常显著的影响效用，在模型中包括这些自变量是合适的。

表 8-8 是部分回归结果。就"非常愿意"而言，当其他变量取值一致时，"您担心台风暴雨灾害会给你带来不利影响吗"的系数为正，且显著性水平为 $p=0$，表明对参与意愿有正向的显著影响；从结果可知，越担心会带来不利影响，则参与意愿就越强。从发生比 Exp(B)来看，"非常担心"的一类"非常愿意"的可能性是"不担心"的 1.232 倍，"比较担心"的一类"非常愿意"的可能性是"不担心"的 1.279 倍，"一般"的一类"非常愿意"的可能性是"不担心"的 1.279 倍，等等。对其他变量可作类似解释。

表 8-8 回归结果（部分）

非常愿意	B	标准误差	沃尔德	自由度	显著性	Exp(B)	Exp(B)的 95%置信区间	
							下限	上限
[B1 = 1]	2.882	0.111	669.401	1	0.000	17.844	14.344	22.197
[B1 = 2]	2.459	0.108	514.199	1	0.000	11.691	9.453	14.459
[B1 = 3]	2.485	0.120	430.832	1	0.000	12.002	9.491	15.176
[B1 = 4]	2.451	0.131	350.183	1	0.000	11.598	8.972	14.992
[B1 = 5]	0[b]	–	–	0	–	–	–	–
[B3 = 1]	1.723	0.104	276.867	1	0.000	5.603	4.574	6.864
[B3 = 2]	2.150	0.138	243.546	1	0.000	8.583	6.552	11.244
[B3 = 3]	1.803	0.140	165.978	1	0.000	6.068	4.612	7.983
[B3 = 4]	1.850	0.157	138.548	1	0.000	6.360	4.674	8.654
[B3 = 5]	0[b]	–	–	0	–	–	–	–
[B8 = 1]	−17.615	335.740	0.003	1	0.958	2.239E−8	3.693E−294	1.357E+278
[B8 = 2]	−18.339	335.740	0.003	1	0.956	1.085E−8	1.790E−294	6.578E+277
[B8 = 3]	−18.917	335.740	0.003	1	0.955	6.085E−9	1.004E−294	3.689E+277
[B8 = 4]	−19.414	335.740	0.003	1	0.954	3.704E−9	6.111E−295	2.246E+277
[B8 = 5]	0[b]	–	–	0	–	–	–	–
[B20 = 1]	1.635	0.105	240.360	1	0.000	5.128	4.171	6.305
[B20 = 2]	0.981	0.099	98.816	1	0.000	2.668	2.199	3.238
[B20 = 3]	1.074	0.109	96.302	1	0.000	2.926	2.361	3.626

续表

非常愿意	B	标准误差	沃尔德	自由度	显著性	Exp(B)	Exp(B)的 95%置信区间	
							下限	上限
[B20 = 4]	1.548	0.113	188.474	1	0.000	4.700	3.768	5.862
[B20 = 5]	0[b]	–	–	0	–	–	–	–
[B28 = 1]	0.754	0.196	14.784	1	0.000	2.126	1.447	3.122
[B28 = 2]	0.733	0.181	16.399	1	0.000	2.082	1.460	2.969
[B28 = 3]	0.793	0.138	32.804	1	0.000	2.210	1.685	2.898
[B28 = 4]	1.328	0.124	114.346	1	0.000	3.773	2.958	4.812
[B28 = 5]	0[b]	–	–	0	–	–	–	–
[B29 = 1]	1.470	0.191	59.485	1	0.000	4.350	2.994	6.320
[B29 = 2]	2.481	0.195	162.174	1	0.000	11.952	8.159	17.509
[B29 = 3]	2.475	0.140	312.879	1	0.000	11.880	9.031	15.628
[B29 = 4]	1.663	0.121	188.103	1	0.000	5.276	4.160	6.691
[B29 = 5]	0[b]	–	–	0	–	–	–	–

本文的研究得到以下结论：①对灾害的担心程度和损失大小对公众参与气象防灾减灾有较大程度的显著影响。②对预警信息的信任程度对公众参与气象防灾减灾有较大程度的显著影响。③参与能力对公众参与气象防灾减灾有较大程度的显著影响。

◆ **实践训练**

组成学习小组，选择某个问题，设计问卷进行社会调查，并使用本章方法对问卷进行分析。

参考文献

[1] AGRESTI A. An introduction to categorical data analysis[M]. 2nd ed. Hoboken: WILEY, 2007.

[2] 伍德里奇. 计量经济学导论: 现代观点[M]. 6 版. 北京：中国人民大学出版社，2018.

[3] 古扎拉蒂. 计量经济学基础[M]. 5 版. 北京：中国人民大学出版社，2018.

[4] 杜智敏，樊文强. SPSS 在社会调查中的应用[M]. 北京：电子工业出版社，2015.

[5] 周俊. 问卷数据分析：破解 SPSS 的六类分析思路[M]. 北京：电子工业出版社，2017.

第 9 章
多元统计分析

想一想

> ➤ 我国改革开放 40 多年来，在经济、教育、科技、人民生活等方面都取得了巨大成就，如何对这些成就进行评价？是选择单指标还是多指标？

> ➤ 以数字经济为例，如何评价各地区数字经济发展状况？如果采用多指标，那么应该选择哪些主要指标？又该采用什么样的评价方法来进行评估？

> ➤ 如何衡量评价结果的合理性？

9.1 理论基础

常用的多元统计方法包括主成分分析、因子分析、聚类分析、多维尺度分析等，按照研究对象的不同，可以分为以下几类（见表 9-1）。

表 9-1 常用的多元统计方法

研 究 目 的	内　　　容	方　　　法
降维、综合评价	尽可能简化研究现象，但不损失太多有用的信息	主成分分析、因子分析、对应分析
分类	基于测量变量的特征，对事物进行分组，或对相似的对象或变量分组	判别分析、聚类分析、多维尺度分析、智能判别分析（如决策树）
变量组的关系	变量组之间是否存在相关关系？相关程度如何	典型相关分析
预测与决策	通过统计模型或最优准则，对未来进行预见或判断	神经网络分析、时间序列预测

这里只介绍因子分析和聚类分析 2 种多元统计方法，其他方法的基本原理请参考相关多元统计教材。

9.1.1 因子分析

1. 原理介绍

因子分析由查尔斯·斯皮尔曼（Charles Spearman）在 1904 年首次提出，他在智力测验的统计分析中，发现学生的各科成绩之间存在着一定的相关性，一科成绩好的学生，往往其他各科成绩也比较好，从而推想是否存在某些潜在的共性因子，或称某些一般智力条件影响着学生的学习成绩。因子分析能够在众多变量中找出隐藏的、具有代表性的因子，从而简化问题的分析过程。

因子分析在某种程度上可以看作主成分分析的拓展，通过研究多个变量间相关系数矩阵（或协方差矩阵）的内部依赖关系，找出能综合所有变量主要信息的少数几个随机变量，这几个随机变量不可直接测量，通常称为因子。这些因子被假定为相互独立的（即无相关），并且所有原始变量都可以表示为这些公共因子的线性组合，同时可能包含一个特殊因子以捕捉变量中无法由公共因子解释的部分。因子分析的主要目的是减少变量的数目，用几个因子代替所有变量去分析问题。

设有 n 个样本，p 个指标，$\boldsymbol{X} = (x_1, x_2, \cdots, x_p)^{\mathrm{T}}$ 为随机向量，这 p 个指标之间有较强的相关性，要寻找的公共因子为 $F = (F_1, F_2, \cdots, F)^{\mathrm{T}} (m < p)$，则因子模型为

$$
\begin{aligned}
X_1 &= a_{11}F_1 + a_{12}F_2 + a_{13}F_3 + \cdots + a_{1m}F_m + \varepsilon_1 \\
X_2 &= a_{21}F_1 + a_{22}F_2 + a_{23}F_3 + \cdots + a_{2m}F_m + \varepsilon_2 \\
X_3 &= a_{31}F_1 + a_{32}F_2 + a_{33}F_3 + \cdots + a_{3m}F_m + \varepsilon_3 \\
&\cdots \\
X_p &= a_{p1}F_1 + a_{p2}F_2 + a_{p3}F_3 + \cdots + a_{pm}F_m + \varepsilon_p
\end{aligned}
\tag{9-1}
$$

用矩阵表示为

$$\begin{bmatrix} X_1 \\ X_2 \\ \vdots \\ X_p \end{bmatrix} = \begin{bmatrix} a_{11} & a_{12} & \cdots & a_{1m} \\ a_{21} & a_{22} & \cdots & a_{2m} \\ \vdots & \vdots & & \vdots \\ a_{p1} & a_{p2} & \cdots & a_{pm} \end{bmatrix} \begin{bmatrix} F_1 \\ F_2 \\ \vdots \\ F_m \end{bmatrix} + \begin{bmatrix} \varepsilon_1 \\ \varepsilon_2 \\ \vdots \\ \varepsilon_p \end{bmatrix} \tag{9-2}$$

简写为

$$X = AF + \varepsilon \tag{9-3}$$

（1）因子载荷（factor loading）：$A = (a_{ij})$ 称为因子载荷矩阵，a_{ij} 为因子载荷，表示第 i 个变量在第 j 个公共因子上的载荷，实际上就是 X_i 与 F_j 的相关系数，表示变量 X_i 依赖公共因子 F_j 的程度，或者说反映了第 i 个变量 X_i 对于第 j 个公共因子 F_j 的重要性。ε 为特殊因子，代表除公共因子外其他影响因素导致的变量变异（不能被公共因子所解释的部分）。

（2）变量共同度（variable commonality）：即因子载荷矩阵 A 中各行元素的平方和，记为 h_i^2，表示全部公共因子对变量 X_i 的总方差所做出的贡献，或者说变量 X_i 能够被 m 个公共因子所描述的程度，数值在 $0\sim1$ 之间。取值越大，说明该变量被公共因子解释的信息比例越高，信息丢失越少，因子分析的效果越好。

$$h_i^2 = \sum_{j=1}^{m} a_{ij}^2, (i = 1, 2, \cdots, p) \tag{9-4}$$

（3）公共因子 F_j 的方差贡献（variance contribution）：即因子载荷矩阵 A 中各列元素的平方和，记为 g_j^2，表示第 j 个公共因子 F_j 对 X 的所有分量 $X_1, X_2, \cdots, X_p$ 的总影响，称为第 j 个公共因子 F_j 对 X 的贡献，是衡量 j 个公共因子 F_j 相对重要性的指标。g_j^2 越大，表明 F_j 对 X 的贡献越大。

$$g_j^2 = \sum_{i=1}^{p} a_{ij}^2, (j = 1, 2, \cdots, m) \tag{9-5}$$

（4）因子旋转（factor rotation）：因子分析的目的不仅是求出公共因子，更重要的是理解每个公共因子的实际意义。初始因子载荷矩阵并不满足"简单结构准则"，即各个公共因子的典型代表变量不突出，实际意义模糊不清，不利于对因子进行解释，因此需要对因子载荷矩阵进行选择变换，使得各因子载荷矩阵每一列各元素的平方按列向 0 或者 1 两极转化，达到其结构简化的目的。

一般采用方差最大正交旋转，选择适当的正交变换矩阵，使各因子载荷的总方差达到最大，而不是某一因子方差极大。换言之，如果第 i 个变量在第 j 个公共因子上的载荷，经过"方差最大"旋转后其值增大或减少，意味着这个变量在另一些因子上的载荷要缩小或增大。所以"方差最大"旋转是使载荷按列向 0、1 两极分化，同时也包含着按行向两极分化。

（5）因子得分（factor score）：公共因子在每个样品上的得分，一般采用回归的方法，即公共因子用原始变量表示的线性表达式。

$$F_j = \beta_{j1} X_1 + \beta_{j2} X_2 + \beta_{j3} X_3 + \cdots + \beta_{jp} X_p \quad (j = 1, 2, \cdots, m) \tag{9-6}$$

2. 适用条件

（1）样本量不能太小。因子分析的任务是分析变量间的内在关联结构，因此要求样本量比较充足，否则结果可能不太可靠。一般而言，样本量应至少是变量数量的 5 倍，若期望获得较为理想的结果，则样本量最好在变量数量的 10 倍以上。另外，除了比例关系外，样本总量也不能太少，按理论要求应该在 100 例以上。不过在实际的经济和社会问题中，很多时候样本量都达不到这个要求，这时也可以适当放宽要求，通过检验来判断结果的可靠性。

（2）各变量间应该具有相关性。如果变量间彼此独立，则无法从中提取公因子，也就谈不上应用因子分析了。这可以通过巴特利特球形检验来判断，若相关矩阵为单位矩阵，则表明各变量独立，此时因子分析法无效。

（3）KMO 检验。KMO 检验用于考察变量间的偏相关性，取值在 0～1 之间。KMO 统计量越接近于 1，变量间的偏相关性越强，因子分析的效果越好。在实际分析中：KMO 统计量在 0.7 以上时，因子分析效果一般会比较好；而当 KMO 统计量在 0.5 以下时，此时不适合应用因子分析法，应考虑重新设计变量结构或者采用其他统计分析方法。

（4）因子分析中各公因子应具有实际意义。在主成分分析中，各主成分主要是矩阵变换的结果，因此其实际意义可能并不明显。但在因子分析中，提取出的各因子应具有明显的实际意义，否则需要重新进行分析。

9.1.2 聚类分析

1. 原理介绍

俗话说，物以类聚，人以群分。将认识的对象进行分类，是人们认识和研究事物的一种方式。例如，在对创新型城市进行分类时，可以按照创新活动侧重点进行，将城市划分为文化型、工业型和服务型。这种分类方法简单易懂，但存在信息利用不足的问题，有时仅考虑部分属性或特征，或仅凭经验和专业知识进行分类，很少利用数学方法，基于属性自身的大量数据信息进行分类。

聚类分析是将研究目的、专业知识和数据特征相结合，对样本或指标按照相似性程度合理地分成若干类，使得类别内部的差异尽可能小，类别间的差异尽可能大。这是一种无监督学习方法，与监督学习不同的是，在簇中那些表示数据类别的分类或者分组信息是没有的。同样，对创新型城市进行划分，可以按照创新要素进行分类，建立创新要素指标体系，如果基于数据特征进行类别划分，可以分为科教资源型、产业技创新型、创新创业活跃型、支持绿色发展型等。

常用的聚类方法有以下 3 种。

1）系统聚类法：开始每个对象自成一类，然后按相似性程度，将最相似的两类合并作为新类，合并后重新计算新类和其他类的相似性程度，这样循环反复，直到所有对象归为一类，并类的过程可以用谱系图描述。

2）k-均值聚类：是一种非层次聚类方法，首先将数据分为 k 组，随机选取 k 个对象作为初始聚类中心，然后计算每个对象与聚类中心之间的距离，把每个对象分配给距离它最近的聚类中心。每分配一个样本，重新计算聚类中心，反复迭代，直到聚类中心不再发生变化，误差平方和局部最小。这种方法属于快速聚类，能够处理大样本。

3）模糊聚类：将模糊数学理论应用到聚类分析中，适用于定性变量。

（1）数据变换。不同的变量通常有不同的量纲、不同的单位、不同的取值范围，为了这些变量能够相互比较，需要对数据进行变换，常用的变换方法有以下 4 种。

①中心化变换

$$x_{ij}^* = x_{ij} - \overline{x_j} \quad (i = 1, 2, \cdots, n; j = 1, 2, \cdots, m) \tag{9-7}$$

变换后，样本均值为 0，协方差阵不变。

②标准化变换

$$x_{ij}^* = \frac{x_{ij} - \overline{x_j}}{s_j} \quad (i = 1, 2, \cdots, n; j = 1, 2, \cdots, m) \tag{9-8}$$

变换后，变量样本均值为 0，标准差为 1，且无量纲。

③对数变换

$$x_{ij}^* = \ln(x_{ij}) \quad (x_{ij} > 0, i = 1, 2, \cdots, n; j = 1, 2, \cdots, m) \tag{9-9}$$

将具有指数特征的数据结构变换为线性数据结构。

④极差标准化变换

$$x_{ij}^* = \frac{x_{ij} - \overline{x_j}}{\max x_{ij} - \min x_{ij}} \quad (i = 1, 2, \cdots, n; j = 1, 2, \cdots, m) \tag{9-10}$$

变换后，变量样本均值为 0，极差为 1，且无量纲化。

（2）相似性度量。样本间的相似程度可以通过距离或相似系数来表示。常用的距离有以下 4 种。

①绝对值距离

$$d_{ij}(1) = \sum_{k=1}^{m} |x_{ik} - x_{jk}| \quad (i, j = 1, 2, \cdots, n) \tag{9-11}$$

②欧氏距离

$$d_{ij}(2) = \sqrt{\sum_{k=1}^{m} |x_{ik} - x_{jk}|^2} \quad (i, j = 1, 2, \cdots, n) \tag{9-12}$$

欧氏距离是使用最广泛的距离，但该距离与各变量的量纲有关，没有考虑指标间的相关性，也没有考虑各变量方差的不同。变差大的变量在距离中的作用就大，这显然不合理。简单的处理方法就是对各变量进行加权。

③马氏距离

$$d_{ij}(M) = (X_{(i)} - X_{(j)})^T S^{-1} (X_{(i)} - X_{(j)}) \quad (i, j = 1, 2, \cdots, n) \tag{9-13}$$

马氏距离排除变量之间相关性的干扰，且不受量纲的影响。

④相关系数

$$r_{ij} = \frac{\sum_{k=1}^{n}(x_{ki} - \overline{x_i})(x_{kj} - \overline{x_j})}{\sqrt{\sum_{k=1}^{n}(x_{ki} - \overline{x_i})^2}\sqrt{\sum_{k=1}^{n}(x_{kj} - \overline{x_j})^2}} \quad (i, j = 1, 2, \cdots, m) \tag{9-14}$$

（3）系统聚类法步骤

①数据变换。

②计算 n 个样本两两间的距离，得样本间的距离矩阵 $\boldsymbol{D}^{(0)}$。

③初始（$i=1$）n 个样本各自构成一类，类的个数为 $k=n$，此时类间的距离就是样本间的距离（即 $\boldsymbol{D}^{(1)} = \boldsymbol{D}^{(0)}$），然后对步骤 $i=2, 3, \cdots, n$ 执行并类过程的步骤④和⑤。

④对步骤 i 得到的距离矩阵 $\boldsymbol{D}^{(i-1)}$，合并类间距离最小的两类为一新类，此时类的总个数减少 1 类，即 $k=n-i+1$。

⑤计算新类与其他类的距离，得到新的距离矩阵 $\boldsymbol{D}^{(i)}$，若合并后类的总个数 $k>1$，则重复步骤④和⑤，直到类的总个数为 1 时转步骤⑥。

⑥画出谱系聚类图。

⑦决定分类的个数及聚类的成员。

2. 适用条件

系统聚类法可以对连续或分类变量聚类，由于需要反复计算距离，当样本量太大或者变量较多时，计算速度较慢。

9.2 我国数字经济发展的区域差异分析

9.2.1 案例背景

随着数字化时代的到来，原产业的发展借助数字化在很多方面变得高效、便捷。数字经济的快速发展也给中国许多省份带来了弯道超车的机会，使得这些省份即便在前期各产业基础建设相对落后的情况下，也能通过大数据、电子科技等方面的技术，在数字经济时代有效缩小区域差异，推动全国区域的平衡发展，从而打破了从经济发展水平层面划分的传统南北分割线。

"数字经济"并不是今天才有的概念。早在 20 世纪 90 年代中期，入选全球最具影响力 50 位思想家的美国经济学家唐·塔普斯科特就出版了一本名为《数字经济》的著作。19 世纪 90 年代是数字技术发展的高潮，随着曼纽尔·卡斯特的《信息时代三部曲：经济、社会与文化》、尼古拉斯·尼葛洛庞帝的《数字化生存》等著作的出版和畅销，数字经济理念在全世界流行开来。G20 杭州峰会发布的《二十国集团数字经济发展与合作倡议》对数字经济的定义是：以数字化的知识和信息作为关键生产要素，以现代信息网络作为重要载体，通过信息通信技术的有效应用，推动效率提升和经济结构优化的一系列经济活动。

在国家层面上，数字经济作为一个新兴的经济发展方式，正帮助中国加速崛起，改变着世界经济格局。在企业发展层面上，世界上的知名企业逐渐接触数字经济进行快速的发展。其中，在市值排名世界前 10 的企业中，有 5 家企业是数字化发展的企业，在世界排名前 20 的企业中，有 9 家企业是借助数字化技术发展的。而数字化企业全球百强中，有 16 家中国企业。从这个方面可以看出，数字化企业逐渐成为世界经济发展角力的关键点。加快发展数字化企业，推进数字经济发展愈加重要。

从中国信息通信研究院的数据可以看出，如今数字经济的发展已经在经济发展的过程中占据着很重要的一部分，为我国的经济建设起到了很大的推进作用。数据显示（如图 9-1 所示），2019 年，我国的数字经济总规模已经高达 35.8 万亿元，相对 2017 年，同比增长了 14.4%，在 GDP 中的比重达到了 36.2%。可以说，目前我国数字经济已经到达了一个新的阶段，成为经济发展的新动力。

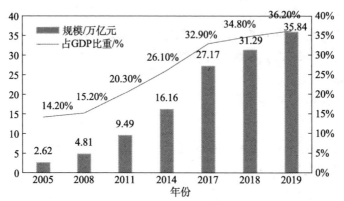

图 9-1　2005—2019 年我国数字经济总体规模及占 GDP 比重
资料来源：中国信息通信研究前瞻产业研究院整理。

我国数字经济整体发展水平如何？各个地区之间是否存在差异？采用什么样的方法才能全面客观地评价数字经济发展现状？数字经济评价涉及多个变量，且这些变量之间又存在一定的联系，多元统计方法能够综合处理多变量。因此，采用多元统计分析方法评价数字经济发展状况是很重要的。

9.2.2　研究目的

在当前经济发展情况下，数字经济的发展显得格外重要，如何通过数字经济的发展，推动经济形态的转型，是急需解决的问题。

在疫情的催化下，大量的信息化软件应运而生，政府服务软件、在线教育、在线办公等转向数字化发展，帮助各行各业实现了"无接触"。但现阶段我国数字经济的发展依旧薄弱，需要在很多地方进行难题的攻克，各方面依旧需要完善。为了更好地帮助了解我国数字经济的发展现状，采用因子分析、聚类分析对我国区域数字经济发展状况进行综合评价以及进行地区差异分析，分析引起差异的因素，进而识别出各区域数字经济发展的优势和不足，为促进地区数字经济发展提供策略指导。

9.2.3　数据文件

1. 指标选择

借鉴中国电子信息产业发展研究院的数字经济发展报告，从基础建设、技术支持和环境发展三个方面来选取评价指标。基础建设指标包括域名数、网站数、网页数、IPv4 地址数、信息类服务业就业人员和电子商务销售额；技术支持指标包括科研经费、新产品开发数、专利申请数和科研人员全时当量；环境发展指标包括政务微博数、政务头条号和政务网站数。数字经济评价指标体系见表 9-2。

表 9-2　数字经济评价指标体系

	一级指标	二级指标
		域名数
		网站数
	基础建设	网页数
		IPv4 地址数
		信息类服务业就业人员
数字经济综合评价		电子商务销售额
		科研经费
	技术支持	新产品开发数
		专利申请数
		科研人员全时当量
		政务微博数
	环境发展	政务头条号
		政务网站数

2. 数据来源

除了政府微博数、政府头条号数和政府网站数 3 个指标来源于第 43 次《中国互联网络发展状况统计报告》，其余指标均选自《中国统计年鉴 2019》。选择了 31 个省、自治区、直辖市（不包含港澳台地区）数字经济发展状况指标数据，部分数据见表 9-3。

表 9-3　综合评价指标数据

地域	指标					
	域名数/万个	网站数/万个	网页数/万个	IPv4 地址数/万个	信息类服务业就业人员/万人	电子商务销售额/亿元
北京	443.5	71.9	10 695 275.1	8 639.2	84	18 261.2
天津	26.7	5.4	465 062.9	355.9	6.4	3 106
河北	86.8	12.3	1 025 297.9	965.9	8.4	2 556.1

地域	指标					
	科研经费/亿元	新产品开发数/个	科研人员全时当量/人年	专利申请数/个	政务微博数/个	政务头条号/个	政府网站数/万个
北京	2 740 103	11 010	46 929	20 655	5 777	766	704
天津	2 528 761	11 797	53 280	15 051	1 390	612	151
河北	3 819 916	11 449	68 956	16 707	4 453	2 602	583

9.2.4 数据分析

这是一个综合评价问题，各指标之间既存在差异，又存在数值关联。在 SPSS25.0 中打开数据文件，操作步骤如下。

（1）单击"分析"→"降维"→"因子分析"。

（2）将 13 个二级指标选入"变量"框，地区进入"选择变量"。

（3）在"描述"对话框中，单击选中"相关系数"选项组中的"系数"和"KMO 和巴特利特球形度检验"复选框。

（4）在"提取"对话框中，单击"方法"选择"主成分"选项，单击"分析"选择"相关性矩阵"选项，单击"提取"选择"基于特征值，特征值大于 1"选项。

（5）在"旋转"对话框中，单击"方法"选择"最大方差法"。

（6）在"得分"对话框中，单击"保存为变量"和"显示因子得分系数矩阵"复选框，得分计算方法单击"回归"按钮。

（7）在"选项"对话框中，在"系数显示格式"中单击"按大小排序"复选框。

（8）单击"确定"按钮。

1. 相关性分析

KMO 检验和巴特利特球形检验可以判断变量之间的相关性。KMO 检验主要考察变量间的偏相关性是否较大，而巴特利特球形检验则用于判断相关矩阵是否为单位阵。由表 9-4 可知，显著性水平 $p < 0.001$，应拒绝各指标独立的假设，即评价指标间具有较强的相关性。KMO 统计量为 0.720，大于 0.7，适合选用因子分析方法进行综合评价。

表 9-4　KMO 检验和巴特利特球形检验

KMO 取样适切性量数		0.720
巴特利特球形检验	近似卡方	673.029
	自由度	78
	显著性	0.000

2. 公共因子提取

选择主成分分析法提取公共因子，经方差最大旋转后，结果见表 9-5。

表 9-5　解释的总方差

成分	初始特征值			提取载荷平方和			旋转载荷平方和		
	合计	方差的%	累积%	合计	方差的%	累积 %	合计	方差的%	累积 %
1	7.740	59.537	59.537	7.740	59.537	59.537	4.747	36.517	36.517
2	2.206	16.969	76.506	2.206	16.969	76.506	3.888	29.911	66.428
3	1.379	10.611	87.117	1.379	10.611	87.117	2.690	20.689	87.117
4	0.628	4.833	91.950						
5	0.536	4.123	96.073						
6	0.205	1.578	97.651						

由表 9-5 可以看出，采用方差最大正交旋转之后，3 个公共因子的方差贡献率均发生了变化，彼此差距有所缩小，而信息量进行了重新分配，使得公共因子的意义更加明确。旋转之后，方差贡献率依然按照从大到小的顺序排列，且累积的方差贡献率仍然为87.117%，和旋转前完全一致。

进行方差最大旋转后，旋转后的因子载荷矩阵如表 9-6 所示，系数按照从大到小排列。

表 9-6　旋转后的成分矩阵

	成分		
	1	2	3
网页数	0.968	0.081	−0.007
IPv4 地址数	0.963	0.086	0.053
信息类服务业就业人员	0.921	0.285	0.174
网站数	0.834	0.426	0.306
电子商务销售额	0.709	0.509	0.309
域名数	0.637	0.285	0.180
新产品开发数	0.284	0.919	0.190
科研人员全时当量	0.277	0.916	0.253
专利申请数	0.291	0.905	0.186
科研经费	0.076	0.685	0.155
政务头条号	−0.029	0.131	0.960
政府网站数	0.280	0.252	0.872
政务微博数	0.325	0.468	0.771

由表 9-6 可以看出：第 1 公共因子在 x_1 到 x_6，有较大的载荷，主要与网页数、IPv4 地址数、网站数等基础建设有关，命名为基础建设因子；第 2 公共因子在 x_7 到 x_{10}，有较大的载荷，主要与新产品开发数、科研人员全时当量等技术支持有关，命名为技术支持因子；第 3 公共因子在 x_{11} 到 x_{13}，有较大的载荷，主要与政务头条号、政府网站数等支撑数字经济发展的环境有关，命名为环境发展因子。提取的公共因子分类与理论角度建立的指标体系划分相一致。

经过正交旋转之后的因子得分系数矩阵如表 9-7 所示，给出了每个公共因子与原有指标的相关系数。

表 9-7　成分得分系数矩阵

	成分		
	1	2	3
域名数/万个	0.140	−0.012	−0.001
网站数/万个	0.171	−0.007	0.026
网页数/万个	0.287	−0.118	−0.079
IPv4 地址数/万个	0.281	−0.127	−0.047
信息类服务业就业人员/万人	0.228	−0.056	−0.022
电子商务销售额/亿元	0.119	0.051	0.018

续表

	成分		
	1	2	3
科研经费/亿元	−0.096	0.265	−0.066
新产品开发数/个	−0.072	0.330	−0.109
科研人员全时当量/人年	−0.077	0.316	−0.074
专利申请数/个	−0.067	0.323	−0.109
政务微博数/个	−0.021	−0.005	0.301
政务头条号数/个	−0.088	−0.140	0.497
政府网站数/万个	−0.006	−0.116	0.405

3. 因子综合评价

采用回归法计算因子得分，即将公共因子表达为各变量的线性形式，但表达式中各变量不是原始变量，而是标准化变量，满足均值为 0，标准差为 1。因子表达式为

$$F_1 = 0.140Z_{x1} + 0.171Z_{x2} + 0.287Z_{x3} + \cdots - 0.006Z_{x13}$$
$$F_2 = -0.012Z_{x1} - 0.007Z_{x2} - 0.118Z_{x3} + \cdots - 0.116Z_{x13}$$
$$F_2 = -0.012Z_{x1} - 0.007Z_{x2} - 0.118Z_{x3} + \cdots - 0.116Z_{x13}$$

其中，标准化变量反映了各公共因子对其影响度，公式如下

$$Z_{x1} = 0.968F_1 + 0.081F_2 - 0.007F_3 + \varepsilon_1$$
$$Z_{x2} = 0.963F_1 + 0.086F_2 + 0.053F_3 + \varepsilon_2$$
$$\vdots$$
$$Z_{x13} = 0.325F_1 + 0.468F_2 + 0.771F_3 + \varepsilon_{13}$$

以 3 个公共因子旋转后的方差贡献率作为权重，即权重公式为

$$\lambda_i = \frac{v_i}{\sum_{i=1}^{n} v_i}$$

计算得，$\lambda_1 = \frac{36.517}{87.117} = 0.419$，$\lambda_2 = \frac{29.911}{87.117} = 0.343$，$\lambda_3 = \frac{20.689}{87.117} = 0.237$，综合因子得分为

$$F = 0.419F_1 + 0.0343F_2 + 0.237F_3$$

由此可得 31 个省、自治区、直辖市数字经济发展现状的公共因子得分和综合评价结果，见表 9-8。

表 9-8　综合得分排序

	F_1	F_2	F_3	F	综合排名
北京	4.759	−1.485	−0.730	1.312	1
天津	−0.285	0.145	−1.339	−0.387	2
河北	−0.136	−0.163	0.042	−0.103	3
山西	−0.264	−0.344	−0.359	−0.314	4

续表

	$F1$	$F2$	$F3$	F	综合排名
内蒙古	−0.527	−0.570	0.394	−0.323	5
辽宁	−0.094	−0.225	−0.100	−0.14	6
吉林	−0.326	−0.379	−0.650	−0.421	7
黑龙江	−0.329	−0.468	−0.339	−0.379	8
上海	0.961	−0.124	1.055	0.611	9
江苏	−0.290	3.143	−0.177	0.916	10
浙江	0.326	2.066	−0.131	0.815	11
安徽	−0.397	0.465	0.121	0.022	12
福建	0.489	0.233	−0.263	0.223	13
江西	−0.391	0.013	−0.100	−0.183	14
山东	−0.189	0.882	1.981	0.694	15
河南	−0.070	−0.750	2.803	0.379	16
湖北	−0.126	−0.149	0.249	−0.045	17
湖南	−0.239	−0.155	0.059	−0.14	18
广东	1.722	2.907	0.371	1.808	19
广西	−0.383	−0.774	0.856	−0.223	20
海南	−0.355	−0.278	−1.321	−0.558	21
重庆	−0.303	−0.067	−0.682	−0.312	22
四川	−0.069	−0.693	2.142	0.242	23
贵州	−0.455	−0.413	−0.252	−0.392	24
云南	−0.359	−0.379	−0.347	−0.363	25
西藏	−0.452	−0.268	−1.382	−0.61	26
陕西	−0.287	−0.564	0.645	−0.161	27
甘肃	−0.578	−0.674	0.482	−0.359	28
青海	−0.447	−0.279	−1.298	−0.591	29
宁夏	−0.462	−0.267	−1.142	−0.556	30
新疆	−0.446	−0.385	−0.586	−0.458	31

9.2.5 结果讨论

1. 基础建设

通过聚类谱系图，将 31 个省、自治区、直辖市的基础建设公因子进行分类，共划分为 3 类，如表 9-9 所示。

表 9-9 基础建设公因子聚类结果

类　别	地　区
第一梯队	北京
第二梯队	广东、上海、福建、浙江
第三梯队	四川、河南、辽宁、湖北、河北、山东、湖南、山西、天津、陕西、江苏、重庆、吉林、黑龙江、海南、云南、广西、江西、安徽、新疆、青海、西藏、贵州、宁夏、内蒙古、甘肃

2. 技术支持

通过聚类谱系图，将 31 个省、自治区、直辖市的技术支持公因子进行分类，共划分为 3 类，如表 9-10 所示。

表 9-10 技术支持公因子聚类结果

类 别	地 区
第一梯队	江苏、广东、浙江
第二梯队	山东、安徽、福建、天津、江西、重庆、上海、湖北、湖南、河北、辽宁、宁夏、西藏、海南、青海、山西、吉林、云南、新疆、贵州、黑龙江、陕西、内蒙古、甘肃、四川、河南、广西
第三梯队	北京

3. 环境发展

通过聚类谱系图，将 31 个省、自治区、直辖市的环境发展公因子进行分类，共划分为 4 类，如表 9-11 所示。

表 9-11 环境发展公因子聚类结果

类别	地 区
第一梯队	河南、四川、山东
第二梯队	上海、广西、陕西、甘肃、内蒙古、广东、湖北
第三梯队	安徽、湖南、河北、辽宁、江西、浙江、江苏、贵州、福建、黑龙江、云南、山西、新疆、吉林、重庆、北京
第四梯队	宁夏、青海、海南、天津、西藏

4. 综合评价

我国数字经济发展状况评价结果如图 9-2 所示。广东、北京名列前茅，其次是江苏、浙江、山东、上海等地，海南、青海、西藏等地相对较弱。

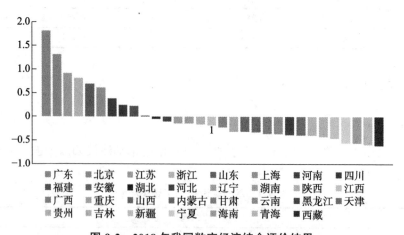

图 9-2 2018 年我国数字经济综合评价结果

通过聚类谱系图，将 31 个省、自治区、直辖市的数字经济发展现状进行分类，共划分为 3 类，如表 9-12 所示。广东、北京的数字经济发展水平处于第一梯队；江苏、浙江、山东、上海等地的数字经济发展水平处于第二梯队；而安徽、湖北、河北等其余 22 个地区的数字经济发展水平则相对较低，被归类为第三梯队。

从排序和分类结果可以看出：我国数字经济发展呈现明显的地域差异，北京、长三角地区（包括江苏、浙江等地）以及珠三角地区（以广东为代表）是我国数字经济发展的核心区域，这些地区在数字经济发展上处于引领地位；西部地区也正在努力实现突破，随着经济发展模式的变革和资源均衡配置，区域数字经济发展差异将进一步缩小。

表 9-12　数字经济发展现状分类

类　　别	地　　区
第一梯队	广东、北京
第二梯队	江苏、浙江、山东、上海、河南、四川、福建
第三梯队	安徽、湖北、河北、辽宁、湖南、陕西、江西、广西、重庆、山西、内蒙古、甘肃、云南、黑龙江、天津、贵州、吉林、新疆、宁夏、海南、青海、西藏

为了验证区域数字发展梯队划分是否合理，对其进行单因素方差分析，以分类结果为自变量，综合评价结果为因变量，分析结果如表 9-13 所示。$P < 0.001$，意味着我国数字经济发展具有显著的区域差异。

表 9-13　分类结果的方差分析

	平方和	自由度	均方	F	显著性
组间	9.242	2	4.621	102.875	0.000
组内	1.258	28	0.045		
总计	10.500	30			

9.2.6　问题延伸

请思考以下问题：

（1）查阅期刊文献、腾讯和赛迪等机构出版的数字经济发展报告，除了基础设施、技术支持、环境发展等方面，还有哪些指标能够衡量数字经济发展水平？

（2）北京在综合排名和基础设施指标上处于领头羊位置，但在技术支持、环境发展方面较弱，试分析其原因？

（3）除了因子分析和聚类分析方法，还有哪些分析方法或综合评价方法可以客观、全面地分析我国数字经济发展水平及区域差异？

9.3　区域智能制造发展水平聚类分析

9.3.1　案例背景

从改革开放至今，中国制造业 40 年取得了举世瞩目的成就，无论是制造业整体规模，还是技术含量，均实现了巨大跨越。从发展战略上来看，中国制造业经历了从改革开放初期的"来料加工"，用"市场换技术"以满足国内需求，到成为全球第一制造和贸易大国，以科技创新支撑发展新型工业化，再到以发展智能制造谋求引领全球制造业变革，中国制造业在开放包容中实现了规模扩张和质量提升。中国制造业通过提升产品品质和优化产业结构，逐步融入世界贸易体系，成为世界制造业生产和出口大国，制造业增加值逐年攀升，展现出强劲的发展动力。

中国制造业在保持良好发展态势的同时，也面临着多重困境。一方面，自 2014 年起，中国劳动年龄人口（15～64 岁）数量和比重连续出现双降，6 年间减少了 1 559 万人，如图 9-3 所示。人口红利褪去和要素成本上升使得传统比较优势日渐消失。

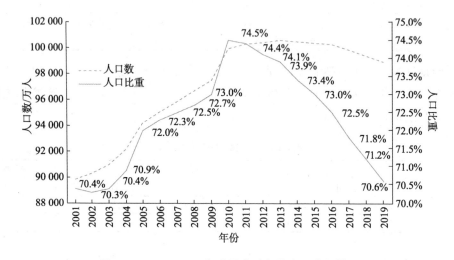

图 9-3　2001—2019 年中国劳动年龄人口变化情况

另一方面，制造业的创新型人才匮乏与创新能力不足，直播导致了产品附加值偏低，使得国内制造业依然处于全球价值链的低端环节。《2015·中国企业家成长与发展专题调查报告》显示，我国制造业存在着研发投入增长快而创新人才匮乏的现象。制造业企业研发投入占年销售收入之比（5.9%）在所有行业中位于中上游水平，但制造业大学生员工比重（18.7%）却位列所有行业倒数第二。

与此同时，制造业企业税负过重、部分行业产能严重过剩等问题也制约着中国制造业的发展。因此中国制造业迫切需要寻求转变发展方式、优化经济结构以及转换增长动力的新路径，以实现更高质量、更可持续的发展。

9.3.2　研究目的

智能制造是中国制造业高质量发展和竞争力提升的关键。从实践进程来看，中国的智能制造确实已经呈现了良好的发展态势。智能制造为中国制造业实现后发赶超和抢占未来制造业制高点提供了契机。《智能制造发展规划（2016—2020 年）》指出，发展智能制造对于推动中国制造业供给侧结构性改革，实现制造强国具有重要战略意义，要将发展智能制造作为长期坚持的战略任务。

因此，全面了解国内制造业智能制造水平，掌握各区域智能制造发展态势，对推进区域智能制造水平有重要意义。

9.3.3　数据文件

1. 指标选择

如何反映区域智能制造水平？李廉水等在《中国制造业 40 年智能化进程与展望》中提出：智能制造应当具备产品智能化、生产方式智能化、服务智能化、装备智能化和管理智能化 5 方面特征。实际上，这五个维度是对智能制造全链条特征的理论提炼，它涵盖了企业运营的各环节：产品智能化、生产智能化和服务智能化分别对应于企业运营中产品研发设计、生产和营销过程；装备智能化和管理智能化为企业运营过程提供硬件和软件的智能化支持。因此，采用上述 5 个维度反映区域智能制造水平，如表 9-14 所示。

表 9-14　智能制造指标体系

	反映指标	可观测指标
智能制造	产品智能化	区域制造业科学研究与实验发展强度
	生产智能化	区域制造业全要素生产率
	服务智能化	区域制造业新产品销售收入占比
	装备智能化	区域工业机器人进口额
	管理智能化	区域软件业收入

2. 数据来源

产品智能化选用制造业科学研究与实验发展（research and development，R&D）强度来表示制造业 R&D 经费投入与主营收入之比；生产智能化蕴含着从粗放式低效率生产方式向高效率集约型生产方式转变的趋势，因此选用全要素生产率作为生产智能化的衡量指标；服务智能化选择新产品销售收入占主营业务收入之比表示；装备智能化是区域制造业智能化的硬件支撑，工业机器人是最具代表性的智能制造装备，选取工业机器人进口额代表区域的装备智能化；管理智能化是区域制造业智能化的软件支撑，管理智能化离不开云计算、大数据等信息技术的融入，制造业高水平的软件投入是管理智能化的外在表现，由于现有官方数据并未公布制造业软件投入，考虑到软件业属于生产性服务业，主要为制造业提供服务，而软件服务通常遵循就近市场原则，选择区域软件收入作为制造业软件投入的替代指标，表示区域制造业管理智能化。需要注意的是，由于西藏相关数据不全，因此本次分析选择 2017 年 30 个省、自治区、直辖市的智能制造发展水平进行分析，各指标数据见表 9-15 所示。

表 9-15　各地区智能制造指标数据（2017 年）

地区	工业科学研究与实验发展强度	全要素生产率	新产品销售收入占比	机器人进口额/万元	软件业收入/万元
北京	0.012 99	2.057 59	0.198 79	45 328 944	78 366 515.55
天津	0.014 94	0.771 30	0.253 65	59 027 299	13 519 355.26
河北	0.008 37	0.680 73	0.111 14	43 013 366	2 378 556.75
山西	0.006 29	0.455 74	0.086 46	0	298 861.57
内蒙古	0.007 74	0.738 03	0.080 42	1 136 288	157 280.45
辽宁	0.011 71	0.594 10	0.157 44	9 773 535	19 901 516.62
吉林	0.003 68	0.847 36	0.135 98	14 442 376	5 837 083.34
黑龙江	0.009 54	0.451 38	0.078 86	30 194 530	1 895 875.66
上海	0.014 24	1.158 58	0.265 58	603 168 343	43 414 756.22
江苏	0.012 31	1.233 42	0.191 81	189 066 814	89 364 544.77
浙江	0.015 67	0.813 62	0.321 63	53 813 111	43 404 221.47
安徽	0.010 12	0.914 84	0.205 13	5 099 591	3 411 237.85
福建	0.009 83	0.910 94	0.098 05	4 498 208	24 965 223.19
江西	0.006 57	0.903 60	0.114 28	298 312	1 066 179.96
山东	0.011 10	1.166 08	0.128 69	32 791 299	42 331 438.23
河南	0.005 91	0.780 53	0.088 80	1 100 922	3 066 830.89
湖北	0.010 85	0.789 84	0.174 11	11 897 350	15 311 988.01
湖南	0.011 86	0.828 08	0.220 52	4 706 708	4 548 845.43
广东	0.013 93	1.230 21	0.260 32	142 259 883	96 812 074.53
广西	0.003 93	0.863 90	0.094 49	22 111 272	813 490.04
海南	0.004 16	0.864 50	0.072 60	0	1 036 893.82
重庆	0.013 48	0.704 80	0.256 24	36 627 795	12 129 036.07
四川	0.007 23	0.714 23	0.088 47	9 747 835	27 822 348.88
贵州	0.006 09	0.583 21	0.056 87	356 214	1 297 262.08
云南	0.007 58	0.626 49	0.069 20	565 091	776 748.77
陕西	0.008 51	0.672 86	0.074 30	1 258 294	15 935 958.53
甘肃	0.005 54	0.757 66	0.041 03	4 219 258	457 531.35
青海	0.004 00	0.536 80	0.049 36	0	8 743.96
宁夏	0.007 16	0.655 89	0.082 42	0	155 507.55
新疆	0.004 12	0.661 58	0.040 48	0	545 279.81

数据来源：《中国制造业发展研究报告 2020》。

9.3.4　数据分析

经典的聚类方法分为：非层次聚类、层次聚类和智能聚类方法，例如，K 均值聚类法（K-means clustering）是一种非层次聚类，又称为快速聚类法，适合样本量较多的情况。区域智能制造发展水平划分适合选择层次聚类法。这里采用系统聚类给出的树状图对区域智能制造发展水平进行划分，结果如图 9-4 所示，分析步骤如下。

（1）选择"分析"→"分类"→"系统聚类"。

（2）将 5 个可观测指标单击选入"变量"，地区选入"个案标注依据"选项，对"个案"进行聚类，单击选中"统计"和"图"复选框。

（3）在"图"对话框中，单击选中"谱系图"复选框。

（4）在"方法"对话框中，聚类方法选择"组间联接"，测量选择"区间-平方欧氏距离"，转换值为标准化，选择"标准差为 1""按变量"进行标准化转换。

（5）单击"确定"按钮。

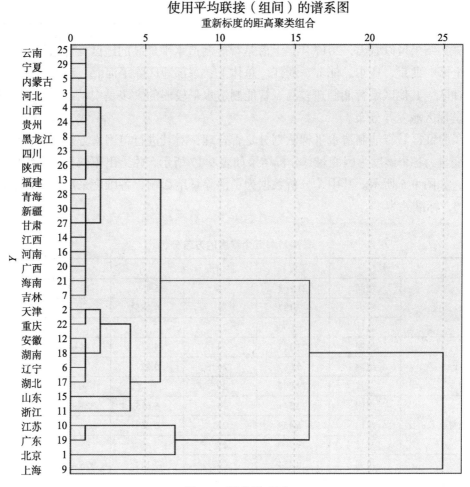

图 9-4　聚类谱系图

9.3.5　结果讨论

通过聚类谱系图，将 30 个省、自治区、直辖市的智能制造水平进行分类，共划分为五类，如表 9-16 所示。上海智能制造水平处于第一梯队；北京智能制造水平处于第二梯队；广东、江苏两地智能制造水平处于第三梯队；浙江、山东、湖北等地处于第四梯队；吉林、海南、广西、河南等地处于第五梯队。

表 9-16　区域智能制造水平划分

类　别	地　区
第一梯队	上海
第二梯队	北京
第三梯队	广东、江苏
第四梯队	浙江、山东、湖北、辽宁、湖南、安徽、重庆、天津
第五梯队	吉林、海南、广西、河南、江西、甘肃、新疆、青海、福建、陕西、四川、黑龙江、贵州、山西、河北、内蒙古、宁夏、云南

从分类结果可以看出，2017 年，上海是智能制造水平最高的地区，智能制造水平前五名为：上海、北京、广东、江苏、浙江。总体上：东部地区除了河北、海南和福建三省属于第五梯队，其他区域智能制造较高；智能制造水平较弱的大多是中、西部地区；智能制造水平呈现区域差异分布。

为了验证区域智能制造水平梯队划分是否合理，对其进行单因素方差分析，以分类结果为自变量，各个维度为因变量，分析结果如表 9-17 所示，并给出不同类别中维度均值的分布图，如图 9-5 所示。其中，分析数据为了消除量纲影响，各维度采用标准化数据，即均值为 0，标准差为 1。

表 9-17　五个维度的方差分析

		平方和	自由度	均方	F	显著性
工业 R&D 强度	组间	21.863	4	5.466	19.145	0.000
	组内	7.137	25	0.285		
	总计	29.000	29			
全要素生产率	组间	23.313	4	5.828	25.618	0.000
	组内	5.687	25	0.227		
	总计	29.000	29			
新产品销售收入占比	组间	22.541	4	5.635	21.813	0.000
	组内	6.459	25	0.258		
	总计	29.000	29			
机器人进口额/万元	组间	28.454	4	7.113	325.452	0.000
	组内	0.546	25	0.022		
	总计	29.000	29			
软件业收入/万元	组间	25.000	4	6.250	39.066	0.000
	组内	4.000	25	0.160		
	总计	29.000	29			

由表 9-17 可以看出，5 个维度的方差检验结果 P 值都小于 0.001，意味着 5 个维度都具有显著的区域差异。结合图 9-5 可以看出：工业 R&D 强度、新产品销售收入占比，第五梯队和前四个梯队差异较大；机器人进出口额，上海远高于其他梯队的区域；而对于全

要素生产率，北京最高；江苏和广东的软件收入均值与其他区域比较高；第五梯队的每个维度均值都远低于其他四个梯队。

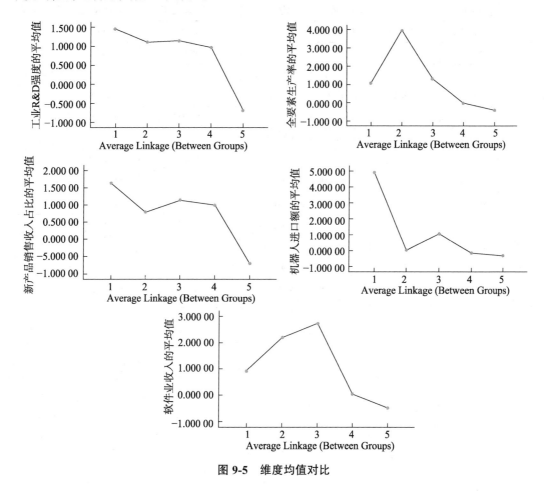

图 9-5　维度均值对比

9.3.6　问题延伸

请思考以下问题：

（1）制造业智能制造水平较高的区域，制造业发展呈现什么特征？从 5 个维度分别阐述。

（2）从中国统计年鉴查阅各区域的制造业发展规模，分析制造业智能制造水平和制造业发展规模是否保持一致。

（3）分析图 9-5，思考如何推进区域智能制造水平。

◆　实践训练

1. 对 31 个省、自治区、直辖市的经济发展状况进行分析，选择如下 7 个指标：地区生产总值（亿元）、农业总产值（亿元）、工业总产值（亿元）、建筑业总产值（亿元）、城镇非私营单位就业人员年平均工资（元）、居民人均可支配收入（元）和居民人均消费支出（元），2019 年各指标数据如表 9-18 所示，试分析各地区经济发展状况及差异。

表 9-18　主要经济指标

地区	地区生产总值/亿元	农业总产值/亿元	工业总产值/亿元	建筑业总产值/亿元	城镇非私营单位就业人员年平均工资/元	居民人均可支配收入/元	居民人均消费支出/元
北京	35 371.28	116.20	4 241.10	1 513.67	166 803	67 755.9	43 038.3
天津	14 104.28	191.61	4 394.27	693.76	108 002	42 404.1	31 853.6
河北	35 104.52	3 727.50	11 503.03	2 129.89	72 956	25 664.7	17 987.2
山西	17 026.68	874.87	6 569.51	894.76	69 551	23 828.5	15 862.6
内蒙古	17 212.53	1 893.38	5 514.34	1 304.54	80 563	30 555.0	20 743.4
辽宁	24 909.45	2 266.70	8 164.55	1 482.05	72 891	31 819.7	22 202.8
吉林	11 726.82	1 333.42	3 347.82	808.63	73 813	24 562.9	18 075.4
黑龙江	13 612.68	3 267.44	3 291.05	419.16	68 416	24 253.6	18 111.5
上海	38 155.32	110.10	9 670.68	716.16	149 377	69 441.6	45 605.1
江苏	99 631.52	4 610.84	37 825.32	6 493.54	96 527	41 399.7	26 697.3
浙江	62 351.74	2 146.23	22 840.53	3 779.55	99 654	49 898.8	32 025.8
安徽	37 113.98	3 068.93	11 454.85	3 905.71	79 037	26 415.1	19 137.4
福建	42 395.00	2 690.85	16 170.45	4 482.03	81 814	35 616.1	25 314.3
江西	24 757.50	2 135.69	8 965.81	1 980.99	73 725	26 262.4	17 650.5
山东	71 067.53	5 476.47	22 985.13	5 441.91	81 446	31 597.0	20 427.5
河南	54 259.20	4 860.38	18 413.21	5 272.97	67 268	23 902.7	16 331.8
湖北	45 828.31	4 014.00	16 087.33	3 073.13	79 303	28 319.5	21 567.0
湖南	39 752.12	3 850.19	11 630.55	3 327.00	74 316	27 679.7	20 478.9
广东	107 671.07	4 478.51	39 398.46	4 255.07	98 889	39 014.3	28 994.7
广西	212 37.14	3 492.03	5 277.57	1 816.05	76 479	23 328.2	16 418.3
海南	5 308.93	1 119.07	588.71	514.47	82 227	26 679.5	19 554.9
重庆	23 605.77	1 581.15	6 656.72	2 840.12	86 559	28 920.4	20 773.9
四川	46 615.82	4 937.70	13 365.66	4 123.48	83 367	24 703.1	19 338.3
贵州	16 769.34	2 408.03	4 545.97	1 517.06	83 298	20 397.4	14 780.0
云南	23 223.75	3 096.08	5 301.51	2 664.64	86 585	22 082.4	15 779.8
西藏	1 697.82	142.07	131.72	503.90	118 118	19 501.3	13 029.2
陕西	25 793.17	2 098.01	9 609.70	2 482.96	78 361	24 666.3	17 464.9
甘肃	8 718.30	1 087.61	2 319.75	552.99	73 607	19 139.0	15 879.1
青海	2 965.95	306.03	817.49	342.26	90 929	22 617.7	17 544.8
宁夏	3 748.48	297.66	1 270.02	316.17	83 947	24 411.9	18 296.8
新疆	13 597.11	1 888.39	3 861.66	1 037.29	79 421	23 103.4	17 396.6

资料来源：国家统计局网站，www.stats.gov.cn。

2. 以 2019 年 31 个省、自治区、直辖市居民的人均消费支出为例，运用系统聚类法对居民消费水平进行划分，相似度测量采用最长距离法和欧氏平方距离。反映人均消费支出的数据见表 9-19。

表 9-19 居民消费支出 单位：元

地区	食品烟酒	衣着	居住	生活用品及服务	交通通信	教育文化娱乐	医疗保健	其他用品及服务
北京	8 488.5	2 229.5	15 751.4	2 387.3	4 979.0	4 310.9	3 739.7	1 151.9
天津	8 983.7	1 999.5	6 946.1	1 956.7	4 236.4	3 584.4	2 991.9	1 154.9
河北	4 675.7	1 304.8	4 301.6	1 170.4	2 415.7	1 984.1	1 699.0	435.8
山西	3 997.2	1 289.9	3 331.6	910.7	1 979.7	2 136.2	1 820.7	396.5
内蒙古	5 517.3	1 765.4	3 943.7	1 185.8	3 218.4	2 407.7	2 108.0	597.1
辽宁	5 956.6	1 586.1	4 417.0	1 275.3	2 848.5	2 929.3	2 434.2	756.0
吉林	4 675.4	1 406.8	3 351.5	948.3	2 518.1	2 436.6	2 174.0	564.7
黑龙江	4 781.1	1 437.6	3 314.2	844.8	2 317.4	2 444.9	2 457.1	514.4
上海	10 952.6	2 071.8	15 046.4	2 122.8	5 355.7	5 495.1	3 204.8	1 355.9
江苏	6 847.0	1 573.4	7 247.3	1 496.4	3 732.2	2 946.4	2 166.5	688.1
浙江	8 928.9	1 877.1	8 403.2	1 715.9	4 552.8	3 624.0	2 122.6	801.3
安徽	6 080.8	1 300.6	4 281.3	1 154.3	2 286.6	2 132.8	1 489.9	411.2
福建	8 095.6	1 319.6	6 974.9	1 269.7	3 019.4	2 509.0	1 506.8	619.3
江西	5 215.2	1 077.6	4 398.8	1 128.6	2 104.3	2 094.2	1 264.5	367.3
山东	5 416.8	1 443.1	4 370.1	1 538.9	2 991.5	2 409.7	1 816.5	440.8
河南	4 186.8	1 226.5	3 723.1	1 101.5	1 976.0	2 016.6	1 746.1	354.9
湖北	5 946.8	1 422.4	4 769.1	1 418.5	2 822.2	2 459.6	2 230.9	497.5
湖南	5 771.0	1 262.2	4 306.1	1 226.2	2 538.5	3 017.4	1 961.6	395.8
广东	9 369.2	1 192.2	7 329.1	1 560.2	3 833.6	3 244.4	1 770.4	695.5
广西	5 031.2	648.0	3 493.2	944.1	2 384.7	2 007.0	1 616.0	294.2
海南	7 122.3	697.7	4 110.4	932.7	2 578.2	2 413.4	1 294.0	406.2
重庆	6 666.7	1 491.9	3 851.2	1 392.5	2 632.8	2 312.2	1 925.4	501.3
四川	6 466.8	1 213.0	3 678.8	1 201.3	2 576.4	1 813.5	1 934.9	453.7
贵州	4 110.2	984.0	2 941.7	873.8	2 405.6	1 865.6	1 274.8	324.3
云南	4 558.4	822.7	3 370.6	926.6	2 439.0	1 950.0	1 401.4	311.2
西藏	4 792.5	1 446.3	2 320.6	847.7	2 015.2	690.3	519.0	397.4
陕西	4 671.9	1 227.5	3 625.3	1 151.1	2 154.8	2 243.4	1 977.4	413.3
甘肃	4 574.0	1 125.3	3 440.4	945.3	1 972.7	1 843.5	1 619.3	358.6
青海	5 130.9	1 359.8	3 304.0	953.2	2 587.6	1 731.8	1 995.6	481.8
宁夏	4 605.2	1 476.6	3 245.1	1 144.5	3 018.1	2 352.4	1 929.3	525.5
新疆	5 042.7	1 472.1	3 270.9	1 159.5	2 408.1	1 876.1	1 725.4	441.7

参考文献

[1] 张文彤，董伟. SPSS 统计分析高级教程[M]. 3 版. 北京：高等教育出版社，2019.

[2] 李廉水，石喜爱，刘军. 中国制造业 40 年:智能化进程与展望[J]. 中国软科学，2019(1)：1-9, 30.

[3] 吴敏洁，徐常萍，唐磊. 中国区域智能制造发展水平评价研究[J]. 经济体制改革，2020(2)：60-65.